2025年度版

奈良県の
音楽科

過 去 問

協同教育研究会 編

協同出版

本書には，奈良県の教員採用試験の過去問題を収録しています。各問題ごとに，以下のように5段階表記で，難易度，頻出度を示しています。

難 易 度

非常に難しい　☆☆☆☆☆
やや難しい　☆☆☆☆
普通の難易度　☆☆☆
やや易しい　☆☆
非常に易しい　☆

頻 出 度

◎　　　　ほとんど出題されない
◎◎　　　あまり出題されない
◎◎◎　　普通の頻出度
◎◎◎◎　よく出題される
◎◎◎◎◎　非常によく出題される

はじめに～「過去問」シリーズ利用に際して～

　教育を取り巻く環境は変化しつつあり，日本の公教育そのものも，教員免許更新制の廃止やGIGAスクール構想の実現などの改革が進められています。また，現行の学習指導要領では「主体的・対話的で深い学び」を実現するため，指導方法や指導体制の工夫改善により，「個に応じた指導」の充実を図るとともに，コンピュータや情報通信ネットワーク等の情報手段を活用するために必要な環境を整えることが示されています。

　一方で，いじめや体罰，不登校，暴力行為など，教育現場の問題もあいかわらず取り沙汰されており，教員に求められるスキルは，今後さらに高いものになっていくことが予想されます。

　本書の基本構成としては，出題傾向と対策，過去5年間の出題傾向分析表，過去問題，解答および解説を掲載しています。各自治体や教科によって掲載年数をはじめ，「チェックテスト」や「問題演習」を掲載するなど，内容が異なります。

　また原則的には一般受験を対象としております。特別選考等については対応していない場合があります。なお，実際に配布された問題の順番や構成を，編集の都合上，変更している場合があります。あらかじめご了承ください。

　最後に，この「過去問」シリーズは，「参考書」シリーズとの併用を前提に編集されております。参考書で要点整理を行い，過去問で実力試しを行う，セットでの活用をおすすめいたします。

　みなさまが，この書籍を徹底的に活用し，教員採用試験の合格を勝ち取って，教壇に立っていただければ，それはわたくしたちにとって最上の喜びです。

協同教育研究会

CONTENTS

第 1 部

奈良県の
音楽科
出題傾向分析

奈良県の音楽科　傾向と対策

　奈良県の音楽科の問題は，問題数はさほど多くないが，作曲問題，論述問題など，解答に比較的時間を要する出題が多い。

　構成は，楽典問題，教科書教材による総合問題，日本伝統音楽に関する問題，楽曲名と作曲者名をつなげる問題，指導についての論述問題，学習指導要領に関する問題等が主なものである。その他語句説明や，リコーダー，ギター等楽器奏法についての出題も多い。

　以上の傾向からみて，次のような対策が必要である。

　楽典問題は，対策を重ねれば全問正解をねらえるレベルのものである。音程の問題，移調の問題は，解く速さも必要だが正確であることが前提なので，重ねて見直すようにするとよい。楽語についても教科書に出てくるものを中心に十分に押さえておきたい。コードネームの問題は，和音の構成音を間違えないよう落ち着いて取り組みたい。教科書教材による総合問題は，基本的な事項を問われるよりは，実際の指導と結びつけた論述問題の出題が多い。日頃から教材研究を重ねた上で，自分ならどのような指導をするか構想を練っておくと，このような問題の対策にもなる。日本伝統音楽に関する問題は，特に民謡・郷土芸能や和楽器に関する問題の出題頻度が高い。また語句説明の形で出題されることも多い。出題傾向分析に挙げられている音楽ジャンルについては，専門的な語句や代表的な人名等を中心に細かく学習しておこう。また，和楽器については，部位の名称，調弦法，楽譜の読み方などを中心に学習しておくとよいだろう。楽曲名と作曲者名をつなげる問題の対策は，実際に多くの楽曲を聴きながら，作品名と作曲者名を併せて覚えることが重要である。いずれにしても音楽科の基本的な知識として十分に備えておきたい。指導についての論述問題は，ほぼ毎年出題されており，指示された教材を使った活動の一例を書くものや，指導上の留意点を書くものなどが出題される。これらの問題には，いずれも学習指導要領解説に書かれている内容を基盤として解答すること。歌唱，鑑賞などの各活動について，学

4

習指導要領解説で述べている事項をよく把握するとともに，改訂で新たに明記された事項についても十分理解することが重要である。記述と選択肢の両方の形で出題されるので，重要な語句を正確に覚えておくことも必要である。楽器に関する問題では，弦楽器の奏法や三線についての問題，写真から該当楽器を選ぶ問題等も出題される。楽器の名称や奏法，調弦方法や記譜方法等についての把握が必要である。2023年度は東京オリンピックの入場行進曲についての出題もあった。メモリアルイヤーを迎える作曲家や世界的な出来事に関する音楽についても調べて，作品や背景などを整理しておくと役に立つだろう。

　その他，作曲・編曲問題については，和声を完成させる問題や，旋律に伴奏をつける問題などが出題されている。2023年度では，示された楽譜を指定の調に移調しコードを付け，サクソフォーン4重奏に編曲し，記譜する問題が出題された。2024年度では，アルトリコーダーの旋律に，ソプラノリコーダーのオブリガードとピアノ伴奏譜を作成する問題が出題されている。リコーダーの旋律を創作する問題は，過去にも出題されている。出題されると思われる楽器の音域や声域を把握した上で問題に取り組むことができるよう対策しておく必要がある。作曲・編曲問題では奇抜なことをするよりも，構造的な繰り返しを用いるなどして，シンプルに作・編曲することを心がけるとよい。

過去5年間の出題傾向分析

分類	主な出題事項		2020年度	2021年度	2022年度	2023年度	2024年度
A 音楽理論・楽典	音楽の基礎知識		●	●	●	●	●
	調と音階		●	●	●	●	●
	音楽の構造		●			●	●
B 音楽史	作曲家と作品の知識を問う問題		●	●	●		
	音楽様式, 音楽形式の知識を問う問題		●			●	●
	文化的背景との関わりを問う問題			●			
	近現代の作曲家や演奏家についての知識		●	●	●	●	●
C 総合問題	オーケストラスコアによる問題		●				
	小編成アンサンブルのスコア, 大譜表（ピアノ用楽譜）による問題				●	●	●
	単旋律による問題				●	●	●
D 楽器奏法	リコーダー						●
	ギター		●	●	●		
	楽器分類						
E 日本伝統音楽	雅楽						●
	能・狂言		●			●	
	文楽						●
	歌舞伎						
	長唄等						
	楽器（箏, 尺八, 三味線）		●	●	●		●
	民謡・郷土芸能		●			●	●
	総合問題		●	●			
F 民族音楽	音楽のジャンルと様式	(1)アジア（朝鮮, インド, トルコ）					●
		(2)アフリカ　打楽器					
		(3)ヨーロッパ, 中南米	●		●		●
		(4)ポピュラー	●				
	楽器	(1)楽器分類（体鳴, 気鳴, 膜鳴, 弦鳴）				●	
		(2)地域と楽器	●				

分類		主な出題事項	2020年度	2021年度	2022年度	2023年度	2024年度
G 学習指導要領	(A)中学校	目標					
		各学年の目標と内容	●				●
		指導計画と内容の取扱い		●	●	●	●
		指導要領と実践のつながり					
	(B)高校	目標				●	
		各学年の目標と内容	●				●
		指導計画と内容の取扱い		●			●
H 教科書教材		総合問題			●		
		旋律を書かせたりする問題					
		学習指導要領と関連させた指導法を問う問題					
J 作曲・編曲		旋律，対旋律を作曲	●		●	●	●
		クラスの状況をふまえた編成に編曲	●				
		新曲を作曲					
I 学習指導案		完成学習指導案の作成					
		部分の指導案の完成					
		指導についての論述					

7

第2部

奈良県の
教員採用試験
実施問題

2024年度　実施問題

【中高共通】

【1】次の(1)～(3)の問いに答えよ。

(1) 次の速度を表す用語を遅い順から正しく並べられているものを，次の1～5から1つ選べ。

1　grave　→　larghetto　→　allegro moderato　→　vivo

2　animato　→　allegretto　→　andantino　→　adagio

3　moderato　→　vivace　→　larghetto　→　lento

4　adagio　→　andantino　→　largo　→　animato

5　lento　→　larghetto　→　animato　→　allegretto

(2) 次の楽譜は，ある楽曲の一部分である。以下の①～④の問いに答えよ。

① この楽曲の作曲者名を，次の1～5から1つ選べ。

　　1　ボロディン　　2　チャイコフスキー　　3　ラフマニノフ
　　4　ヴェルディ　　5　プロコフィエフ

② この楽曲の作曲者が生まれた国を，次の1～5から1つ選べ。

　　1　ポーランド　　2　イタリア　　3　ロシア　　4　ドイツ
　　5　オーストリア

③ 楽譜上 ア の音程を，次の1～5から1つ選べ。

　　1　短3度　　2　長3度　　3　増3度　　4　完全4度
　　5　増4度

④ 楽譜上 イ の音の異名同音を，次の1～5から1つ選べ。

10

1　Ges　　2　G　　3　As　　4　A　　5　H

(3)　次の楽譜は，ある楽曲の一部分である。以下の①～④の問いに答えよ。

①　この楽曲の作曲者名を，次の1～5から1つ選べ。

1　ロドリーゴ　　2　グラナドス　　3　パガニーニ

4　サラサーテ　　5　タレガ

②　この楽曲の種類を，次の1～5から1つ選べ。

1　交響詩　　2　協奏曲　　3　前奏曲　　4　舞曲

5　交響曲

③　この楽曲の第1楽章は，ラスゲアードという奏法で始まる。その奏法の説明として正しいものを，次の1～5から1つ選べ。

1　滑らかに音をつなげる奏法　　2　音を持続させる奏法

3　音程を変化させる奏法　　　　4　和音をかき鳴らす奏法

5　歯切れの良い音を出す奏法

④　この楽曲の平行調の属調を，次の1～5から1つ選べ。

1　D　dur　　2　A　dur　　3　H　dur　　4　fis　moll

5　e　moll

（☆☆☆◎◎◎）

【2】次の楽譜は，ある楽曲の一部分である。以下の(1)，(2)の問いに答えよ。

(1)　この楽曲の作詞者が作詞した別の作品を，次の1～5から1つ選べ。

1　早春賦　　2　赤とんぼ　　3　夏の思い出　　4　花

5　荒城の月

(2)　この楽曲の作曲者が作曲した別の作品を，次の1～5から1つ選べ。

1　待ちぼうけ　　　　2　鳩ぽっぽ　　3　ぞうさん

　　4　かわいいかくれんぼ　　　5　かなりや

(☆☆◎◎◎◎)

【3】次の(1), (2)の問いに答えよ。

　(1)　次の地図上ア〜エの地域に伝わる民謡の組み合わせとして正しい
　　　ものを，以下の1〜5から1つ選べ。

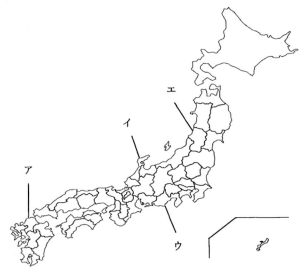

　　1　ア　貝殻節　　イ　ちゃっきり節　　ウ　こきりこ
　　　　エ　花笠音頭
　　2　ア　貝殻節　　イ　花笠音頭　　　　ウ　ちゃっきり節
　　　　エ　こきりこ
　　3　ア　黒田節　　イ　こきりこ　　　　ウ　ちゃっきり節
　　　　エ　花笠音頭
　　4　ア　黒田節　　イ　ちゃっきり節　　ウ　花笠音頭
　　　　エ　こきりこ
　　5　ア　安来節　　イ　こきりこ　　　　ウ　花笠音頭
　　　　エ　ちゃっきり節

(2)　次の楽譜は，ある民謡の一部分である。以下の①～③の問いに答えよ。

①　この民謡の特徴として適切なものを，次の1～5から1つ選べ。

　　1　囃子詞・拍節的リズム・都節音階

　　2　囃子詞・非拍節的リズム・都節音階

　　3　コブシ・拍節的リズム・民謡音階

　　4　コブシ・非拍節的リズム・民謡音階

　　5　音頭一同形式・拍節的リズム・沖縄音階

②　この民謡のもとになっている民謡を，次の1～5から1つ選べ。

　　1　沖揚げ音頭　　2　磯節　　3　江差追分　　4　よさこい節

　　5　貝殻節

③　この民謡の種類として最も適しているものを，次の1～5から1つ選べ。

　　1　座興歌　　2　祝い歌　　3　子守歌　　4　仕事歌

　　5　踊り歌

(☆☆☆◎◎◎)

【4】次の(1)～(8)の問いに答えよ。

(1)　次の　　　　内は，ユネスコ無形文化遺産保護条約「人類の無形文化遺産の代表的な一覧表」に記載する際の登録の基準として，申請国が申請書において，満たす必要がある条件の一部である。(ａ)～(ｃ)に当てはまる語句の正しい組合せを，以下の1～5から1つ選べ。

> 2.　申請案件の記載が，無形文化遺産の(ａ)，重要性に対する認識を確保し，対話を誘発し，よって世界的に文化の(ｂ)を反映し且つ人類の(ｃ)を証明することに貢献するものであること。

  1 a 認知 b 多義性 c 発展性

  2 a 認知 b 創造性 c 感受性

  3 a 認知 b 多様性 c 創造性

  4 a 認可 b 普遍性 c 国民性

  5 a 認可 b 民族性 c 可能性

(2)　2022年にユネスコ無形文化遺産保護条約「人類の無形文化遺産の代表的な一覧表」に風流踊が記載された。その中の1つとして記載された奈良県内で伝承されてきた踊りを，次の1～5から1つ選べ。

  1　十津川の大踊　　　2　菅生のおかげ踊り　　　3　丹生の太鼓踊り

  4　篠原おどり　　　5　大柳生の太鼓踊り

(3)　文楽では，原則として「三人遣い」という方法が用いられている。その方法の説明として正しいものを，次の1～5から1つ選べ。

  1　太夫と三味線による長唄の演奏に，人形遣いが呼吸を合わせて物語を表現すること。

  2　太夫と三味線による義太夫節の演奏に，人形遣いが呼吸を合わせて物語を表現すること。

  3　頭遣い・右遣い・左遣いの3人で，1体の人形を動かすこと。

  4　主遣い・右遣い・左遣いの3人で，1体の人形を動かすこと。

  5　主遣い・左遣い・足遣いの3人で，1体の人形を動かすこと。

(4)　文楽が生まれた地域(現在の都道府県名)を，次の1～5から1つ選べ。

  1　京都　　2　奈良　　3　島根　　4　東京　　5　大阪

(5)　太夫が演奏する場所を，次の図の1～5から1つ選べ。

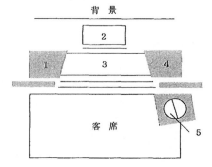

(6)　三味線は，棹の太さによって太棹・中棹・細棹と大きく3つに分けることができる。文楽で使われている三味線と同じ棹の太さの三味線を用いるものを，次の1〜5から1つ選べ。

　　1　津軽三味線　　2　長唄　　3　小唄　　4　常磐津　　5　地歌

(7)　雅楽では吹物を習うとき，まず唱歌を教わってから実際に楽器を演奏する。唱歌の説明として正しくないものを，次の1〜5から1つ選べ。

　　1　唱歌は，楽器の奏法を言葉で表したものである。

　　2　唱歌は，フレーズを知らせる役割がある。

　　3　唱歌は，歌ったり唱えたりして，リズムを覚えることができる。

　　4　唱歌は，歌ったり唱えたりして，テクスチュアを表すことができる。

　　5　唱歌は，歌ったり唱えたりして，旋律を伝えることができる。

(8)　雅楽における管絃の演奏は，ほとんどの場合ある楽器の音頭の独奏から始まる。ある楽器とは何か。次の1〜5から1つ選べ。

　　1　鞨鼓　　2　笙　　3　琵琶　　4　竜笛　　5　箏

(☆☆☆◎◎◎◎)

【5】次の(1)，(2)の問いに答えよ。

(1)　次の音楽と関係の深い国の正しい組合せを，次の1〜5から1つ選べ。

	カッワーリー	ケチャ	メヘテルハーネ	オルティンドー
1	ネパール	インドネシア	ブータン	トルコ
2	タイ	フィリピン	スリランカ	ブルネイ
3	パキスタン	インドネシア	トルコ	モンゴル
4	マレーシア	インド	モルディブ	カンボジア
5	ミャンマー	フィリピン	ベトナム	インド

(2)　次の楽器の分類として正しいものを，次の1〜5から1つ選べ。

15

	管楽器	弦楽器	打楽器
1	タンソ, サンポーニャ	カヤグム, チャランゴ	タブラー, チャンゴ
2	タンソ, チャランゴ	カヤグム, チャンゴ	タブラー, サンポーニャ
3	カヤグム, タブラー	サンポーニャ, チャランゴ	タンソ, チャンゴ
4	サンポーニャ, カヤグム	タンソ, チャランゴ	タブラー, チャンゴ
5	サンポーニャ, タブラー	タブラー, チャンゴ	タンソ, チャランゴ

(☆☆☆◎◎◎◎)

【6】次の(1)～(3)の問いに答えよ。

(1) 西洋音楽において声楽より価値が低いとされていた器楽が, 独立した1つのジャンルとして発展をとげた時代に, 日本ではどのような出来事があったか, 次の1～5から1つ選べ。

1 琵琶法師が「平家物語」を語り始める。

2 観阿弥, 世阿弥親子によって, 能の基本的な形が整う。

3 八橋検校が近世箏曲の基礎をつくる。

4 ペリーの率いる米艦隊が, 久里浜上陸に際して軍楽隊の演奏を行う。

5 中国や朝鮮半島から, さまざまな舞楽や楽器などが伝わる。

(2) グレゴリオ聖歌の説明として適切でないものを, 次の1～5から1つ選べ。

1 グレゴリオ聖歌は, 11世紀に生まれた。

2 グレゴリオ聖歌は, ネウマ譜という楽譜に記された。

3 グレゴリオ聖歌は, 教会旋法に基づいている。

4 グレゴリオ聖歌は, 拍節的でないリズムが特徴である。

5 グレゴリオ聖歌は, 単旋律が特徴である。

(3) 自国の風土や物語, 民謡などを題材とするなど, 民族主義的な思潮にもとづく音楽を国民楽派の音楽と呼ぶことがある。国民楽派の作曲家として正しいものを, 次の1～5から1つ選べ。

1 ブラームス　　2 ムソルグスキー　　3 ドビュッシー

4 ラヴェル　　　5 リスト

(☆☆☆◎◎◎)

【7】次の楽譜について，以下の(1)，(2)の問いに答えよ。

(1) 上の楽譜を実音がなるように演奏するには，ホルン(in F)ではどのような楽譜を使用するか。調号が必要な場合は，調号を用いて書け。

(2) 上の楽譜の旋律をアルトリコーダーで演奏するのに合わせて，ソプラノリコーダーでオブリガートをつけて演奏したい。ソプラノリコーダーの楽譜を書け。また，ピアノ伴奏譜も書け。ただし，楽譜に記されているコード進行を用いること。

(☆☆☆☆○○○○)

【8】次の楽譜をタブラチュア譜に書き換えよ。ただし，複数の弦を使用して演奏するように書くこと。

(☆☆☆◎◎◎◎)

【中学校】

【1】次の(1)，(2)の問いに答えよ。

(1) 次の◻︎◻︎内は，中学校学習指導要領(平成29年告示)の「第2章　各教科　第5節　音楽　第2　各学年の目標及び内容　第1学年」の一部である。以下の問いに答えよ。

> A　表現
> (3) 創作の活動を通して，次の事項を身に付けることができるよう指導する。
> 　ア　創作表現に関わる知識や技能を得たり生かしたりしながら，創作表現を創意工夫すること。
> 　イ　次の(ア)及び(イ)について，表したいイメージと関わらせて理解すること。
> 　(ア)　(a)の特徴
> 　(イ)　(b)の特徴及び音の重なり方や反復，変化，対照などの構成上の特徴
> 　ウ　創意工夫を生かした表現で旋律や音楽をつくるために必要な，(c)に沿った①音の選択や組合せなどの技能を身に付けること。

① (a)～(c)に適する語句を書け。

② 「中学校学習指導要領(平成29年告示)解説音楽編」において，下線部①「音の選択や組合せなどの技能」のなどの中には，「記譜

などの技能も含まれる。」としている。その技能は，どのような手段として必要な技能とされているか80字以内で書け。

(2) 次の□□□内は，中学校学習指導要領(平成29年告示)解説音楽編の「第4章　指導計画の作成と内容の取扱い　2　内容の取扱いと指導上の配慮事項」の一部である。以下の問いに答えよ。

---

(1) 各学年の「A表現」及び「B鑑賞」の指導に当たっては，次のとおり取り扱うこと。

ア　音楽活動を通して，それぞれの教材等に応じ，音や音楽が生活に果たす役割を考えさせるなどして，生徒が音や音楽と生活や社会との関わりを実感できるよう指導を工夫すること。なお，適宜，(a)などについても取り扱い，音環境への関心を高めることができるよう指導を工夫すること。

イ　音楽によって喚起された自己のイメージや感情，音楽表現に対する思いや意図，音楽に対する評価などを伝え合い共感するなど，音や音楽及び言葉によるコミュニケーションを図り，音楽科の特質に応じた言語活動を適切に位置付けられるよう指導を工夫すること。

---

① (a)に適する言葉を書け。
② 「中学校学習指導要領(平成29年告示)解説音楽編」において，音楽科の特質に応じた言語活動を行う際に配慮すること，また，その際大切だと示されていることを80字以内で書け。
③ 「中学校学習指導要領(平成29年告示)解説音楽編」において，音楽科の特質に応じた言語活動を適切に位置付けた指導は，生徒のどのような意識を広げることにつながると示されているか，書け。

(☆☆☆◎◎◎◎◎)

19

【高等学校】

【1】次の(1)，(2)の問いに答えよ。

(1) 次の 内は，高等学校学習指導要領(平成30年告示)の「第2章　各学科に共通する各教科　第7節　芸術　第2款　各科目　第1　音楽Ⅰ　2　内容」の一部である。以下の各問いに答えよ。

> (3) 創作
>
> 　創作に関する次の事項を身に付けることができるよう指導する。
>
> ア　創作表現に関わる知識や技能を得たり生かしたりしながら，自己のイメージをもって創作表現を創意工夫すること。
>
> イ　(a)，音を連ねたり重ねたりしたときの響き，音階や音型などの特徴及び構成上の特徴について，表したいイメージと関わらせて理解すること。
>
> ウ　創意工夫を生かした創作表現をするために必要な，次の(ア)から(ウ)までの技能を身に付けること。
>
> 　(ア)　反復，変化，対照などの手法を活用して音楽をつくる技能
>
> 　(イ)　旋律をつくったり，つくった旋律に(b)や和音などを付けた音楽をつくったりする技能
>
> 　(ウ)　音楽を形づくっている要素の働きを変化させ，(c)をする技能

① (a)〜(c)に適する語句を書け。

② 「高等学校学習指導要領(平成30年告示)解説芸術編」において，創作ウの指導に当たっては，どのようなことを重視するように示されているか，80字以内で書け。

(2) 次の 内は，高等学校学習指導要領(平成30年告示)の「第2章　各学科に共通する各教科　第7節　芸術　第2款　各科目　第1　音楽Ⅰ　3　内容の取扱い」の一部である。以下の各問いに答えよ。

20

> 3 内容の取扱い
>
> (8) 内容の「A表現」及び「B鑑賞」の指導に当たっては，(a)の育成を図るため，音や音楽及び言葉によるコミュニケーションを図り，<u>芸術科音楽の特質に応じた言語活動</u>を適切に位置付けられるよう指導を工夫する。なお，内容の「B鑑賞」の指導に当たっては，曲や演奏について根拠をもって批評する活動などを取り入れるようにする。

① (a)に適する言葉を書け。

② 「高等学校学習指導要領(平成30年告示)解説芸術編」において，芸術科音楽の特質に応じた言語活動を行う際に配慮すること，また，その際重要と示されていることを80字以内で書け。

③ 「高等学校学習指導要領(平成30年告示)解説芸術編」において，芸術科音楽の特質に応じた言語活動を適切に位置付けた指導は，生徒のどのような意識を広げることにつながると示されているか，書け。

(☆☆☆○○○○○)

解答・解説

【中高共通】

【1】(1) 1 (2) ① 3 ② 3 ③ 2 ④ 3 (3) ① 1 ② 2 ③ 4 ④ 2

〈解説〉(1) 誤りのあった選択肢2はadagio→andantino→allegretto→animato，3はlento→larghetto→moderato→vivace，4はlargo→adagio→andantino→animato，5はlento→larghetto→allegretto→animatoの順番が正しい。 (2) ① 出題の楽曲は，ラフマニノフの「前奏曲 作品3-2

鐘」である。正答以外の選択肢1, 2, 5はロシアの作曲家, 4はイタリアの作曲家である。　②　正答以外の選択肢の国の代表的な作曲家として, 1はショパン, 2はプッチーニ, 4はバッハ, 5はモーツァルトなどがあげられる。　③　低音部譜表の音はファ🔲, 高音部譜表の音はレ♯である。レ♯よりファ🔲の方が高いので注意すること。　④　イの音はソ♯である。　(3)　①　楽曲はロドリーゴの「アランフェス協奏曲」である。　②　協奏曲とは, 独奏楽器もしくは独奏楽器群とオーケストラのための楽曲のことである。コンチェルトともいう。　③正答以外の選択肢1はハンマリング, 2はトリル, 3はスライド, 5はカッティングと呼ばれる奏法のことである。　④　出題の楽曲はh mollで書かれている。h mollの平行調はD dur, D durの属調はA durである。

【2】(1)　3　　(2)　3

〈解説〉(1)　出題の楽曲は江間章子作詞・團伊玖磨作曲による「花の街」である。選択肢1は吉丸一昌作詞・中田章作曲, 2は三木露風作詞・山田耕筰作曲, 3は中田喜直作曲, 4は武島羽衣作詞・滝廉太郎作曲, 5は土井晩翠作詞・滝廉太郎作曲である。歌唱共通教材の作詞・作曲者名はすべて覚えること。　(2)　選択肢1は北原白秋作詞・山田耕筰作曲, 2は東くめ作詞・滝廉太郎作曲, 3はまどみちお作詞, 4はサトウハチロー作詞・中田喜直作曲, 5は西條八十作詞・成田為三作曲である。

【3】(1)　3　　(2)　①　3　　②　1　　③　4

〈解説〉(1)　貝殻節は鳥取県, ちゃっきり節は静岡県, こきりこは富山県, 花笠音頭は山形県, 黒田節は福岡県, 安来節は島根県の民謡である。　(2)　①　楽譜は「ソーラン節」である。　②　正答以外の選択肢2は茨城県, 3は北海道, 4は高知県, 5は鳥取県の民謡である。③　他の選択肢の代表的な民謡としては, 1は三笠の山の, 2はさんさ時雨, 3は五木の子守唄, 5は花笠音頭などがあげられる。民謡は, 地域, 種類, 拍節の様式(八木節様式か追分様式), 音階を整理して覚えること。

【4】(1) 3　(2) 1　(3) 5　(4) 5　(5) 5　(6) 1
(7) 4　(8) 4

〈解説〉(1)　満たす条件として，問題文を含め5つの項目が記されている。ユネスコ無形文化遺産には「能楽」や「雅楽」，「風流踊」といった音楽に関するものが登録されているため，その内容とともに確認しておくこと。　(2)　選択肢は全て奈良県の踊りである。その他に記載された風流踊としては，新潟県の綾子舞，岐阜県の群上踊などがある。(3)　主遣いは人形を動かす中心的な役割で，かしらと右手を遣う。左遣いは人形の左手を，足遣いは人形の足を遣う。　(4)　文楽は大阪府の道頓堀にある「竹本座」から始まったとされている。　(5)　1と4は小幕，2は屋体，3は船底，5は床と呼ばれる。　(6)　文楽で使われる義太夫節，津軽三味線は太棹，常磐津，地歌は中棹，長唄，小唄は細棹を使用する。　(7)　テクスチュアとは音や旋律の重なり方，組み合わせ方のことであり，唱歌の説明としては正しくない。　(8)　正答以外の選択肢1は演奏の速度を定める役割と終わりの合図を出す役割，2は響きを作る役割，3と5はリズムを明確にする役割を担っている。雅楽で使用される楽器の役割と配置を確認しておくこと。

【5】(1) 3　(2) 1

〈解説〉(1)　カッワーリーはイスラム教の宗教讃歌，ケチャはバリ島の身体演技を伴った男声合唱，メヘテルハーネは軍楽隊，オルティンドーは長い歌という意味の伝統民謡，歌唱法である。　(2)　タンソは朝鮮民族の縦笛，サンポーニャは南米アンデス地方の笛，カヤグムは朝鮮半島の箏，チャランゴは南米アンデス地方の撥弦楽器，タブラーはインドの太鼓，チャンゴは朝鮮半島の太鼓である。

【6】(1) 3　(2) 1　(3) 2

〈解説〉(1)　器楽が独立したジャンルとして発展をとげたのはバロック時代(17世紀)である。選択肢の年代について，1は13世紀前半，2は14〜15世紀前半，3は17世紀，4は19世紀，5は5〜8世紀の出来事である

ため，3が正解である。　　(2)　グレゴリオ聖歌は11世紀ではなく，9世紀ごろに成立した。　　(3)　他の国民楽派の作曲家としては，ロシアのボロディン，バラキレフ，チェコのスメタナ，ドヴォルザーク，フィンランドのシベリウスなどがあげられる。

【7】(1)

(2)　解答略

〈解説〉(1)　楽譜は，ホルスト作曲の組曲「惑星」より「木星」である。ホルン(in F)の実音は完全5度低いので，完全5度上に移調する必要がある。もとの楽譜はF durで書かれているため，完全5度上げて，調号無しのC durに書きかえる。　　(2)　まずコード進行をもとにピアノ伴奏譜を作成し，その音を用いてソプラノリコーダーのオブリガードを作成すると良い。主旋律がアルトリコーダーで音域が低めなので，それより目立ちすぎないように配慮したい。ソプラノリコーダーの音域については確認しておくこと。

【8】

〈解説〉タブラチュア譜とは，音符を使用せず，文字や数字や記号を用いた楽譜である。ギターの場合は，押さえるフレットを数字で6線譜の中に表している。ギターの開放弦の音を理解していれば，記譜できる。二分音符の記譜方法に注意すること。

【中学校】

【1】(1) ① a 音のつながり方 b 音素材 c 課題や条件
② 単に音符や記号をなどを書くことができるということではなく，あくまで自分の思いや意図を表すための手段。(50字) (2) ① 自然音や環境音 ② 音によるコミュニケーションが一層充実することに結び付いていくように配慮し，言葉のやり取りに終始することなく，言葉で表したことと音や音楽との関わりが捉えられるようにすることが大切である。(92字) ③ 生徒一人一人の音楽に対する価値意識

〈解説〉(1) ① 中学校学習指導要領から，第1学年のA表現の創作の分野の内容について，語句の穴埋め記述式の問題である。A表現の歌唱，器楽，B鑑賞の内容についても文言は覚えておくこと。 ② 中学校学習指導要領解説には「音の選択や組合せなどの技能のなどの中には，記譜などの技能も含まれるが，それは単に音符や記号などを書くことができるということではなく，あくまで自分の思いや意図を表すための手段として，アに示した創意工夫やイの各事項の理解と関わらせて身に付けることが大切である。」と示されている。 (2) ① 指導計画の作成と内容の取扱いから，内容の取扱いについての配慮事項(1)から出題された。 ② 中学校学習指導要領解説には「音楽活動は，本来，音によるコミュニケーションを基盤としたものであり，言葉によるコミュニケーションとは異なる独自の特質をもっている。一方，音楽科の学習においては，言葉によるコミュニケーションを適切に位置付けることによって，音や音楽によるコミュニケーションを充実させることができる。したがって，生徒が音楽に関する言葉を用いて，音楽によって喚起されたイメージや感情，音楽表現に対する思いや意図などを相互に伝え合う活動を取り入れることによって，結果として，音によるコミュニケーションが一層充実することに結び付いていくように配慮することが大切である。」と示されている。なお，公開解答は，92字になっているが，問題文は80字以内となっているので，80字以内でまとめること。 ③ 学習指導要領解説には，「音楽科の特質

に応じた言語活動を適切に位置付けた指導は，生徒一人一人の音楽に対する価値意識を広げることにつながる。このことは，学校において音楽科の学習を行うことの大切な意義の一つであり，生徒の学習意欲の喚起や学習内容の定着にもつながるものである。」と示されている。

【高等学校】

【1】(1)　①　a　音素材　　b　副次的な旋律　　c　変奏や編曲
②　生徒が意図している効果が生み出されているか，実際に音を出して感じ取りながら技能を身に付けられるようにすることを重視する。(60字)　　(2)　①　思考力，判断力，表現力等　　②　音によるコミュニケーションが一層充実することに結び付いていくように配慮し，言葉のやり取りに終始することなく，言葉で表したことと音や音楽との関わりが捉えられるようにすることが大切である。(92字)
③　生徒一人一人の音楽に対する価値意識

〈解説〉(1)　①　高等学校学習指導要領より，音楽ⅠのA表現，創作分野の内容に関する出題である。内容についてはどこを問われても答えられるよう，文言は必ず覚えること。A表現の器楽，歌唱，B鑑賞の内容についても同様である。　　②　高等学校学習指導要領解説には，この項目について「指導に当たっては，生徒が意図している効果が生み出されているか，実際に音を出して感じ取りながら技能を身に付けられるようにすることを重視する。また，音色や音域など，用いる声や楽器の特性にふさわしい変奏や編曲をする技能を身に付けられるようにすることも大切である。」としている。　　(2)　①　音楽Ⅰの内容の取扱い(8)について出題された。全部で11項目示されているのですべて確認しておくこと。　　②　高等学校学習指導要領解説には「音楽活動は，本来，音によるコミュニケーションを基盤としたものであり，言葉によるコミュニケーションとは異なる独自の特質をもっている。一方，芸術科音楽の学習においては，言葉によるコミュニケーションを適切に位置付けることによって，音や音楽によるコミュニケーションを充実させることができる。したがって，生徒が音楽に関する言葉を用い

て，音楽によって喚起されたイメージや感情，音楽表現に対する表現意図などを相互に伝え合う活動を取り入れることによって，結果として，音によるコミュニケーションが一層充実することに結び付いていくように配慮することが大切である。その際，言葉のやり取りに終始することなく，言葉で表したことと音や音楽との関わりが捉えられるようにすることが重要である。」と示されている。なお，公開解答は，92字になっているが，問題文は80字以内となっているので，80字以内でまとめること。　③　高等学校学習指導要領解説には，「芸術科音楽の特質に応じた言語活動を適切に位置付けた指導は，生徒一人一人の音楽に対する価値意識を広げることにつながる。このことは，高等学校において芸術科音楽の学習を行うことの大切な意義の一つであり，生徒の学習意欲の喚起や学習内容の定着にもつながるものである。」と示されている。

2023年度　実施問題

【中高共通】

【１】次の(1)〜(7)の問いに答えよ。

(1) Esを基音とする倍音列の第8倍音の音名として正しいものを，次の1〜5から一つ選べ。

1　Es　　2　C　　3　B　　4　A　　5　Des

(2) 次の文の(a)に当てはまるものを，以下の1〜5から一つ選べ。

> (a)の属調の旋律的短音階上行形第6音はEisである。

1　gis moll　　2　Des dur　　3　dis moll　　4　G dur
5　cis moll

(3) 次の文が説明する音楽の形式として正しいものを，以下の1〜5から一つ選べ。

> バッソ・オスティナートの上声部で連続した変奏が行われるバロック音楽の形式の一つ。

1　フーガ　　2　カノン　　3　トッカータ　　4　パッサカリア
5　ボレロ

(4) 次の1〜5の音楽用語のうち，calandoの意味と同じものを，一つ選べ。

1　lamentoso　　2　doloroso　　3　smorzando　　4　comodo
5　leggiadro

(5)　次に示す楽譜について，何調から何調へ転調しているか。最も適
切なものを，以下の1～5から一つ選べ。

1　Es dur → Fis dur　　　2　c moll → H dur

3　Es dur → H dur　　　　4　c moll → cis moll

5　B dur → H dur

(6)　次の楽譜を演奏したときの小節数として正しいものを，以下の1
～5から一つ選べ。

1　34小節　　　2　36小節　　　3　38小節　　　4　40小節

5　41小節

(7)　次に示す楽譜について，以下の①～④の問いに答えよ。

① (a)と(b)が示す音程の組合せとして正しいものを，次の1～5から一つ選べ。ただし単音程で考えるものとする。

1 (a) 増4度　　(b) 短3度

2 (a) 完全4度　　(b) 短3度

3 (a) 増4度　　(b) 長3度

4 (a) 完全4度　　(b) 長6度

5 (a) 減5度　　(b) 短6度

② (ア)□□□と(イ)□□□で囲まれた部分のコードネームの組合せとして正しいものを，次の1～5から一つ選べ。

1 (ア) C♯dim　　(イ) F♯dim7

2 (ア) C♯aug　　(イ) E♭m7

3 (ア) Faug　　(イ) F♯dim7

4 (ア) A　　(イ) F♯dim

5 (ア) Faug　　(イ) Cdim7

③ A→で示した音楽用語よりも速さが遅いものを，次の1～5から一つ選べ。

1 Presto　　2 Vivace　　3 Molto allegro　　4 Allegro

5 Andantino

④ B→で示した音楽用語の意味として最も適切なものを，次の1～5から一つ選べ。

1 歌うように　　　2 主旋律に従って　　　3 音をひそめて

4 情熱をこめて　　　5 ペダルを用いて

(☆☆☆◎◎◎◎)

【2】次の楽譜は,「東京2020オリンピック」の入場行進にも使用された
楽曲の,金管アンサンブル編曲版の冒頭部分である。以下の(1)〜(5)の
問いに答えよ。

(1) この楽曲の作曲者名と楽曲名の組合せとして最も適切なものを,
　　次の1〜5から一つ選べ。

　　1　植松伸夫　　《ファイナルファンタジー》「勝利のファンファ
　　　　ーレ」

　　2　甲田雅人　　《モンスターハンター》「英雄の証」

　　3　下村陽子　　《キングダム・ハーツ》「ヒーローズ・ファン
　　　　ファーレ」

　　4　すぎやまこういち　　《ドラゴンクエスト》「序曲」

5　光田康典　　《クロノ・トリガー》「ロボのテーマ」

(2)　この楽譜の編成の名称として正しいものを，次の1〜5から一つ選べ。

1　Septet　　2　Quartet　　3　Trio　　4　Quintet　　5　Octet

(3)　この楽譜の［　A　］に入る楽器の名称として正しいものを，次の1〜5から一つ選べ。

1　Cornet in C

2　Cornet in B♭

3　Horn in F

4　Horn in E♭

5　Euphonium

(4)　この楽譜のB［　　］に入る調号として正しいものを，次の1〜5から一つ選べ。

(5)　この楽譜のTromboneパートの楽譜に記された譜表の名称として正しいものを，次の1〜5から一つ選べ。

1　バリトン譜表

2　テノール譜表

3　アルト譜表

4　メッゾソプラノ譜表

5　ソプラノ譜表

(☆☆☆◎◎)

【3】次の(1)〜(5)の問いに答えよ。

(1)　次の文が説明する内容として正しいものを，次の1〜5から一つ選べ。

> バロック時代の協奏曲に多く見られる形式の一つ。独唱と合奏によるアリアの当時の3部形式にそれが組み込まれた用例もみられるが，最も発展的に用いられたのは，器楽における合奏協奏曲もしくは独奏協奏曲においてである。総奏による主題が，最初と最後を除き転調を伴って繰り返されるのが特徴で，それと小合奏または独奏による部分との交替により楽曲全体が構成される。

1　リトルネッロ形式
2　ダ・カーポ形式
3　循環形式
4　ロンド形式
5　バール形式

(2)　次に示すオペラの作品名と作曲者名の組合せとして，誤っているものを1～5から一つ選べ。

	（作品名）	（作曲者名）
1	《ホフマン物語》	J. オッフェンバック
2	《ピーター・グライムズ》	B. ブリテン
3	《こうもり》	R. シュトラウス
4	《道化師》	R. レオンヴァッロ
5	《ウィンザーの陽気な女房たち》	O. ニコライ

(3)　次の文が説明するものとして正しいものを，以下の1～5から一つ選べ。

> アイルランドの作曲家ジョン・フィールドが創始した。静かに夢想するかのような曲想を特徴とし，ショパンが多くの楽曲を残したほか，フォーレやプーランクにも作品が多く残されている。

1　ポロネーズ
2　マズルカ

```
3　スケルツォ
4　バラード
5　ノクターン
```

(4)　次の1〜5の説明文の中から，適切でないものを一つ選べ。

1　ベルリオーズは，標題もしくはその思想や物事，人物を表す楽想を固定的に扱う「イデー・フィクス」という手法を初めて用いた。

2　管弦楽により詩的あるいは絵画的な内容を表現する単一楽章からなる「交響詩」は，ムソルグスキーが《はげ山の一夜》の作曲により創始した。

3　ワーグナーの楽劇には，重要な登場人物や事物，観念などにそれぞれ動機を割りあてた「ライトモティーフ」が最も典型的に活用されている。

4　19世紀後半のイタリアでは，従来のロマン主義オペラへの反発から，現実を生々しく表現する「ヴェリズモ」と呼ばれる傾向のオペラ作品があらわれた。

5　19世紀後半のフランスを中心に交響的な性格をもつオルガンのための楽曲が作曲されるようになり，これらのことを「オルガン交響曲」という。

(5)　次の文が説明する作曲家として適切なものを，以下の1〜5から一つ選べ。

> 1922年にギリシャ人を両親としてルーマニアに生まれる。アテネで建築を学びパリで建築設計に携わるかたわら，オネゲル，ミヨー，メシアンに作曲を師事する。統計学や数学的な思考を音楽に応用し，演算にはコンピュータを導入するなど独自の手法により作曲した。楽譜の多くには，図形やグラフを用いている。代表作に《メタスタシス》，《ピソプラクタ》，《アホリプシス》，ピアノ曲《ヘルマ》などがある。1997年には京都賞を受賞している。2001年にパリで没した。

1 ピエール・ブーレーズ
2 ルチアーノ・ベリオ
3 ジェルジュ・リゲティ
4 ヤニス・クセナキス
5 カールハインツ・シュトックハウゼン

(☆☆☆☆◎◎◎)

【4】次の(1)〜(8)の問いに答えよ。

(1) 次の楽譜A，Bは，それぞれある曲の旋律の冒頭部分である。この2曲に関する説明として正しいものを，以下の1〜5から一つ選べ。

1 作詞者は同じであるが，作曲者は異なる。
2 作詞者は異なるが，作曲者は同じである。
3 作詞者も作曲者も同じである。
4 作詞者も作曲者も異なる。
5 両曲とも同じ年に作曲された。

(2) ナポリ民謡《帰れソレントへ》に関する説明として最も適切なものを，次の1〜5から一つ選べ。
1 ナポリ民謡はシャンソンと呼ばれる。
2 曲の途中から平行調へ転調し，その後再び主調へ戻る。
3 リタルダンドやフェルマータの指示により，細やかにテンポが揺れ動く。
4 テンポは，快活でやや速めのAllegrettoが設定されている。
5 曲の作詞者と作曲者は親子である。

(3) 次の文が説明する作曲家の代表的な歌曲として正しいものを，以下の1〜5から一つ選べ。

> 　多くのドイツ・リートを作曲しているが,「歌の年」と呼ばれる1840年には, 5つの歌曲集を作曲した。全26曲からなる歌曲集《ミルテの花》の第1曲目であるこの作品も同様である。

1　《献呈》

2　《菩提樹》

3　《歌の翼に》

4　《魔王》

5　《ある晴れた日に》

(4)　次の文が説明する舞曲の種類として正しいものを, 次の1〜5から一つ選べ。

> 　17世紀初頭のフランスでおこった, 中庸なテンポによる2分の2拍子の舞曲。通常は4分音符2拍によるアウフタクトで始まる。17世紀の中期からオペラやバレエに用いられたことでヨーロッパ各地に広まり, さまざまな作曲家が器楽の組曲にも取り入れるようになった。

1　メヌエット

2　ガヴォット

3　シチリアーノ

4　ギャロップ

5　サラバンド

(5)　G. ヴェルディ作曲オペラ《アイーダ》の登場人物として正しいものを, 次の1〜5から一つ選べ。

1　ピンカートン

2　マクベス

3　オクタヴィアン

4　ラダメス

5　ドン・ホセ

(6) 次の1～5の楽器のうち，発音原理がギターと同じであるものを一つ選べ。

1 ドゥドゥク

2 ケーナ

3 タブラー

4 チャンゴ

5 ウード

(7) 次の1～4の用語のうち，能舞台の構造には無いものを一つ選べ。

1 黒御簾

2 切戸口

3 橋掛り

4 揚幕

(8) 次の文は，『中学校学習指導要領(平成29年告示)解説 音楽編』及び『高等学校学習指導要領(平成30年告示)解説 芸術編 音楽』に共通して示されている「著作権法」第35条第1項である。(a)～(c)に当てはまる語句の正しい組合せを，以下の1～5から一つ選べ。

第35条 学校その他の教育機関(営利を目的として設置されているものを除く。)において(a)は，その授業の過程における使用に供することを目的とする場合には，必要と認められる限度において，公表された著作物を複製することができる。ただし，当該著作物の(b)並びにその複製の(c)に照らし著作権者の利益を不当に害することとなる場合は，この限りでない。

---

1 a 教育を担任する者　　　　　　　　b 種類及び用途
  c 形式及び用途

2 a 教育を担任する者及び授業を受ける者　　b 数量及び目的
  c 形式及び用途

3　a　教育機関の長及び教育を担任する者　　　b　数量及び目的
　　c　形態及び形状

4　a　教育を担任する者及び授業を受ける者　　b　種類及び用途
　　c　部数及び態様

5　a　教育機関の長及び授業を受ける者　　　　b　種類及び用途
　　c　部数及び態様

(☆☆☆◎◎◎◎)

【5】次の各問いに答えよ。

(1)　次の楽譜を変ロ長調に移調し，調号を用いて楽譜に書け。また移調した楽譜に適切なコードネームを(　　)内に書け。

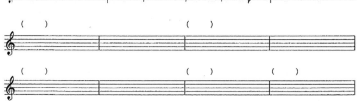

(2)　(1)で移調した楽譜をサクソフォーン四重奏に編曲し，各楽器に適切な調号を用いて総譜に書け。また，楽器略名を(　　)内に書け。

(☆☆☆☆○○○○○)

【中学校】

【1】次の[   ]内は，中学校学習指導要領(平成29年告示)の「第2章　各教科　第5節　音楽　第3指導計画の作成と内容の取扱い」の一部である。以下の各問いに答えよ。

2　第2の内容の取扱いについては，次の事項に配慮するものとする。

(1)　各学年の「A表現」及び「B鑑賞」の指導に当たっては，次のとおり取り扱うこと。

ウ　知覚したことと感受したこととの関わりを基に音楽の特徴を捉えたり，思考，判断の過程や結果を表したり，それらについて他者と共有，共感したりする際には，適宜，①体を動かす活動も取り入れるようにすること。

エ　②生徒が様々な感覚を関連付けて音楽への理解を深めたり，主体的に学習に取り組んだりすることができるようにするため，コンピュータや教育機器を効果的に活用できるよう指導を工夫すること。

(2)　各学年の③「A表現」の(1)の歌唱の指導に当たっては，次のとおり取り扱うこと。

イ　変声期及び変声前後の声の変化について気付かせ，変声期の生徒を含む全ての生徒の(　a　)についても配

> 慮するとともに，変声期の生徒については適切な
> (b)と(c)によって歌わせるようにすること。

(1) (a)～(c)に入る適切な語句を書け。

(2) 下線部②について「中学校学習指導要領(平成29年告示)解説　音楽編」で示された文の(d)～(f)に入る適切な語句を，以下の1～8から選び，その番号を書け。

> 様々な感覚を関連付けてとは，音楽を，聴覚のみではなく，(d)など，他の感覚と関連付けて捉えることができるようにすることである。例えば，音楽科の学習に利用できるコンピュータのソフトウェアや様々な教育機器を活用し，(e)の変化に応じて図形の大きさや振動の強さが変わったり，また楽器の(f)の変化によって色が変わったりするなどのように，聴覚と視覚，聴覚と触覚など，生徒が複数の感覚を関連付けて音楽を捉えていくことができるようにすることなどが考えられる。そのことが，学習を深めることに有効に働くよう，教師の活用の仕方，生徒への活用のさせ方について工夫することが大切である。

1　感性や表現力　　2　速度　　3　音量　　4　旋律
5　視覚や触覚　　　6　音色　　7　音階　　8　形式

(3) 下線部③について，第2学年及び第3学年の「思考力，判断力，表現力等」に関する指導事項の内容として正しいものはどれか。次の1～6から選び，その番号を書け。

1　曲想と音楽の構造や歌詞の内容及び曲の背景との関わりを理解すること。

2　声の音色や響き及び言葉の特性と曲種に応じた発声との関わりを理解すること。

3　歌唱表現に関わる知識や技能を得たり生かしたりしながら，曲にふさわしい歌唱表現を創意工夫すること。

4 歌唱表現に関わる知識や技能を得ながら，曲にふさわしい歌唱表現を創意工夫すること。

5 曲想と音楽の構造や歌詞の内容及び曲の形式との関わりを理解すること。

6 創意工夫を生かした表現で歌うために必要な発声，言葉の発音，身体の使い方などの技術を身に付けること。

(4) 「中学校学習指導要領(平成29年告示)解説 音楽編」において，下線部①には「指揮などの身体的表現活動」が含まれるが，指揮を体験する機会を設ける際に，留意しなければならないと示されていることは何か。40字以内で書け。

(☆☆☆○○○○○)

【高等学校】

【1】次の□□□内は，「高等学校学習指導要領(平成30年告示) 第2章 第7節 第2款 第1 音楽Ⅰ 1目標」である。以下の各問いに答えよ。

音楽の幅広い活動を通して，音楽的な見方・考え方を働かせ，生活や社会の中の音や音楽，音楽文化と(a)資質・能力を次のとおり育成することを目指す。

(1) 曲想と音楽の構造や文化的・歴史的背景などとの関わり及び音楽の(b)について理解するとともに，創意工夫を生かした音楽表現をするために必要な技能を身に付けるようにする。

(2) 自己のイメージをもって音楽表現を創意工夫することや，音楽を評価しながらよさや美しさを自ら味わって聴くことができるようにする。

(3) (c)に音楽の幅広い活動に取り組み，生涯にわたり音楽を愛好する心情を育むとともに，①感性を高め，音楽文化に親しみ，音楽によって生活や社会を明るく豊かなものにしていく態度を養う。

(1)　(a)〜(c)に入る適切な語句を書け。

(2)　下線部①について「高等学校学習指導要領(平成30年告示)解説　第1部　第2章　第1節　音楽Ⅰ」で示された文の(d)〜(f)に入る適切な語句を書け。

> 　感性とは，音や音楽のよさや美しさなどの(d)な世界を(e)あるものとして感じ取るときの(f)を意味している。

(3)　音楽Ⅰの目標から「思考力，判断力，表現力等」の表現領域に関する部分を25字以内で抜き出せ。

(4)　芸術科音楽における「知識」の習得に関する指導に当たって，重要と示されている二点を，それぞれ50〜60字で書け。

(☆☆☆◎◎◎◎◎)

解答・解説

【中高共通】

【1】(1)　1　(2)　5　(3)　4　(4)　3　(5)　3　(6)　2
(7)　①　1　②　3　③　5　④　2

〈解説〉(1)　第2倍音は2倍の周波数になり，基音のオクターブ上の音になる。第8倍音は3オクターブ上の音である。基本の倍音の音程は覚えておきたい。　(2)　旋律的短音階の第6音がEisになるのはgis moll。それを属調とするのはcis mollである。　(3)　それぞれ重要な形式なので学習しておくこと。正答以外の選択肢について，1は各声部が主題を繰り返しながら追いかけるように加わっていき展開する形式，2は主題をある一定の間隔をあけて模倣し追いかける形式，3は細かい音のパッセージなどを含む即興的な自由な演奏形式，5はスペインの舞曲の形式。　(4)　calandoは「だんだん遅くしながら弱く」の意味。その他は，1と2は「悲しそうに」，4は「気楽な」，5は「優美な」の意味。

(5) 1から3小節で，♭がシ・ミ・ラについており，導音上がりもみられないことからEs durと判断する。4小節目以降から，♯がファ・ド・ソ・レ・ラについており，経過音以外ミに♯がついていないので導音上がりもなくH durと判断できる。 (6) 短い小節の繰り返し記号の「ter」は3回，「bis」は2回を意味する。またダ・カーポで最初に戻ったら，繰り返しはせずにコーダ，ダル・セーニョ，フィーネで終わる。(7) ① (a)はシ♭とミで複音程の1オクターブと増4度。オクターブを外して答える。(b)はドとミ♭で短3度。 ② (ア)は和音の構成音がファ・ラ・ド♯でファを根音とする長三和音の第5音が半音上がっている増三和音。(イ)の構成音はファ♯・ラ・ド・ミ♭で，ファ♯を根音として減三和音＋短3度で減七の和音。 ③ 「allegretto」は「allegro」より遅いテンポである。速度記号は速さの順番に並べられるようにしておきたい。 ④ 「col」は「〜とともに」，「canto」は「歌」の意味。

【2】(1) 4 (2) 4 (3) 3 (4) 2 (5) 2
〈解説〉(1) 日本を代表するゲームの曲が入場行進に用いられて話題となった。楽譜より，序曲で用いられた，「ドラゴンクエスト」の「ロトのテーマ」と判断できる。 (2) 楽譜から金管5重奏の形式だと判断できる。正答以外の選択肢，1は7重奏，2は4重奏，3は3重奏，5は8重奏を意味する。 (3) 金管5重奏は，普通，トランペット2本，ホルン，トロンボーン，チューバで構成される。原曲はC dur。完全5度上の調号♯1つのG durで記譜されているので，実音が記譜音より完全5度低いF管のホルンが当てはまる。 (4) チューバとトロンボーンは実音表記なので，そこからこの曲がハ長調であることがわかる。トランペットB♭管は実音が記譜音より長2度低いので，長2度上げてD durなので♯2つである。 (5) 第4線が中央ハ音の位置になるので，テノール譜表である。他の譜表について，1は第5線，3は第3線，4は第2線，5は第1線である。

【３】(1)　1　　(2)　3　　(3)　5　　(4)　2　　(5)　4

〈解説〉(1)　いずれも重要な音楽形式であり，特にリトルネッロ形式は問題として頻出なので学習しておくこと。正答以外の選択肢について，2はABA形式になっている声楽曲，3は主題素材が複数，あるいは全楽章に表れて，曲全体の統一感を出すもの，4は主題の旋律が異なる旋律をはさみながら繰り返しあらわれること，5は中世の歌唱形式で，AABの三部形式である。　(2)　3は作曲者のR.シュトラウスが誤りで，正しくはヨハン・シュトラウス2世である。選択肢にあまり知られていないオペラの作品が並べられているので難易度が高く感じるが，落ち着いて解答したい。　(3)　これらの楽曲の区分は問題として頻出なので必ず学習し，覚えておくこと。ノクターンは「夜想曲」とも表される。　(4)　交響詩の最初の曲はリストが作曲した「人，山の上で聞きしこと」である。交響詩の創始者はリストである。交響詩，ベルリオーズのイデー・フィクス，ワーグナーのライトモティーフは頻出事項なので学習しておくこと。　(5)　ヤニス・クセナキスは作曲家と同時に建築家でもあり，数学で生み出されるグラフ図形をもとに作曲したオーケストラ「メタスタシス」が有名である。近現代の作曲家についても，主な楽曲，作風とともに学習しておくこと。

【４】(1)　2　　(2)　3　　(3)　1　　(4)　2　　(5)　4　　(6)　5

(7)　1　　(8)　4

〈解説〉(1)　Aは三木露風作詞・山田耕筰作曲の「赤とんぼ」，Bは北原白秋作詞・山田耕筰作曲の「からたちの花」である。　(2)　正答以外の選択肢について，1「シャンソン」ではなく「カンツォーネ」，2「平行調」ではなく「同主調」，4「Allegretto」ではなく「Moderato」，5「親子」ではなく「兄弟」が正しい。　(3)　問題文の「ミルテの花」からシューマンだと判断できる。2と4はシューベルト作曲，3はメンデルスゾーン，5はプッチーニ作曲の作品である。　(4)　各形式について，リズムも確認しておきたい。正答以外の選択肢について，1は4分の3拍子，3は8分の6か8分の12拍子，4は4分の2拍子，5は2分の3ま

たは4分の3拍子である。　(5)　正答以外の選択肢の登場人物について，1はプッチーニ作曲「蝶々夫人」の海軍士官，2はヴェルディ作曲「マクベス」の将軍，3はR・シュトラウス作曲「ばらの騎士」の元帥夫人の愛人の貴族青年，5はビゼー作曲「カルメン」の竜騎兵の伍長である。　(6)　1はアルメニアの民族楽器で気鳴楽器，2はペルー，ボリビアなどの民族楽器で気鳴楽器，3は北インドの太鼓で体鳴楽器，4は朝鮮半島の民族楽器の太鼓で体鳴楽器である。5はアラブ圏で用いられる撥弦楽器である。　(7)　1は歌舞伎で下座音楽を演奏するところである。歌舞伎，能，文楽の舞台の名称と配置は学習しておくこと。(8)　著作権法35条では，教育機関における許容される複製について述べられている。授業を担当する教師や講師とその指導下にある生徒による複製は許可されている。授業に必要な最小限の部数の複製であること，著作権者の利益を害しない様態であることが求められている。著作権に関する問題は近年増加しているので，理解しておきたい。

【5】(1)

(2)

45

〈解説〉(1)　ベートーヴェンの交響曲第9番の歓喜の歌のメロディである。イ長調から変ロ長調への移調なので，短2度上げ，調号は♭2つとなる。和音進行を元にコードをつけること。　(2)　ソプラノに主旋律を置き，各パートをコードに基づき音を決めて記譜していく。ソプラノとテノールサクソフォーンはB♭管なので記譜音は実音より長2度上げてハ長調で記譜する。アルトとバスサクソフォーンはE♭管なので，実音より長6度上げてト長調で記譜する。奈良県では，作曲や編曲，移調の記譜問題は毎年出題されている。今回はサクソフォーンの管の種類が問題に提示されていなかった。管の種類がわからないと解答できないので，主な移調楽器についての知識が必要である。また，作曲して移調することになり時間も要するので，練習を重ねてなるべく短時間で解答できるように準備したい。

【中学校】

【1】(1)　a　心理的な面　　b　声域　　c　声量　　(2)　d　5　　e　3　　f　6　　(3)　3　　(4)　指揮法の専門的な技術を習得するような活動にならないよう留意しなければならない。(39字)

〈解説〉(1)　学習指導要領より，指導計画の作成と内容の取扱いから，内容の取扱いに関する配慮事項からの出題である。発声に関する技術面と心理面，両方の配慮が必要である。変声に伴う不安や羞恥心を持つことがないように配慮し，今の自分の声で，無理のない声域，声量で歌唱表現ができるように指導することが求められている。　(2)　学習指導要領解説より，視覚と聴覚，触覚と聴覚など，生徒が複数の感

覚を関連付けて音楽を捉えるように指導を工夫することが求められている。　(3)　第2学年及び第3学年の「思考力，判断力，表現等」に関する事項は内容の(1)アに示されている。第1学年では「歌唱表現に関わる知識や技能を得たり生かしたりしながら，歌唱表現を創意工夫すること。」としている。各学年の違いを整理して覚えたい。　(4)　指揮について，学習指導要領解説では「指揮は，主体的に音楽を表現する手段の一つとして意味のある活動である。生徒が指揮を体験する機会を設けることは，音楽を形づくっている要素の働きを意識して表現を工夫する学習につながっていく。なお，指揮をするための基本的な技能は必要となるが，指揮法の専門的な技術を習得するような活動にならないよう留意しなければならない。」としている。

【高等学校】

【１】(1)　a　幅広く関わる　　b　多様性　　c　主体的・協働的
(2)　d　質的　　e　価値　　f　心の働き　　(3)　自己のイメージをもって音楽表現を創意工夫すること　(24字)　　(4)　・音楽を形づくっている要素などの働きについて実感を伴いながら理解し，表現や鑑賞などに生かすことができるようにすること　(57字)　　・音楽に関する歴史や文化的意義を，表現や鑑賞の活動を通して，自己との関わりの中で環解できるようにすること　(51字)

〈解説〉(1)　学習指導要領より，音楽Ⅰの目標から語句の穴埋め記述式の問題である。目標については，教科の目標，各学年の目標について違いを整理して，文言は必ず覚えること。　(2)　学習指導要領解説にはそれぞれの音楽の説明が詳細に示されているので，理解を深めておきたい。設問の文言に続いて，音楽科の学習は，生徒が音や音楽の存在に気付き，それらを主体的に捉えることによって成立する。例えば，三味線を用いた音楽とギターを用いた音楽について学習する場合，生徒が，三味線とギターとは異なる音色であることを知覚し，それぞれの特質や雰囲気を感受することは重要である。生徒が，音楽を形づくっている要素の知覚・感受を支えとして自ら音や音楽を捉えていくと

き，生徒の音楽に対する感性が働く。こうした学習を積み重ねることによって，音楽に対する感性は豊かになり，『この音の方が自分にとって心地のよい音だ』，『この音楽の響きには豊かさが感じられる』，といった意味付けが確かなものになっていく。そして，生徒一人一人が音や音楽をそれぞれの感じ方で味わうことにつながっていく。このように，音楽に対する感性を豊かにしていくことは，音楽科の特質に関わる重要なねらいと言える。と示されている。音楽の教科にとって重要な部分なので確認しておくこと。 (3) 「思考力，判断力，表現力等」の育成に関する目標は(2)で，表現領域に関するものは前半にあたる。 (4) 科目の目標(1)に述べられている。(1)は，「知識及び技能」の習得に関する目標を示したものであり，曲想と音楽の構造や背景などとの関わり及び音楽の多様性について理解することが「知識」の習得に関すること，創意工夫を生かした音楽表現をするために必要な技能を身に付けることが「技能」の習得に関することである。

2022年度 | 実施問題

【中学校】

【1】次の(1)〜(6)の問いに答えよ。

(1) 次の旋律は何調か，以下の1〜5から一つ選べ。

1 A dur　　2 f moll　　3 E dur　　4 cis moll　　5 H dur

(2) 次の文が示す和音の種類を，以下の1〜5から一つ選べ。

> 根音から第三音の音程が短三度，第三音から第五音の音程が長三度，第五音から第七音の音程が短三度の和音

1 属七の和音　　2 減七の和音　　3 減五短七の和音
4 長七の和音　　5 短七の和音

(3) 次の文が示す調を，以下の1〜5から一つ選べ。

> e mollの和声短音階の第六音を音階の第三音にもつ長調の下属調

1 D dur　　　2 Des dur　　3 des moll　　4 dis moll
5 Dis dur

(4) 次の実音で記譜された音を，クラリネット(in A)で演奏する場合の記譜音として正しいものはどれか，以下の1〜5から一つ選べ。

(5)　楽語とその略記の組合せとして正しくないものを，次の1～5から一つ選べ。

1　circa / ca.　　　　　　2　rallentando / rall.

3　ritenuto / riten.　　　　4　tempo primo / tempo I

5　portamento / port.

(6)　次の楽譜は，ある曲の一部である。以下の①～⑤の問いに答えよ。

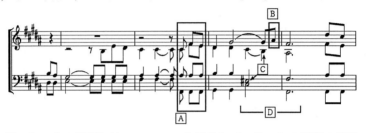

①　この曲の冒頭には，Grandiosoと示されている。この楽語の意味として最も適切なものを，次の1～5から一つ選べ。

1　ゆるやかに　　2　重々しく　　3　表情豊かに

4　壮大に　　　　5　決然と

②　Ａの囲まれた音符で構成される和音について当てはまるものを，次の1～5から一つ選べ。

1　V_7　　2　VI　　3　I_7　　4　V_9　　5　IV_7

③　Ｂの囲まれた音は非和声音である。当てはまる種類を，次の1～5から一つ選べ。

1　刺繍音　　2　逸音　　3　倚音　　4　掛留音　　5　先取音

④　Ｃが示す2音の転回音程に当てはまるものを，次の1～5から一つ選べ。

1　完全4度　　2　完全5度　　3　減4度　　4　減5度

5　増4度

⑤　└─Ｄ─┘の終止形に当てはまる種類を，次の1～5から一つ選べ。

1　完全終止　　2　半終止　　　　3　偽終止

4　変終止　　　5　不完全終止

(☆☆☆◎◎◎◎)

【2】次の(1)，(2)の問いに答えよ。

(1) 次の楽譜は，ある組曲の一部である。以下の①～④の問いに答えよ。

① この組曲のタイトルを，次の1～5から一つ選べ。

  1 展覧会の絵   2 動物の謝肉祭   3 ペールギュント

  4 惑星   5 アルルの女

② この組曲に用いられていない旋律を，次の1～4から一つ選べ。

③　この組曲の楽器編成に含まれるものを，次の1〜5から一つ選べ。

1　シロフォン　　　　2　サクソフォン　　　3　リコーダー

4　パイプオルガン　　5　銅鑼

④　この組曲のうち，作曲者が生前に公開演奏及び出版を許したの
は第何曲目か，次の1〜5から一つ選べ。

1　第1曲目　　2　第5曲目　　3　第10曲目　　4　第13曲目

5　第18曲目

(2)　次の楽譜は，ある曲の一部である。以下の①〜④の問いに答えよ。

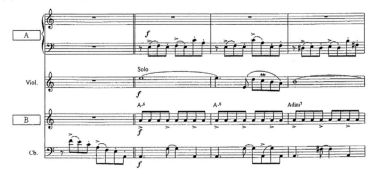

①　この作品の作曲者を，次の1〜5から一つ選べ。

1　G.ミラー　　2　E.サティ　　3　M.ラヴェル

4　F.リスト　　5　A.ピアソラ

②　この作品の作曲者が活躍した音楽のジャンルはどれか，最も適
切なものを，次の1〜5から一つ選べ。

1　ジャズ　　2　ロック　　3　タンゴ　　4　バレエ

5　ワルツ

③ 　A　に当てはまる楽器の説明文として適切なものを，次の
1〜5から一つ選べ。

1　四角形の蛇腹状の楽器。右手と左手のベルトで楽器を支え，
膝の上にのせて蛇腹とボタンを操作して演奏する。

2　撥弦鍵盤楽器。鍵を押すとジャックが上昇し，ツメが弦をは
じいて発音する。

3　箱形ツィターに属する有鍵打弦楽器。鋳鉄製フレームに張ら
れた多数の弦を，鍵盤やアクション機構を介してはたらくフェ
ルト・ハンマーが打って音を出す。

4　演奏者の左手側にボタン付きの箱，右手側にはピアノ式鍵盤，
もしくはボタン鍵盤をもつ左右非対称形の楽器。

5　鉄琴様の金属片を鍵盤装置を介してハンマーで打つ楽器。独
特の清澄な音色を出す。

④ 　B　に当てはまる楽器は何か，次の1〜5から一つ選べ。

1　チェロ　　　　　　2　ギター

3　クラリネット　　　4　エレクトリックギター

5　サクソフォン

(☆☆☆◎◎◎)

【3】次の音楽史についての表を見て，以下の(1)〜(5)の問いに答えよ。

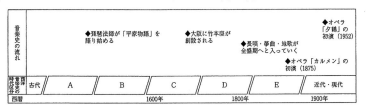

(1)　A〜Eの時代区分とその時代の出来事について説明している文の
組合せとして正しいものを，以下の1〜5から一つ選べ。

> A　雅楽寮が設置される。
> B　三味線が伝来する。
> C　観阿弥，世阿弥親子によって，能の基本的な形が整う。
> D　尺八，箏，三味線の入門書「糸竹初心集」が発行される。
> E　「薩摩琵琶」が全国的に流行する。

1　A, B, D　　　2　A, B, E　　　3　A, C, E

4　B, C, D　　　5　B, D, E

(2)　Bの時代区分に当てはまらない西洋音学史における出来事はどれか，次の1～5から一つ選べ。

1　楽譜印刷の発明　　　　　　　　　2　宮廷音楽の発展

3　ノートルダム楽派の多声音楽の隆盛　　4　コラールの誕生

5　対位法の完成

(3)　次は，Eの時代に活躍した作曲家についての説明文である。当てはまる作曲家を以下の1～5から一つ選べ。

> イギリスの伝統と19世紀ドイツロマン派の伝統とを踏まえながら，自身の作曲スタイルを確立した。オラトリオ「ゲロンティアスの夢」で作曲家のR.シュトラウスからも称賛された。

1　E.ストラヴィンスキー　　　2　E.エルガー

3　G.プッチーニ　　　　　　　4　C.W.グルック

5　J.シュトラウス

(4)　「オペラ『夕鶴』」を作曲したのは誰か，次の1～5から一つ選べ。

1　山田耕筰　　　2　芥川也寸志　　　3　沢井忠夫

4　團伊玖磨　　　5　松平頼暁

(5)　次のア～オのうち「オペラ『カルメン』の初演」以前の作品について，古いものから順に正しく並べられたものを，以下の1～5から一つ選べ。

> ア　オペラ「皇帝ティートの慈悲」
> イ　オペラ「リナルド」
> ウ　オペラ「蝶々夫人」
> エ　オペラ「オルフェオ」
> オ　オペラ「ウィリアム・テル」

1　ア→イ→エ→オ　　　2　イ→ア→オ→ウ　　　3　イ→エ→ア→オ

4　エ→ア→オ→ウ　　　5　エ→イ→ア→オ

(☆☆☆☆○○○)

【4】次の(1)〜(4)の問いに答えよ。

(1)　次の楽譜はある曲の一部である。以下の①，②の問いに答えよ。

①　この曲の作詞者は誰か，次の1〜5から一つ選べ。

　　1　武島羽衣　　　2　江間章子　　　3　土井晩翠

　　4　吉丸一昌　　　5　林古溪

②　この楽譜の部分に当てはまる歌詞を，次の1〜5から一つ選べ。

　　1　われさしまねく青柳を

　　2　ながめを何にたとうべき

　　3　見ずや夕ぐれ手をのべて

　　4　げに一刻も千金の

　　5　櫂のしずくも花と散る

(2)　次の文は，「著作権法」第35条第3項である。（　ア　）〜（　ウ　）に当てはまる語句の組合せとして正しいものを，以下の1〜5から一つ選べ。

> 3　前項の規定は，公表された著作物について，第1項の教育機関における授業の過程において，当該授業を直接受ける者に対して当該著作物をその原作品若しくは複製物を提供し，若しくは提示して利用する場合又は当該著作物を第（　ア　）条第1項の規定により上演し，演奏し，上映し，若しくは口述して利用する場合において，当該授業が行われる場所以外の場所において当該授業を（　イ　）に受ける者に対して（　ウ　）を行うときには，適用しない。

1　ア　30　　イ　一斉　　ウ　伝達
2　ア　30　　イ　一斉　　ウ　公衆送信
3　ア　38　　イ　一斉　　ウ　公衆送信
4　ア　38　　イ　同時　　ウ　伝達
5　ア　38　　イ　同時　　ウ　公衆送信

(3)　次は，ある楽器の奏法についての説明文である。当てはまる楽器はどれか，以下の1〜5から一つ選べ。

> 　同じ運指でも吹き方によって，音の高さとともに音色や音量などを変化させることができ，旋律に装飾的な動きを付ける「塩梅」という奏法

1　能管　　2　竜笛(龍笛)　　3　篳篥　　4　篠笛　　5　笙

(4)　次は，我が国の民謡についての説明文である。（　ア　）〜（　オ　）に当てはまる語句の正しい組合せを，以下の1〜5から一つ選べ。なお，同じ記号の空欄には同じ語句が入る。

> 　我が国の民謡の様式はリズムの特徴から（　ア　）様式と（　イ　）様式の2種類に分類することができる。（　ア　）様式は（　ウ　），また（　エ　）旋律が多いという特徴がある。（　イ　）様式は栃木県及び群馬県の（　オ　）である『（　イ　）』から様式名が取られている。

    1 ア 八木節
       イ 追分
       ウ 拍節がはっきりしており
       エ 1音節に1音の
       オ 仕事歌
    2 ア 追分
       イ 八木節
       ウ はっきりとした拍節がなく
       エ 歌詞の1音節を長く伸ばす
       オ 踊り歌
    3 ア 八木節
       イ 追分
       ウ はっきりとした拍節がなく
       エ 1音節に1音の
       オ 踊り歌
    4 ア 追分
       イ 八木節
       ウ 拍節がはっきりしており
       エ 歌詞の1音節を長く伸ばす
       オ 踊り歌
    5 ア 八木節
       イ 追分
       ウ はっきりとした拍節がなく
       エ 1音節に1音の
       オ 仕事歌

                                    (☆☆☆☆◎◎)

【5】 次の各問いに答えよ。

 (1) 次の[   ]内は，中学校学習指導要領(平成29年告示)の「第2章
    各教科 第5節 音楽 第3 指導計画の作成と内容の取扱い」の一
    部である。以下の各問いに答えよ。

2　第2の内容の取扱いについては，次の事項に配慮するものと
する。

[中略]

(2)　各学年の「A表現」の(1)の歌唱の指導に当たっては，次
のとおり取り扱うこと。

[中略]

ウ　相対的な音程感覚などを育てるために，適宜，移動ド
唱法を用いること。

[中略]

(7)　各学年の「A表現」の(3)の創作の指導に当たっては，
(a)に音を出しながら音のつながり方を試すなど，音を
音楽へと構成していく体験を重視すること。その際，(b)
に偏らないようにするとともに，必要に応じて作品を(c)
する方法を工夫させること。

---

①　(a)～(c)に適する語句を書け。

②　下線部「相対的な音程感覚などを育てるために，適宜，移動ド
唱法を用いること」について示された次の文の(ア)～(ウ)に
入る最も適切な語句を，以下の1～8から選び，その番号を書け。

音楽科の学習では，音と音とがどのように(ア)音楽が
形づくられているか，すなわち，音同士の相対的な関係に着
目することが大切である。移動ド唱法によって相対的な音程
感覚を育むことは，この観点から音楽を理解するための一助
となる。

また，移動ド唱法を用いて，楽譜を見て(イ)などを適
切に歌う活動を通じて，相対的な音程感覚を育てるだけでは
なく，歌唱における(ウ)を伸ばすとともに，音と音との
つながり方を捉えて，フレーズなどを意識して表現を工夫す
る力を養うこともできると考えられる。

   1　つながり合って　　2　表現の技能　　3　関係し合って

   4　旋律　　　　　　　5　読譜力　　　　6　音高

   7　結びついて　　　　8　音程

③　二重下線「A表現」の(3)の創作について，第2学年及び第3学年の事項アの内容として正しいものはどれか，次の1～6から選び，その番号を書け。

   1　音階や言葉などの特徴及び音のつながり方の特徴について理解すること。

   2　音素材の特徴及び音の重なり方や反復，変化，対照などの構成上の特徴について理解すること。

   3　楽器の音色や響きと奏法との関わりについて理解すること。

   4　創作表現に関わる知識や技能を得たり生かしたりしながら，創作表現を創意工夫すること。

   5　創作表現に関わる知識や技能を得たり生かしたりしながら，まとまりのある創作表現を創意工夫すること。

   6　創作表現に関わる知識や技能を得たり生かしたりしながら，音や音楽の美しさを味わって創作表現を創意工夫すること。

(2)　中学校学習指導要領(平成29年告示)の「第2章　各教科　第5節　音楽　第3　指導計画の作成と内容の取扱い」において，指導上の必要に応じて適宜用いることとして示されている楽器は何か。和楽器，弦楽器，管楽器，打楽器以外の楽器を，二つ書け。

(3)　「中学校学習指導要領(平成29年告示)解説音楽編」において，生徒が様々な感覚を関連付けて音楽への理解を深めたり，主体的に学習に取り組むことができるようにするため，コンピュータや教育機器を効果的に活用できるように指導する際，大切であると示されていることは何か。「操作すること」という語句を用いて80字以内で書け。

(☆☆☆○○○○○)

【6】次の楽譜を，アルトリコーダーで演奏できるように完全5度移調し，調号を用いて以下の五線譜に書け。また，ギターを用いてコードで伴奏をするものとし，移調した旋律に合うコードネームを(　　　)内に書け。さらに，そのコードネームのダイヤグラムを書け。ただし，押さえる位置には●，開放弦には○，弾かない弦には×，セーハには〔印を記入すること。

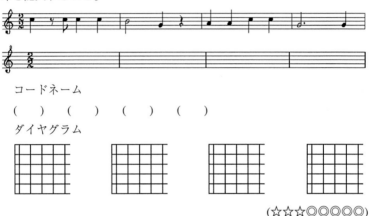

コードネーム

(　　)　(　　)　(　　)　(　　)

ダイヤグラム

(☆☆☆○○○○)

第六音はド，それを第三音とする長調はAs durで，その下属調はDes durである。　（4）　クラリネットA管の実音は記譜音より短三度低くなるので，レを実音とする場合，記譜音はその短三度上のファとする。

(5)　rallentandの省略はrall.である。　　（6）　①　「grandioso」は「大きい，偉大な，素晴らしい」という意味の「grande」から派生した言葉で，「雄大な，堂々とした，威厳のある」という意味の発想記号である。②　楽譜より，この楽曲はH durで，Aの和音はファ♯・ラ♯・ド♯・ミでⅤ度上の七の和音であることがわかる。　　③　楽譜より，和音が変わる前に和音構成音から非和声音になり，和音が変わると同時に跳躍進行して新しい和音の構成音に解決しているので逸音である。

④　ミ♯とシは減5度なので，転回音程は増4度になる。　　⑤　楽譜より，和音進行がⅡからⅤになっている。Ⅴの和音で終止するものを半終止という。小さな段落の終わりに用いられ，区切り感はあるが，終止感はない。1はⅤからⅠ，3はⅤからⅠ以外(Ⅱ，Ⅵ，Ⅳなど)，4(アーメン終止)はⅣからⅠ，5はⅤからⅠ(転回形)の形である。

【2】(1)　①　2　②　4　③　1　④　4　(2)　①　5　②　3　③　1　④　4

〈解説〉(1)　①　サン＝サーンス作曲の組曲「動物の謝肉祭」の第1曲「序奏とライオンの行進」である。　②　1は第2曲「雌鶏と雄鶏」，2は第5曲「象」，3は第4曲「亀」である。楽譜4はグリーグ作曲の「ペール・ギュント」第1組曲第4曲「山の魔王の宮殿にて」である。③　シロフォンは第12曲「化石」と第14曲「終曲」で用いられている。④　多くの曲の中に，他の作曲家の楽曲が風刺的に用いられているので，サン＝サーンスは自分の死去まで楽譜の出版，演奏を禁止した。第13曲「白鳥」だけは生前に出版された。　(2)　①　アストル・ピアソラ作曲「リベルタンゴ」である。　②　ピアソラはアルゼンチン出身の作曲家，バンドネオン奏者である。タンゴにクラシックとジャズの要素を加えた新しいタンゴの形を作った。　③　バンドネオンはボタン式の鍵盤楽器で，蛇腹を使って音を出す。　④　タンゴの楽団は，

バンドネオン・ヴァイオリン・コントラバス・ピアノなどで編成され
ることが多かったが，ピアソラはバンドネオン，ヴァイオリン，ピア
ノ，エレキ・ギター，コントラバスという五重奏の編成を音楽表現の
ベースにしていた。

【3】(1)　2　　(2)　3　　(3)　2　　(4)　4　　(5)　5
〈解説〉(1)　それぞれの時代区分はA中世，Bルネサンス，Cバロック，D
　古典派，Eロマン派である。能の大成は15世紀(室町時代)の頃である。
　「竹糸初心集」が発行されたのは江戸時代の1664年である。　　(2)　ノ
　ートルダム楽派は中世の12世紀半ば〜13世紀半ばに活躍した。
　(3)　エルガーはイギリスを代表する作曲家である。　　(4)　「夕鶴」は
　木下順二の戯曲に團伊玖磨が作曲した日本のオペラである。　　(5)　オ
　ペラ「カルメン」の初演は1875年で，ビゼーは19世紀ロマン派時代の
　フランスの作曲家である。アは1791年初演，モーツァルト作曲のオペ
　ラ・セリア。イは1711年初演，ヘンデル作曲。ウは1903年初演，プッ
　チーニ作曲。エは1607年初演，モンテヴェルディ作曲。オは1829年初
　演，ロッシーニ作曲のオペラである。

【4】(1)　①　1　　②　3　　(2)　5　　(3)　3　　(4)　2
〈解説〉(1)　①　武島羽衣作詞・滝廉太郎作曲の「花」である。
　②　メロディーが単旋律になっているので，2番の後半のソプラノの
　部分の冒頭だとわかる。2番の歌詞は隅田川の夕暮れの様子が描かれ
　ている。歌唱共通教材について歌詞はすべて覚えること。　　(2)　著作
　権法により，第35条は学校その他の教育機関における複製等，第38条
　は営利を目的としない上演等について述べられている。著作権に関す
　る問題は近年頻出なので，学習しておくこと。　　(3)　篳篥は約1オク
　ターブという狭い音域の楽器であるが，音量は大きく存在感のある音
　色を奏でる。塩梅は篳篥の代表的な奏法である。　　(4)　八木節と追分
　様式の違いは必ず覚えておくこと。様々な民謡がどちらに分類できる
　のかについても知っておきたい。

【5】(1) ① a 即興的　　b 理論　　c 記録　　② ア　3
イ　6　　ウ　5　　③　5　　(2) 鍵盤楽器，電子楽器，世界の諸民
族の楽器　　(3) 操作することが活動の目的にならないようにし，指
導のねらいを明確にして教師も生徒も，コンピュータや教育機器を効
果的に活用できるようにすることが大切である。(76字)

〈解説〉(1)　①　指導計画の作成についての配慮事項は6項目，出題部分
の内容の取り扱いについての配慮事項は10項目あげられているので確
認すること。ここでは(2)(7)の事項が出題されたが，他の事項につい
ても指導に直結する重要な部分であるので理解を深めておくこと。
②　設問にあげられている文章は，中学校学習指導要領解説の移動ド
唱法についての説明である。音と音とのつながりや関係を学ぶことが
重要であるので，適宜用いるようにするとよい。　③　1と2は第2，3
学年の(3)創作イの内容，3は(2)器楽イの内容，4は第1学年の(3)創作ア
の内容である。　　(2)　配慮事項の(3)にあげられており，その記述の後
に「なお，3学年間を通じて1種類以上の和楽器を取り扱い，その表現
活動を通して，生徒が我が国や郷土の伝統音楽のよさを味わい，愛着
をもつことができるよう工夫すること。」と示されている。　　(3)　内
容の取扱いについての配慮事項(1)エでは，主体的に学習に取り組むた
めには「生徒が，コンピュータや教育機器を，音楽活動や学習を補助
する役割をもつものとして有効に活用できるようにすることが大切で
ある。例えば，創作の学習において，自分でつくった作品を自分で演
奏して発表することや記譜することに苦手意識をもつ生徒の場合，演
奏や記譜に関する部分をコンピュータや教育機器に任せることによっ
て，音楽をつくる学習に主体的に取り組むことができるようになるこ
となどが考えられる。」と説明されている。

【6】

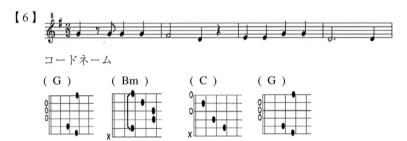

コードネーム

(G)　　　(Bm)　　　(C)　　　(G)

〈解説〉解答用紙のト音記号にオクターブ記号がついており，またアルト
　リコーダーの音域を考慮し，完全5度上げて，C durからG dur(♯1つ)に
　転調する。和音進行は，Ⅰ→Ⅲ→Ⅳ→Ⅰと考えられる。ギターのダイ
　ヤグラムは主なコードについては覚えておくこと。

2021年度　実施問題

【中高共通】

【1】次の(1)～(8)の問いに答えよ。

(1) 都節音階を，次の1～5から一つ選べ。なお，楽譜は相対音高で示している。

(2) 次の文は音楽の形式の説明である。説明として適切なものを，下の1～5から一つ選べ。

> 主題の繰り返しの間にエピソード(副主題)が挿入される形式

1　複合三部形式　　　2　ソナタ形式　　　3　三部形式
4　ロンド形式　　　　5　二部形式

(3) 次の文の(a)に当てはまるものを，下の1～5から一つ選べ。

> (a)の下属調の平行調はD durである。

1　fis moll　　2　Fis dur　　3　f moll　　4　E dur　　5　e moll

(4) 次に示された基本形の和音のコードネームを，あとの1～5から一つ選べ。

　　1　E♯　　2　E♯m　　3　E　　4　Em　　5　Edim

(5)　短調の第七音上につくられた短三度の集積である七の和音を何というか，次の1～5から一つ選べ。

　　1　dominant seventh chord　　　2　diminished seventh chord

　　3　Tristan chord　　　　　　　　4　diminished triad

　　5　augmented triad

(6)　次の楽語のうち，速さの変化を表しているものを，次の1～5から一つ選べ。

　　1　andantino　　2　meno mosso　　3　lento　　4　vivo

　　5　animato

(7)　次の音を同時に鳴らしたときのコードネームを，下の1～5から一つ選べ。

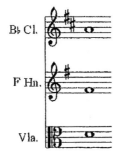

　　1　C　　2　Dm　　3　E♯　　4　Faug5　　5　G

(8)　次の楽譜を読み，①～③の問いに答えよ。

　　①　この曲の拍子を，次の1～5から一つ選べ。

　　　1　四分の三拍子　　　2　四分の四拍子　　　3　四分の六拍子

　　　4　八分の六拍子　　　5　八分の三拍子

　　②　この曲は何調か。次の1～5から一つ選べ。

　　　1　B dur　　2　As dur　　3　g moll　　4　c moll　　5　d moll

66

③ $\overset{a}{\square}$と$\overset{b}{\square}$の二音間の音程を，次の1〜5から一つ選べ。
　1　長六度　　2　短六度　　3　減八度　　4　長三度
　5　短三度

(☆☆○○○○○)

【2】次の楽譜はある作品の第一楽章の冒頭である。楽譜を読み，あとの
(1)〜(8)の問いに答えよ。

(1)　この作品の作曲者を，次の1～5から一つ選べ。

　　1　L．v．ベートーヴェン　　　2　F．シューベルト

　　3　R．シューマン　　　　　　4　F．リスト

　　5　J．ブラームス

(2)　この作品は交響曲である。第何番か。次の1〜5から一つ選べ。

　　1　第1番　　2　第3番　　3　第6番　　4　第7番　　5　第8番

(3)　この楽章の形式を，次の1〜5から一つ選べ。

　　1　ソナタ形式　　　2　ロンド形式　　　3　ロンドソナタ形式

　　4　変奏曲形式　　　5　カノン形式

(4)　この楽章で使用されている楽器を，次の1〜5から一つ選べ。

　　1　ピッコロ　　　　　2　バスクラリネット　　　3　トランペット

　　4　トロンボーン　　　5　ピアノ

(5)　楽器A に当てはまる楽器として最も適切なものを，次の1〜5から一つ選べ。

　　1　チューバ　　2　アルトサクソフォン　　　3　バスーン

　　4　ホルン　　　5　チェレスタ

(6)　17小節目でオーケストラが奏でる和音をコードで記したものを，次の1〜5から一つ選べ。

　　1　F　　2　C　　3　F/E♭　　4　F9/B♭　　5　E♭

(7)　13，14小節のヴィオラパートを高音部譜表で記したものを，次の1〜5から一つ選べ。

(8)　この作品の第二楽章はどれか，次の1～5から一つ選べ。

1　Adagio　　2　Scherzo　　3　Fuga　　4　Marcia funebre

5　Turkish March

(☆☆☆☆◎◎◎)

【3】次の西洋音楽史についての表を見て，下の(1)～(5)の各問いに答えよ。

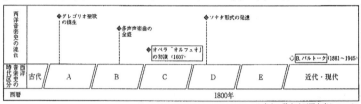

※表中の数字は西暦を表している。

(1)　次の文が説明している内容は，A～Eの西洋音楽史の時代区分の
どこに当てはまるか，下の1～5から一つ選べ。

> 作曲家が教会や宮廷から独立して個人の内面を音楽で表現
> するようになり，リートや性格的小品が多く書かれ，新興市
> 民の人気を集めた。また，大規模なオペラが作曲された。

1　A　　2　B　　3　C　　4　D　　5　E

(2)　次の文が説明している内容は，A～Eの西洋音楽史の時代区分の
どこに当てはまるか，下の1～5から一つ選べ。

> 竹本義太夫によって義太夫節が始められた。

1　A　　2　B　　3　C　　4　D　　5　E

(3)　上の表のAの時代区分にあてはまる日本音楽史における出来事は
どれか，次の1～5から一つ選べ。

1　文楽の興隆　　　　2　山田検校が山田流箏曲を創始

3　平曲の隆盛　　　　4　三味線の伝来

5　音楽取調掛の設置

(4)　オペラ「オルフェオ」の初演 以降の出来事で，古いものから年
代順に正しく並べられたものを，あとの1～5から一つ選べ。

70

> ア　ヴィルトゥオーゾの活躍　　イ　印象主義音楽
> ウ　能楽の発展　　　　　　　　エ　トルバドゥールの活躍
> オ　長唄の成立

1　ウ→エ→ア　　　2　ウ→オ→イ　　　3　エ→ア→イ
4　オ→ア→イ　　　5　オ→ウ→ア

(5)　│B．バルトーク│と最も関係の深い，音楽教育家としても有名な
作曲家を，次の1〜5から一つ選べ。

1　E・J＝ダルクローズ　　　2　M．シェイファー　　　3　C．オルフ
4　J．ペインター　　　　　　5　Z．コダーイ

(☆☆☆☆◎◎◎)

【4】次の(1)〜(5)の問いに答えよ。

(1)　楽器の口唱歌として適切でないものの組合せはどれか，下の1〜5
から一つ選べ。

ア　尺八　　　－　　ツチレツチチレ
イ　篳篥　　　－　　トンツテチンテツトン
ウ　篠笛　　　－　　チラロルロタアルラ
エ　三味線　　－　　チヒャイヒャイトロ
オ　箏　　　　－　　トンコロリンシャン

1　イ，ウ，エ　　2　ア，イ，エ　　3　ア，イ，オ　　4　ウ，エ
5　ア，オ

(2)　次の文を読み，(　a　)〜(　c　)に当てはまる語句の適切な組合せ
を，下の1〜5から一つ選べ。

> 　　歌舞伎「勧進帳」は(　a　)を基につくられた演目である。
> 音楽は杵屋六三郎作曲の(　b　)であり，出囃子の他，舞台下
> 手の(　c　)で演奏される音楽も使われる。

1　a　人形浄瑠璃「国性爺合戦」　　b　義太夫節　　c　御簾内
2　a　平曲「那須与一」　　　　　　b　清元節　　　c　黒御簾

71

3　a　能「安宅」　　　　　　　b　長唄　　　　c　黒御簾

4　a　能「安宅」　　　　　　　b　義太夫節　　c　黒御簾

5　a　平曲「那須与一」　　　　b　義太夫節　　c　御簾内

(3)　次のタブラチュア譜を演奏したときの実音を，下の1〜5から一つ選べ。

(4)　次の楽譜はある作品の一部である。作曲者を，下の1〜5から一つ選べ。

1　團伊玖磨　　2　大中寅二　　3　山田耕筰　　4　武満徹

5　佐藤眞

(5)　次の文は，中学校学習指導要領(平成29年告示)及び高等学校学習指導要領(平成30年告示)において示された内容の一部分である。(a)〜(c)に当てはまる語句の適切な組合せを，下の1〜5から一つ選べ。

> (a)の著作物及びそれらの(b)を尊重する態度の形成を図るとともに，必要に応じて，(c)について触れるようにする

1　a　すべての著作者　　b　仕様権

```
        c  著作権に関する法令
  2   a  自己や他者        b  著作者の創造性
      c  音楽に関する知的財産権
  3   a  すべての著作者      b  表現の自由
      c  音楽に関する知的財産権
  4   a  自己や他者        b  表現の自由
      c  著作権に関する法令
  5   a  すべての著作者      b  著作者の創造性
      c  音楽に関する知的財産権
```

(☆☆☆○○○)

【5】次の各問いに答えよ。

(1)　次に示された箏の縦譜を以下の五線譜に書け。調弦は平調子，最初の音はイ音とする。

(2) 次の旋律を実音どおりに演奏するには，アルトサクソフォン(in E♭)ではどのような楽譜を使用するか，以下の五線譜に調号を用いて書け。

(☆☆○○○○)

【中学校】

【1】次の各問いに答えよ。

(1) 次の□□□内は，中学校学習指導要領(平成29年3月告示)の「第2章　各教科　第5節　音楽　第3　指導計画の作成と内容の取扱い」の一部である。あとの各問いに答えよ。

> 1　指導計画の作成に当たっては，次の事項に配慮するものとする。
>
> (2)　第2の各学年の内容の「A表現」の(1)，(2)及び(3)の指導については，<u>ア，イ及びウの各事項</u>を，「B鑑賞」の(1)の指導については，ア及びイの各事項を適切に関連させて指導すること。
>
> (4)　第2の各学年の内容の「A表現」の(1)，(2)及び(3)並び

　に「B鑑賞」の(1)の指導については，それぞれ特定の活動のみに偏らないようにするとともに，必要に応じて，<u>〔共通事項〕を要として各領域や分野の関連を図るようにすること。</u>

2　第2の内容の取扱いについては，次の事項に配慮するものとする。

　(1)　各学年の「A表現」及び「B鑑賞」の指導に当たっては，次のとおり取り扱うこと。

　　ア　音楽活動を通して，それぞれの教材等に応じ，音や音楽が生活に果たす役割を考えさせるなどして，生徒が音や音楽と(a)との関わりを実感できるよう指導を工夫すること。なお，適宜，自然音や環境音などについても取り扱い，音環境への関心を高めることができるよう指導を工夫すること。

　　イ　音楽によって喚起された自己のイメージや感情，音楽表現に対する思いや意図，音楽に対する評価などを伝え合い共感するなど，音や音楽及び言葉による(b)を図り，音楽科の特質に応じた言語活動を適切に位置付けられるよう指導を工夫すること。

　　ウ　知覚したことと感受したこととの関わりを基に音楽の特徴を捉えたり，(c)の過程や結果を表したり，それらについて他者と共有，共感したりする際には，適宜，体を動かす活動も取り入れるようにすること。

① (a)～(c)に適する語句を書け。

② 下線部「<u>ア，イ及びウの各事項</u>」が示している育成を目指す資質・能力を，次の1～6から一つ選び，その番号を書け。

　1　ア　知識
　　　イ　技能
　　　ウ　思考力，判断力，表現力等

    ２　ア　知識

      イ　思考力，判断力，表現力等

      ウ　技能

    ３　ア　技能

      イ　知識

      ウ　思考力，判断力，表現力等

    ４　ア　技能

      イ　思考力，判断力，表現力等

      ウ　知識

    ５　ア　思考力，判断力，表現力等

      イ　知識

      ウ　技能

    ６　ア　思考力，判断力，表現力等

      イ　技能

      ウ　知識

③　二重下線部「〔共通事項〕を要として各領域や分野の関連を図るようにすること」について述べた次の文の(　ｄ　)〜(　ｆ　)に当てはまる語句として適切なものを，下の1〜8から選び，その番号を書け。ただし，同じ記号には同じ語句が入る。

> 　その題材の学習において主として扱う音楽を形づくっている要素やそれらに関わる(　ｄ　)などを共通に設定して複数の領域や分野を関連させた一題材を構想したり，主として扱う音楽を形づくっている要素やそれらに関わる(　ｄ　)などの一部を共通にして，学びの(　ｅ　)などをねらって複数の(　ｆ　)の仕方を工夫したりすることなどである。

  1　教材の配列　　　　2　要素の働き　　　　3　関連性

  4　評価規準の設定　　5　連続性や系統性　　6　曲想

  7　用語や記号　　　　8　題材の配列

④　音楽を形づくっている要素の中で，「音楽における音や声部の

多様な関わり合い」のことを何というか，書け。

(2) 創意工夫を生かした表現で歌うために必要な技能を身に付ける学習の指導に当たって，どのようなことに留意する必要があるか，「思いや意図」という語句を用いて120字以内で書け。

(☆☆☆◎◎◎)

【高等学校】

【1】次の各問いに答えよ。

(1) 次の □ 内は，高等学校学習指導要領(平成30年3月告示)の「第2章　各学科に共通する各教科　第7節　芸術　第2款　各科目　第1　音楽Ⅰ　3　内容の取扱い」の一部である。あとの各問いに答えよ。

> 3　内容の取扱い
>
> (1)　内容の「A表現」及び「B鑑賞」の指導については，（ a ）との関連を十分に考慮し，それぞれ特定の活動のみに偏らないようにするとともに，必要に応じて，〔共通事項〕を要として各領域や分野の関連を図るものとする。
>
> (2)　内容の「A表現」の(1)，(2)及び(3)の指導については，ア，イ及びウの各事項を，「B鑑賞」の(1)の指導については，ア及びイの各事項を適切に関連させて指導する。
>
> (8)　内容の「A表現」及び「B鑑賞」の指導に当たっては，思考力，判断力，表現力等の育成を図るため，音や音楽及び言葉による（ b ）を図り，芸術科音楽の特質に応じた言語活動を適切に位置付けられるよう指導を工夫する。なお，内容の「B鑑賞」の指導に当たっては，曲や演奏について根拠をもって批評する活動などを取り入れるようにする。
>
> (10)　音楽活動を通して，それぞれの教材等に応じ，生徒が音や音楽と（ c ）との関わりを実感できるよう指導を工夫する。なお，適宜，自然音や環境音などについても取り扱い，音環境への関心を高めることができるよう指導

> を工夫する。

① （ a ）～（ c ）に適する語句を書け。

② 下線部「[共通事項]を要として各領域や分野の関連を図るものとする」について述べた次の文の（ d ）～（ f ）に当てはまる語句として適切なものを，下の1～8から選び，その番号を書け。ただし，同じ記号には同じ語句が入る。

> その題材の学習において主として扱う音楽を形づくっている要素やそれらに関わる（ d ）などを共通に設定して，複数の領域や分野を関連させた一題材を構想したり，主として扱う音楽を形づくっている要素やそれらに関わる（ d ）などの一部を共通にして，学びの（ e ）などをねらって複数の（ f ）の仕方を工夫したりすることなどである。

1　教材の配列	2　要素の働き	3　関連性
4　評価規準の設定	5　連続性や系統性	6　曲想
7　用語や記号	8　題材の配列	

③ 二重下線部「ア，イ及びウの各事項」が示している育成を目指す資質・能力を，次の1～6から一つ選び，その番号を書け。

1　ア　知識
　　イ　技能
　　ウ　思考力，判断力，表現力等
2　ア　知識
　　イ　思考力，判断力，表現力等
　　ウ　技能
3　ア　技能
　　イ　知識
　　ウ　思考力，判断力，表現力等
4　ア　技能
　　イ　思考力，判断力，表現力等

　　　　ウ　知識
　　5　ア　思考力，判断力，表現力等
　　　　イ　知識
　　　　ウ　技能
　　6　ア　思考力，判断力，表現力等
　　　　イ　技能
　　　　ウ　知識
　④　音楽を形づくっている要素の中で，「音楽における音や声部の多様な関わり合い」のことを何というか，書け。
(2)　創意工夫を生かした表現で歌うために必要な技能を身に付ける学習の指導に当たって，どのようなことに留意する必要があるか，「表現意図」という語句を用いて120字以内で書け。

　　　　　　　　　　　　　　　　　　　　　　　　　　　　（☆☆☆◎◎）

解答・解説

【中高共通】

【1】(1)　5　　(2)　4　　(3)　1　　(4)　3　　(5)　2　　(6)　2
　　(7)　5　　(8)　①　4　　②　4　　③　1
〈解説〉(1)　他の選択肢の音階は次のとおりである。1は沖縄音階，2は律音階，3はヨナ抜き音階，4は民謡音階。日本の音階の問題は頻出である。　(2)　音楽形式については言葉で説明できるように学習しておこう。大楽節と小楽節については必須知識なので理解しておくことは前提で，他の選択肢の形式の説明は次のとおりである。二部形式は二つの大楽節から構成される楽曲。三部形式は全体が三部に分けられる形式で各部は小楽節であるときと，大楽節の場合があり，完全終止が2回ある。複合三部形式は三部に分かれている各部が一つではなく複数の大楽節からなっている楽曲。ソナタ形式は基本的には，提示部・

展開部・再現部で構成される。提示部には第1主題(主調)と第2主題(属調)があり，再現部で再度両方ともに主調で第1，第2主題があらわれる。

(3) D durの平行調はh mollである。h mollが下属調となる音階はfis mollである。　(4) 下からミ・ソ♯・シであるので，コードネームはEである。　(5) 短調の第七音上に作られた短三度の集積である七の和音は減七の和音である。英語でdiminished seventh chord，コードで記す際には，根音がCであればC dimのように書かれる。他の選択肢は次の和音のことである。　1 属7の和音，コードネームではC7のように書かれる。　3 トリスタン和音で，下から順に増四度，長三度，完全四度の和音。　4 減三和音，コードネーム表記はCm⁻⁵。

5 増三和音，コードネーム表記はC aug。　(6) 速さの変化を示しているのはmeno mossoで，これまでより遅くという意味である。menoは「より少ない」という意味がある。他の選択肢の楽語もすべて速度記号で，意味は，1「アンダンテよりやや速く」，3「遅く」，4「活発に」，5「活き活きと」である。　(7) それぞれ，クラリネットB♭は実音が記譜音より長2度低いのでソ，ホルンFは完全5度低いのでシ，ヴィオラはそのままでレで，ソ・シ・レでGとなる。　(8) ① 1小節に八分音符が六つ含まれているので，八分の六拍子である。　② シ・ミ・ラに♭が付いているため，Es durかc mollである可能性が高い。また，1小節目の4拍目，最後の小節の6拍目のシに♭がついていないのでこれを導音上がりと考えてc mollと判断する。　③ この二音はラ♭とファで，長6度。

【2】(1) 1　(2) 2　(3) 1　(4) 3　(5) 4　(6) 5
(7) 3　(8) 4

〈解説〉(1)(2)　この楽曲はL. v. ベートーヴェン作曲交響曲第3番「英雄」である。ベートーヴェンの交響曲に関しては，他に第5番「運命」，第6番「田園」，第7番，第9番(合唱付き)も頻出なので音源とスコアを併せて確認しておこう。　(3)　第1楽章はソナタ形式である。第2楽章は小ロンド形式，第3楽章は複合三部形式，第4楽章は変奏曲形式あるい

はパッサカリアである。　(4)　この楽曲の楽器編成は，フルート，オーボエ，クラリネット，ファゴット，ホルン，トランペット，ティンパニ，弦5部である。選択肢の中から選ぶとトランペット。トランペットのイタリア語表記，Trombeはトロンボーン(Trombone)と間違えやすいので注意しよう。　(5)　スコアに記されている位置と，調号から判断する。Es durが長6度上のC durで記譜されているので，Es管のホルンである。　(6)　和音構成音をみると，ミ♭・ソ・シ♭で，コードネームはE♭である。　(7)　ヴィオラのハ音記号では第3線が中央ハ音である。音域を間違えないよう留意されたい。　(8)　funebreとは，イタリア語で「しめやかに，悲しく」という意味であり，Marche funebreで葬送行進曲となる。

【3】(1)　5　　(2)　3　　(3)　3　　(4)　4　　(5)　5
〈解説〉(1)　リートや性格的小品が描かれたのはロマン派である。また，大規模なオペラが作曲されたのは19世紀前半のフランスである。したがって，1800年以降であるEの区分となる。設問の表の時代区分は，Aは中世，Bはルネサンス，Cはバロック，Dは古典派，Eはロマン派である。　(2)　義太夫節が始まったのは江戸時代前期である。江戸時代は1603年からであるので，Cの区分となる。　(3)　各地で歌われた聖歌がグレゴリオ聖歌として親しまれるようになったのは9世紀頃から，多声声楽曲の全盛は15～16世紀ごろである。また，選択肢の時代は概ね次のとおりである。1は17世紀，2は18世紀中後期，3は13世紀，4は16世紀半ば，5は1879年である。　(4)　選択肢の時代は概ね，アは19世紀前期，イは20世紀初め，ウは14世紀，エは12世紀後期，オは18世紀である。　(5)　バルトークとコダーイは，共にハンガリー生まれであり，共同でハンガリー民謡集の出版を手掛けている。

【4】(1)　1　　(2)　3　　(3)　4　　(4)　1　　(5)　2
〈解説〉(1)　イの篳篥がチラロル～，ウの篠笛はチヒャイ～，エの三味線がトンツテ～の組み合わせである。　(2)　「勧進帳」は能の「安宅」

を基に作られている。七代目市川團十郎が1840年に江戸で初演した。歌舞伎の音楽には長唄の他に，義太夫節，清元節，常磐津節などがある。また，舞台下手の黒御簾内で演奏されるものは黒御簾音楽と呼ばれる。　(3)　ギターは6弦から順にE・A・D・G・B・Eである。1フレットで半音ずつ上がり下がりすることから1音ずつ考えていくとよい。(4)　楽曲は江間章子作詞，團伊玖磨作曲の「花の街」冒頭である。(5)　中学校学習指導要領解説によると，著作権に関して，従前は「音楽に関する知的財産権について，必要に応じて触れるようにすること」と示していたが，今回の改訂では，その目的が一層明確に示されている。

【5】(1)

(2)

〈解説〉(1)　平調子で，最初の音がイ音と指定されているので，一の弦からミ・ラ・シ・ド・ミ・ファ・ラ・シ・ド・ミ・ファ・ラ・シとなる。　(2)　アルトサクソフォンはEs管で，実音は記譜音よりも長6度低いので，長6度上げて記譜する。元々がAs durなので，F durにする。

【中学校】

【1】(1)　①　a　生活や社会　　b　コミュニケーション　　c　思考，判断　　②　5　③　d　7　e　5　f　8　　④　テクスチュア(2)　生徒が思いや意図との関わりを捉えられるようにしながら行うことが大切であり，技能が，生徒にとって思いや意図を表すために必要

なものとなるよう指導し，技能に関する指導を単独で行うことに終始することのないよう留意する。(105字)

〈解説〉(1)　学習指導要領の語句を答える問題については，語句を単純に覚えるだけではなく，実際の授業を想定し，本質を捉えて学習を進めることが大切である。　(2)　中学校学習指導要領解説の第2章　第1節に，科目の目標に関して解説している箇所がある。以下に該当箇所を抜粋する。「創意工夫を生かした音楽表現をするために必要な技能とは，創意工夫の過程でもった音楽表現に対する思いや意図に応じて，その思いや意図を音楽で表現する際に自ら活用できる技能のことである。ここでは，思いや意図をもった後に，創意工夫を生かした音楽表現をするために必要な技能を身に付けるといった一方向的なものではなく，創意工夫の過程で，様々に音楽表現を試しながら思いや意図を明確にしつつ，また技能も習得されていくというような指導が必要となる。音楽科における『技能』の習得に関する指導に当たっては，一定の手順や段階を追って身に付けることができるようにするのみでなく，変化する状況や課題などに応じて主体的に活用できる技能として身に付けることができるようにすることが重要である。」これらをふまえて論じる。日頃から，様々な事項に関して120文字程度で考えをまとめられるように練習しておくとよい。

【高等学校】

【1】(1)　①　a　中学校音楽科　　b　コミュニケーション　　c　生活や社会　　②　d　7　e　5　f　8　③　5　④　テクスチュア
(2)　生徒が表現意図との関わりを捉えられるようにしながら行うことが大切であり，技能が生徒にとって表現意図を表すために必要なものとなるよう指導し，技能に関する指導を単独で行うことに終始することのないよう留意する必要がある。(107字)

〈解説〉(1)　学習指導要領の語句を答える問題については，語句を単純に覚えるだけではなく，実際の授業を想定し，本質を捉えて学習を進めることが大切である。　(2)　学習指導要領解説の第2章第1節に，科

目の目標に関して解説している箇所がある。以下に該当箇所を抜粋する。「創意工夫を生かした音楽表現をするために必要な技能とは，創意工夫の過程でもった音楽表現に対する表現意図に基づいて，その表現意図を音楽で表現する際に自ら活用できる技能のことである。ここでは，表現意図をもった後に，創意工夫を生かした音楽表現をするために必要な技能を身に付けるといった一方向のみの指導ではなく，創意工夫の過程で，様々に音楽表現を試しながら表現意図を明確にしつつ，また技能も習得されていくというような指導が必要となる。なお，芸術科音楽における『技能』の習得に関する指導に当たっては，一定の手順や段階を追って身に付けることができるようにするのみでなく，変化する状況や課題などに応じて主体的に活用できる技能として身に付けることができるようにすることが重要である。」これらをふまえて論じる。日頃から，様々な事項に関して120文字程度で考えをまとめられるように練習しておくとよい。

2020年度　実施問題

【中高共通】

【1】放送による問題

これから流れる(1)～(5)の音楽を聴き，各問いに答えよ。

(1)　1曲目の楽曲形式について正しいものを，次の1～5から1つ選べ。

1　通作歌曲形式　　2　朗誦形式　　3　リトルネッロ形式
4　有節歌曲形式　　5　循環形式

(2)　2曲目の作曲者について正しいものを，次の1～5から1つ選べ。

1　A．ボロディン　　2　R．シュトラウス　　3　G．ホルスト
4　O．レスピーギ　　5　C．ドビュッシー

(3)　3曲目の音楽のジャンルについて最も適切なものを，次の1～5から1つ選べ。

1　テクノ　　2　R&B　　3　ブルース　　4　ロック
5　マジック

(4)　4曲目は何という手法によって作られたものか。最も適切なものを，次の1～5から1つ選べ。

1　偶然性の音楽　　2　ミュージックコンクレート
3　セリー書法　　4　ミニマルミュージック
5　スペクトル音楽

(5)　5曲目の民俗音楽の歌唱法について正しいものを，次の1～5から1つ選べ。

1　アリラン　　2　ケチャ　　3　喉歌　　4　ホーミー
5　ヨーデル

(☆☆☆☆◎◎◎)

【2】次の(1)～(10)の問いに答えよ。

(1)　次の文を読み，当てはまるものを，あとの1～5から1つ選べ。

変ニを主音とする和声的長音階の第6音を主音とする長調の平行調の同主調

1　Fis dur　　2　As dur　　3　G dur　　4　a moll　　5　g moll

(2)　旋法，民族音階，民謡音階のうち，半音を含まないものを，次の1～5から1つ選べ。

1　陽音階　　　　　　　　2　陰音階　　3　都節音階

4　ミクソリディア旋法　5　ロマの音階

(3)　不完全協和音程を，次の1～5から1つ選べ。

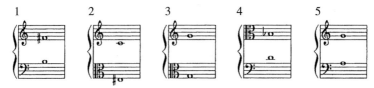

(4)　次の文を読み，当てはまるものを，下の1～5から1つ選べ。

g mollの下属調を平行調とする調の属調

1　C dur　　2　c moll　　3　B dur　　4　b moll　　5　A dur

(5)　ナポリの六の和音を，次の1～5から1つ選べ。

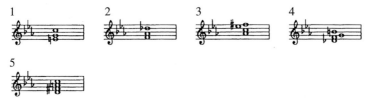

(6)　scherzandoと同様の意味を持つ楽語を，次の1～5から1つ選べ。

1　a piacere　　2　con moto　　3　giocoso　　4　leggiero

5　semplice

(7)　次の楽譜を演奏した際，全部で何小節になるか。あとの1～5から1つ選べ。

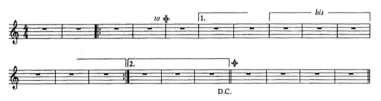

1　20小節　　2　25小節　　3　27小節　　4　30小節

5　33小節

(8)　次のア〜オは日本の伝統音楽の成立，発展について述べたもので
ある。古いものから順に正しく並べたものを，下の1〜5から1つ選
べ。

ア　三線から三味線が誕生する。

イ　雅楽局が設置される。

ウ　八橋検校が箏組歌を創始する。

エ　出雲阿国がかぶき踊りを行い，町民に流行する。

オ　観阿弥，世阿弥によって能が大成される。

1　ア→エ→イ→ウ→オ　　　2　イ→オ→エ→ウ→ア

3　イ→ウ→ア→エ→オ　　　4　ウ→オ→ア→エ→イ

5　オ→ア→エ→ウ→イ

(9)　次の日本の伝統音楽に関する説明について，（　ア　）〜（　オ　）
に当てはまる語句の正しい組合せを，下の1〜5から1つ選べ。

> 　日本の伝統音楽の声楽曲は（　ア　），（　イ　）などに代表され
> る，物語を語ることを主体とした「語り物」と，地歌，（　ウ　）
> などに代表される，音楽的な表現を重視した「歌い物」に大別
> される。また能楽における（　エ　），文楽における（　オ　），歌
> 舞伎における（　ウ　），常磐津節，清元節など，総合芸術の一
> 要素としてはぐくまれたものがある。

1　ア　謡曲　　　イ　朗誦　　　ウ　神楽歌　　　エ　謡
　　オ　ノリ

2　ア　神楽歌　　イ　朗誦　　　ウ　琵琶楽　　　エ　謡

87

オ　義太夫節
3　ア　謡曲　　　イ　浄瑠璃　　ウ　長唄　　　エ　謡
　　オ　義太夫節
4　ア　長唄　　　イ　浄瑠璃　　ウ　謡　　　　エ　ノリ
　　オ　義太夫節
5　ア　謡　　　　イ　朗誦　　　ウ　長唄　　　エ　ノリ
　　オ　ノリ

(10)　20世紀前半，音楽史において数々の重要な出来事が起こった。この時期の出来事に当てはまらないものを，次の1〜5から1つ選べ。

1　シェーンベルクによる十二音技法創始

2　プーランク，オネゲルらがフランス6人組結成

3　ストラヴィンスキーの『春の祭典』に代表される原始主義の音楽の誕生

4　宮城道雄らによる新日本音楽運動

5　ヤング，ライリーらの作品に代表されるミニマル・ミュージック

(☆☆☆☆○○○○)

【3】次の楽譜を見て，(1)〜(5)の問いに答えよ。

(1) ⇨ で示された旋律を演奏する楽器はどれか。次の1〜5から1
つ選べ。

1 B♭管トランペット　　2 E管トランペット

3 E管ホルン　　　　　4 F管ホルン

5 イングリッシュホルン

(2) ▭ で囲まれた部分の音符で構成される和音の種類はどれ
か。次の1〜5から1つ選べ。

1 増三和音　　2 短三和音　　3 減三和音　　4 長三和音

5 属七の和音

(3)　Tambour piccoloはどれか。次の1～5から1つ選べ。

(4)　この曲はある作品の序曲である。その作品名を，次の1～5から1つ選べ。

1 『トリスタンとイゾルデ』　　　　2 『幻想交響曲』

3 『ツァラトゥストラかく語りき』　　4 『軽騎兵』

5 『木星』

(5)　この作品の作曲者はある音楽ジャンルの創始者とされる。そのジャンルの作者として知られる人物を，次の1～5から1つ選べ。

1　J. ブラームス　　2　B. スメタナ　　　3　F. レハール

4　F. リスト　　　　5　G. タイユフェール

(☆☆☆☆◎◎◎◎)

【4】次の(1)～(8)の問いに答えよ。

(1)　次の旋律はある曲の第二楽章及び第三楽章冒頭の主旋律である。
　　第一楽章冒頭の主旋律はどれか。下の1～5から1つ選べ。

3

4

5

(2) 次の説明を読み，正しいものを，下の1～5から1つ選べ。

> 第三弦を実音Cに調弦した本調子の三線を使用し，工工四で上
> と書かれた音を奏したときに鳴る実音

1 C　　2 D　　3 E　　4 F　　5 G

(3) 能『船弁慶』のワキは何の役を演じているか。次の1～5から1つ
選べ。

1 武蔵坊弁慶　　2 平知盛　　3 源義経　　4 静御前

5 平清盛

(4) 次の(ア)～(カ)のうち，舞曲ではないものはどれか。2つとも舞曲
ではないものの組合せとして正しいものを，下の1～5から1つ選べ。

(ア) パッサカリア　　(イ) アルマンド　　(ウ) ポロネーズ

(エ) ジーグ　　　　(オ) ルール　　　　(カ) バルカロール

1 (ア), (オ)　　2 (ア), (カ)　　3 (イ), (ウ)　　4 (ウ), (オ)

5 (エ), (オ)

(5) 次の文章はアイヌの音楽に関するものの説明である。当てはまる
ものを，下の1～5から1つ選べ。

> 口琴の一種。唇にあてた枠内の弁に振動を与え，口の中の空間
> を利用して共鳴させる。

1 シノッチャ　　2 ウポポ　　3 トンコリ　　4 ムックリ

　　5　カチョー

(6)　次の楽譜はある民族舞踊で演奏される音楽のリズムの一つである。どの音楽のリズムか。下の1～5から1つ選べ。

　　1　ケチャ　　　2　チャールダーシュ　　　3　フラメンコ

　　4　サンバ　　　5　タンゴ

(7)　弦楽器の奏法でないものはどれか。次の1～5から1つ選べ。

　　1　ポルタメント　　　　2　ロール　　　3　フラジオレット

　　4　コル・レーニョ　　　5　アル・アイレ

(8)　次の楽譜を見て，①～③の問いに答えよ。

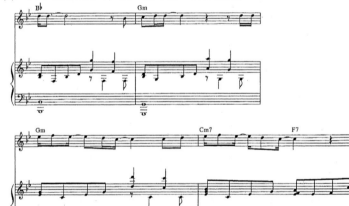

　　①　この作品の作曲者の他の作品を，次の1～5から1つ選べ。

　　　　1　White Christmas　　　2　Hail Holy Queen

　　　　3　Don't Stop Me Now　　4　HIGHWAY STAR

　　　　5　Livin'on a Prayer

　　②　Cm7のダイヤグラムを，次の1～5から1つ選べ。○は開放

弦，×は演奏しない弦，ローマ数字はフレット番号である。

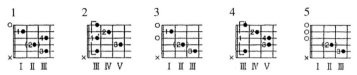

③ この楽譜をB♭管クラリネットで演奏した場合，何調になるか。次の1〜5から1つ選べ。

1 Es dur　　2 F dur　　3 D dur　　4 As dur　　5 B dur

(☆☆☆☆◎◎◎)

【5】次の各問いに答えよ。

(1) 次に示す三味線文化譜は，本調子で演奏される，ある曲の冒頭部分を示している。その曲名を書け。

また，この三味線文化譜が示す旋律を以下の五線譜に書け。なお，最初の音は1点ロとし，調号を用いること。

(2) 授業においてアルトリコーダーで演奏することを踏まえて，次の旋律を適切な調に移調し，以下の五線譜にアルトリコーダー2本の二重奏の楽譜を作成せよ。その際コードネームも付けること。

(☆☆☆☆◎◎◎)

【中学校】

【1】次の□□□□内は，中学校学習指導要領(平成29年3月告示)の「第2
章　各教科　第5節　音楽　第2　各学年の目標及び内容〔第1学年〕
2　内容」の一部である。下の各問いに答えよ。

〔共通事項〕

(1) （　a　）の指導を通して，次の事項を身に付けることができ
るよう指導する。

　ア　音楽を形づくっている要素や要素同士の関連を知覚し，
　　それらの（　b　）が生み出す特質や雰囲気を感受しながら，
　　<u>知覚</u>したことと<u>感受</u>したこととの（　c　）について考えるこ
　　と。

　イ　音楽を形づくっている要素及びそれらに関わる用語や記
　　号などについて，音楽における（　b　）と関わらせて理解す
　　ること。

---

(1) （　a　）～（　c　）に当てはまる語句を書け。ただし，同じ記号には
同じ語句が入る。

(2) アは，音楽科におけるどの資質・能力に関する事項か。次の1〜4
から一つ選び，その番号を書け。

　1　知識及び技能　　2　知識　　3　技能
　4　思考力，判断力，表現力等

(3) 下線部「<u>知覚</u>」と「<u>感受</u>」について，次の□□□□内の（　d　）〜
（　g　）に当てはまる語句の組合せとして適切なものを，あとの1〜5
から1つ選び，その番号を書け。

94

> ここで言う知覚は，聴覚を中心とした感覚器官を通して音や音楽を(d)し，(e)することであり，感受は，音や音楽の(f)や(g)などを感じ，受け入れることである。

1 d 理解　e 意識　f 特質　g 雰囲気
2 d 判別　e 理解　f 特徴　g 情感
3 d 判別　e 意識　f 特質　g 雰囲気
4 d 理解　e 判別　f 特徴　g 雰囲気
5 d 判別　e 意識　f 特性　g 情感

(4) イの事項の指導に当たって，どのようなことを配慮する必要があるか。その配慮について簡潔に書け。

(☆☆☆◎◎◎)

【高等学校】

【1】次の ☐☐☐ 内は，高等学校学習指導要領(平成30年3月告示)「第2章　各学科に共通する各教科　第7節　芸術　第2款　各科目　第1音楽Ⅰ　2　内容」の一部である。下の各問いに答えよ。

> (1) (a)の指導を通して，次の事項を身に付けることができるよう指導する。
> 　ア　音楽を形づくっている要素や要素同士の関連を知覚し，それらの(b)を感受しながら，知覚したことと感受したこととの(c)について考えること。
> 　イ　音楽を形づくっている要素及び音楽に関する用語や記号などについて，音楽における(b)と関わらせて理解すること。

(1) 上の ☐☐☐ 内は今回の改訂で新たに示された事項である。事項の名称を書け。
(2) (a)~(c)に適する語句を書け。ただし，同じ記号には同じ語句が入る。

(3)　下線部「知覚」「感受」について，次の┊┈┈┈┊内の(d)〜
　　(g)に当てはまる語句の組合せとして適切なものを，下の1〜5か
　　ら一つ選び，その番号を書け。

> 　知覚とは，聴覚を中心とした感覚器官を通して音や音楽を
> (d)し，(e)することであり，感受とは，音や音楽の(f)
> や(g)などを感じ，受け入れることである。

　1　d　理解　　e　意識　　f　特質　　g　情感
　2　d　判別　　e　理解　　f　特徴　　g　雰囲気
　3　d　判別　　e　意識　　f　特質　　g　雰囲気
　4　d　理解　　e　判別　　f　特徴　　g　雰囲気
　5　d　判別　　e　意識　　f　特性　　g　情感

(4)　イの事項の指導に当たって，どのようなことを配慮する必要があ
　　るか。その配慮について簡潔に書け。

(☆☆☆◎◎◎)

解答・解説

【中高共通】

【1】(1)　1　　(2)　4　　(3)　1　　(4)　2　　(5)　5

〈解説〉(1)　シューベルト作曲の「魔王」である。　1の通作歌曲形式と
は，詩の内容によって，それにあわせた，各節が異なった旋律や伴奏
によって書かれている形式のことである。他には，瀧廉太郎「花」な
ど。対義語は，4の有節歌曲形式。　2の朗誦形式とは，日本音楽でい
う「クドキ」「サワリ」など，旋律的でない，セリフ，内容の説明的
な形式のことである。　3のリトルネッロ形式とは，独奏楽器群で演
奏する部分とオーケストラ群で演奏する部分が交互にあらわれる形式

のことである。　4の有節歌曲とは，歌詞の内容にあわせて旋律が変わっていくのではなく，旋律に詩がつけられる。1番，2番と，同じ旋律で歌詞の内容が変わっている。　5の循環形式とは，多楽章曲中の2つ以上の楽章で，共通の主題，旋律などを登場させることにより楽曲全体の統一を図る手法である。ブラームスの「交響曲第3番」，ベルリオーズの「幻想交響曲」のように，楽曲中のあらゆるパッセージで共通主題が姿形を変えながら出現する場合などがある。　(2)　レスピーギの「ローマの松」である。　1のA．ボロディン(1833～1887)は，ロシアの作曲家である。　2のR．シュトラウス(1864～1949)は，ドイツの作曲家である。　3のG．ホルスト(1874～1934)は，イギリスの作曲家である。　4のO．レスピーギ(1879～1936)は，イタリアの作曲家である。　5のC．ドビュッシー(1862～1918)は，フランスの作曲家である。　(3)　「Technopolis」である。　1のテクノは，シンセサイザーやリズムマシンなどで構成される電子音楽のことである。　2のR＆Bは，1940年代後半にブルースやジャズ，ゴスペルなどが合流し生まれた。3のブルースは，19世紀後半に南部アフリカ系アメリカ人によって生みだされ，のちのジャズやロックの基盤となった。過酷な生活や恋愛を歌ったものが多い。特定のコード進行の12小節からなり，ブルーノートをもつブルース音階が特徴である。　4のロックは，1950年代の中頃，アフリカ系アメリカ人のR＆Bと白人系アメリカ人のカントリー・アンド・ウェスタンを母体にして生まれた。ビートルズが有名である。　5のマジックは，音楽のジャンルではない。　(4)　「鉄道のエチュード」である。　1の偶然性の音楽は，ジョン・ケージが提唱した，形式や構成にかかわらず，全くの偶然によって使用する音を決定する。　2のミュージックコンクレートとは，鉄道の音をはじめとする現実音や楽器音のような既成の音響を録音し，編集・加工することによって仕上げられた音楽のことである。　3のセリー書法とは，音高や音価，強度，音色等の要素を一定の配列すなわちセリー(音列)とし，セリーにより音楽を構成していくことである。　4のミニマルミュージックは，パターン化された音型やリズムをひたすら反復して音

楽を構成する。スティーブ・ライヒなどが主な作曲家。　5のスペクトル音楽は，音の音響現象そのものを再生し，今まで意識してこなかったノイズや周波数の音に着目した音楽である。　(5)　1のアリランは，朝鮮の代表的な民謡である。　2のケチャは，インドネシアのバリ島の音楽であり，男声合唱を伴奏に演じる舞踊劇である。古代インドの英雄叙事詩ラーマーヤナの物語を演じている。　3の喉歌は，カナダやアラスカなどでイヌイットの人々が行っていた声を使った喉遊び歌のことである。　4のホーミーは，モンゴルの音楽であり，一人の人間が同時に二つの声を出す歌唱法のことである。主に男性が行う。5のヨーデルは，スイスのアルプス地方やオーストリアのチロル地方等に伝わる音楽で，裏声と地声を交互に使う歌唱のことである。

【2】(1)　1　　(2)　1　　(3)　4　　(4)　3　　(5)　2　　(6)　3
(7)　4　　(8)　5　　(9)　3　　(10)　5

〈解説〉(1)　和声的長音階とは，長音階の第6音を半音低くしたものをいう。したがって，変ニ音を主音とする和声的長音階の第6音は，重変ロである。重変ロ，つまりイを主音とする長調はイ長調であり，その平行調は嬰ヘ短調である。嬰ヘ短調の同主調は，嬰ヘ長調であるため，答えは1となる。　(2)　1の陽音階は，民謡などに多く用いられる半音のない音階である。(例…D・E・G・A・C・D)　2，3の陰音階，都節音階は，江戸時代の三味線や箏を用いる近世邦楽などに使われる半音を含んだ音階である。(例…E・F・A・H・C・E)　4のミクソリディア旋法は，教会旋法の正格旋法の一つである。(例…G・A・H・C・D・E・F・G)　5のロマの音階は，通常の和声的短音階の第四音を半音上げた音階である。(例…C・Des・Es・G・Ges・A・H・C)　(3)　完全1度・完全8度・完全4度・完全5度の音程関係は完全協和音程，長3度・短3度・長6度・短6度の音程関係は不完全協和音程，その他の音程関係は不協和音程という。1は完全5度，2は減6度，3は完全8度，4は長3度，5は短7度であるため，不完全協和音程は4である。

(4)　g mollの下属調は，c mollである。c mollを平行調とする調はEs dur

であり，Es durの属調はB durであるため，答えは3となる。

(5)　ナポリの六の和音は，mollのⅡの和音の根音を半音下げたもの。主に第一転回形にして使用される。問題はc mollなので，Des・F・Asの和音の第1転回形の2が正答。　　(6)　1　a piacereは自由に，随意に。2のcon motoは動きをもって，活発に。　3のgiocosoはおどけて愉快に。4　leggeieroは軽く，軽快に。　5　sempliceは単純に。　scherzandoは，おどけてという意味なので答えは3となる。　　(7)　bisは，指定された小節を2回反復するという意味である。また，D.C.は，曲頭に戻るという意味である。　　(8)　ア　中国の三弦が琉球に渡来し三線となり，16世紀中期に日本に伝わり，琵琶の影響を受けて三味線になったと伝えられている。　イ　雅楽局の設置は19世紀(1870年)である。　ウ　八橋検校は17世紀(1614〜1685)に活躍した。　エ　出雲の阿国が京都でかぶき踊りをしたのは17世紀(1603年)のことである。　オ　観阿弥，世阿弥が活躍したのは14世紀である。　　(9)　謡曲，浄瑠璃は「語り物」，地歌，長唄は「歌い物」である。　　(10)　ミニマルミュージックが生みだされたのは，20世紀後半のことである。

【3】(1)　2　　(2)　4　　(3)　5　　(4)　4　　(5)　3
〈解説〉(1)　C管の楽器がA durの調号となっているので，問題で示されているのはin Eの楽器の楽譜であることが分かる。オーケストラのスコアでは，各群の音域の高いものから低いものへ順に並べられているが，金管楽器のホルンは低い音域に属するが金管楽器の群の一番上に置かれるのが普通である。　　(2)　構成音は，Cis，Eis，Gis。したがって答えは長三和音となる。　　(3)　楽譜の楽器表記はフランス語である。小太鼓はイタリア語でTamburo piccolo，英語ではSnare Drum，フランス語では他にCaisse claireとも表記される。　　(4)　「トリスタンとイゾルデ」は，ヴァーグナーが19世紀に作曲した曲である。「幻想交響曲」は，ベルリオーズが19世紀に作曲した曲である。「ツァラトゥストラかく語りき」は，シュトラウスが19世紀に作曲した曲である。「軽騎兵」は，フランツ・フォン・スッペが19世紀に作曲したオペレッタの

曲である。「木星」は，ホルストが20世紀に作曲した組曲「惑星」の
うちの一曲である。　(5)　フランツ・フォン・スッペは，ウィーンで
初めてのオペレッタを作ったといわれている。F．レハールはオペレ
ッタの作曲を中心に活躍した作曲家である。代表曲の一つには「メリ
ー・ウィドウ」がある。

【4】(1)　5　　(2)　5　　(3)　1　　(4)　2　　(5)　4　　(6)　3
　　(7)　2　　(8)　①　3　　②　2　　③　4

〈解説〉(1)　ベートーヴェン作曲「交響曲第五番ハ短調　運命」である。
(2)　三線の本調子は，低弦から，女弦と中弦が完全4度，中弦と男弦
が完全5度の音程関係である。工工四(くんくんしー)は，三線を演奏す
るための楽譜であり，漢字で勘所を表す。「上」は中弦を人差し指で
おさえることで(ギターでいう1フレット目)，中弦はFなので，1音上が
ってGである。　　(3)　『船弁慶』は，源頼朝に疑いをかけられ西国へゆ
く源義経一行の話である。前シテは，源義経の愛妾，静御前，後シテ
は，平知盛の怨霊，子方は，源義経，ワキは，源義経の家臣である武
蔵坊弁慶，ワキツレは源義経の従者，アイは，船頭。　　(4)　(ア)のパ
ッサカリアはスペイン起源の舞曲。バッソ・オスティナートをもち，
遅めの3拍子の変奏曲。　　(イ)のアルマンドはドイツ起源の4拍子の舞
曲である。　　(ウ)のポロネーズはポーランドの3拍子の舞曲である。
(エ)のジーグはイギリス起源の急速な舞曲である。　　(オ)のルールはフ
ランス起源の舞曲である。　　(カ)のバルカロールとは舟歌のことであ
る。舟の揺れる様子を単調な伴奏音型によって表している。　　(5)　1
のシノッチャはアイヌの抒情歌。　2のウポポは，儀式や祭りで歌わ
れる伝統歌曲。座り歌。　3のトンコリは弦楽器で，通常は五弦であ
ることから「五弦琴」と言われる。　4のムックリは口琴の一種であ
る。竹製で長さは10〜15cm，幅は約1cmの楽器である。　5のカチョ
ーは，打楽器である。　(6)　フラメンコはスペインの音楽と舞踊によ
る民族音楽である。歌と踊りとギターにより構成される音楽で，手拍
子や掛け声を伴い，演奏される。　1のケチャはインドネシアのバリ

島の男声合唱を伴奏に演じる舞踊劇。　2のチャールダーシュはハンガリーの音楽。　4のサンバはブラジルのダンス音楽。　5のタンゴはアルゼンチンのダンス及びその音楽のことである。　(7)　1のポルタメントは，高さの異なる2音間を非常になめらかに奏することである。2のロールは，打楽器の奏法の一つで，トレモロとも言われる。　3のフラジオレットは倍音奏法(ハーモニクス)を示す弦楽器用語である。4のコル・レーニョはヴァイオリン属の特殊奏法で，弓の背の木部で弦を叩くように奏することを示す。　5のアル・アイレはギターの奏法の一つで，右手で弦を弾いた後隣の弦に触れない奏法のことである。

(8)　①　楽譜の曲はQueenの「ボヘミアン・ラプソディ」である。

②　ダイヤグラムは上から第一弦から第六弦まで示してある。開放弦の音はそれぞれ第一弦からE・H・G・D・A・Eである。したがって，Cm7の構成音(CEsGB)を押さえることを示している2が正答。主なコードのダイヤグラムは覚えておきたい。　③　この曲はB durである。B♭管でこの楽譜通りに吹くと，長2度下がるので，As durである。

【5】(1)　曲名…こきりこ　　旋律…

(2)

〈解説〉(1)　三線譜の三本の線は，下から一の糸，二の糸，三の糸で，数字は勘所を表す(0は開放弦を表す)。本調子は一の糸と二の糸の間が完全4度，二の糸と三の糸の間が完全5度である。三の糸の開放が1点

ロとされているので，二の糸は一点ホ，一点ロとなる。開放のロ音から漢数字で書かれた数字の分だけ順番に上げた音を記譜する。下線がついたものは八分音符，●は休符を表す。　(2)　学習で取り扱いやすい，ハ長調に移調すること。移調したら，先にコードネームをつけると，使用できる音が限定されるのでよい。音を鳴らしやすい音域で，音の高さにあまり高低差がないように作曲すること。

【中学校】

【1】(1)　a　「A表現」及び「B鑑賞」　　b　働き　　c　関わり
(2)　4　　(3)　3　　(4)　・単に名称などを知るだけではなく，音楽活動を通してそれらの働きを実感しながら理解し，表現や鑑賞の学習に生かすことができるよう配慮する。　　・指導のねらいに即して，未習の用語や記号などを計画的に扱うとともに，既習の用語や記号を繰り返し扱うよう配慮する。

〈解説〉(1)　音楽を形づくっている要素や要素同士の関連を知覚すること，それらの働きが生み出す特質や雰囲気を感受すること，知覚したことと感受したこととの関わりについて考えること，音楽を形づくっている要素及びそれらに関わる用語や記号などについて，音楽における働きと関わらせて理解すること，これらが相互に関連し合うことが大切である。なお，〔共通事項〕は，歌唱，器楽，創作，鑑賞の学習を支えるものとして位置付けられる。　(2)　アは音楽科における「思考力，判断力，表現力等」に関する資質・能力である。イは音楽科における「知識」に関する資質・能力である。これらについては中学校学習指導要領解説音楽編の第3章各学年の目標及び内容　1節第1学年の目標と内容　2内容　(3)共通事項　に記してある。　(3)　要素や要素同士の関連がどのようになっているかを知覚することと，それらの働きが生み出す特質や雰囲気を感受することとを常に関わらせて音楽に向き合うことが大切である。

【高等学校】

【1】(1) 共通事項 (2) a 「A表現」及び「B鑑賞」 b 働き c 関わり (3) 3 (4) ・単に名称などを知るだけではなく，音楽活動を通してそれらの働きを実感しながら理解し，表現や鑑賞の学習に生かすことができるよう配慮する。 ・指導のねらいや生徒の実態を踏まえ，既習の用語や記号などを繰り返し扱うことによって理解の定着がはかられるよう配慮する。

〈解説〉(1) 平成30年告示の高等学校学習指導要領では，内容のA表現B鑑賞について，新たに[共通事項]が示された。 (2) 表現及び鑑賞の学習において共通に必要となる資質・能力については，アとして「思考力，判断力，表現力等」に関する資質・能力，イとして「知識」に関する資質・能力を示している。 (3) 知覚と感受は一体的な関係にあると言えるが，指導に当たっては，音楽を形づくっている要素のうちどのような要素を知覚したのかということと，その要素の働きによってどのような特質や雰囲気を感受したのかということを，それぞれ確認しながら結び付けていけるようにすることが重要となる。

(4) 高等学校学習指導要領解説芸術編では，「表現や鑑賞の各活動において，自己のイメージや思いなどを他者と伝え合ったり，他者がどのようなことを意図しているのかをよく考えて，それに共感したりするためには，音楽に関する用語や記号などを適切に用いることが有効である。指導に当たっては，単に名称などを知るだけではなく，〔共通事項〕アの学習と関連付けるなどして適切に選択して取り扱い，音楽活動を通してそれらの働きを実感しながら理解し，表現や鑑賞の学習に生かすことができるよう配慮する必要がある。また，そのことによって，用語や記号などの大切さを生徒が実感できるようにすることが重要である。また，既習の用語や記号などについても，指導のねらいや生徒の実態を踏まえ，繰り返し扱うことによって理解の定着が図られるよう配慮することも大切である。」としている。

2019年度　実施問題

【中高共通】

【１】これから流れる(1)～(5)の楽曲名を，それぞれ1～5から一つずつ選べ。

(1)　1曲目
　　1　こきりこ節　　2　江差追分　　3　木曽節　　4　南部牛追い歌
　　5　佐渡おけさ

(2)　2曲目
　　1　長崎くんち　　　　　2　斎太郎節　　　　3　長持歌
　　4　津軽じょんがら節　　5　南部木挽き歌

(3)　3曲目
　　1　交響組曲「シェエラザード」　　2　牧神の午後への前奏曲
　　3　オペラ「カルメン」序曲　　　　4　楽劇「ニーベルングの指環」
　　5　バレエ組曲「ガイーヌ」

(4)　4曲目
　　1　室内小協奏曲　　　　2　浄夜
　　3　曼荼羅の華　　　　　4　世の終わりのための四重奏曲
　　5　夜のガスパール

(5)　5曲目
　　1　アイ　ドリーム　ア　ドリーム　　2　愛の讃歌
　　3　ヴォカリーズ　　　　　　　　　　4　美しい5月に
　　5　カルミナ・ブラーナ

（☆☆☆◎◎◎）

【２】次の(1)～(7)の問いに答えよ。

(1)　次の音階(上行形)の説明について，（　ア　）～（　オ　）に当てはまる正しい組合せを，あとの1～5から一つ選べ。

> 　自然短音階の第(ア)音を半音上げると(イ)短音階となり，(イ)短音階の第(ウ)音を半音上げると(エ)短音階となり，(エ)短音階の第(オ)音を半音上げると長音階になる。

1　ア　7　イ　旋律的　ウ　6　エ　和声的　オ　3
2　ア　7　イ　和声的　ウ　6　エ　旋律的　オ　3
3　ア　6　イ　旋律的　ウ　7　エ　和声的　オ　3
4　ア　3　イ　和声的　ウ　6　エ　旋律的　オ　7
5　ア　3　イ　和声的　ウ　7　エ　旋律的　オ　6

(2)　次の三和音の説明について，(カ)～(ケ)に当てはまる正しい組合せを，下の1～5から一つ選べ。

> 　和声的短音階を基に三和音の基本形を演奏したとき，長三和音は(カ)，短三和音は(キ)，増三和音は(ク)，減三和音は(ケ)である。

1　カ　Ⅲ・Ⅴ　キ　Ⅰ・Ⅳ　ク　Ⅶ　ケ　Ⅱ・Ⅵ
2　カ　Ⅰ・Ⅳ　キ　Ⅴ・Ⅵ　ク　Ⅲ　ケ　Ⅱ・Ⅶ
3　カ　Ⅴ・Ⅵ　キ　Ⅰ・Ⅳ　ク　Ⅲ　ケ　Ⅱ・Ⅶ
4　カ　Ⅴ・Ⅵ　キ　Ⅰ・Ⅳ　ク　Ⅶ　ケ　Ⅱ・Ⅲ
5　カ　Ⅲ・Ⅵ　キ　Ⅰ・Ⅴ　ク　Ⅶ　ケ　Ⅱ・Ⅳ

(3)　次の楽語のうち速さと強さに関するものはどれか。次の1～5から一つ選べ。

1　appassionato　　2　espressivo　　3　maestoso　　4　morendo
5　pastorale

(4)　スコットランド音階を，次の1～5から一つ選べ。譜例は相対音高である。

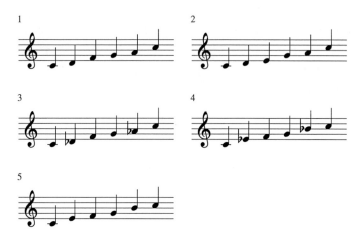

(5) グイード・ダレッツォが考案したものはどれか。次の1〜5から一つ選べ。

　　1　ネウマ記譜　　　2　オルガヌム　　　　3　モノディー様式
　　4　階名唱法　　　5　リトルネッロ形式

(6) 次の文が説明するものは何か。下の1〜5から一つ選べ。

> ピエール・シェフェール，カールハインツ・シュトックハウゼンらによって追求された，テープなど録音媒体に記録された音を素材として使用し，構成される音楽

　　1　ミュジック・セリエル　　　　2　ミュジック・コンクレート
　　3　ミニマル・ミュージック　　　4　アレアトリー
　　5　IRCAM

(7) 次の楽譜を見て①〜④の問いに答えよ。

　　① この楽曲の作曲者／作詞者の正しい組合せを，次の1〜5から一つ選べ。

1　滝　廉太郎／土井　晩翠　　2　團　伊玖磨／江間　章子

3　中田　章／吉丸　一昌　　　4　成田　為三／林　古溪

5　山田　耕筰／北原　白秋

② この楽曲の作曲者を父にもつ人物が作曲した楽曲名を，次の1
　　～5から一つ選べ。

1　北秋の　　2　霧と話した　　3　小さな空　　4　花

5　花の街

③ 楽譜中の矢印で記された音をアルトリコーダーで演奏するとき
　　の運指を，次の1〜5から一つ選べ。∅ はサミングである。

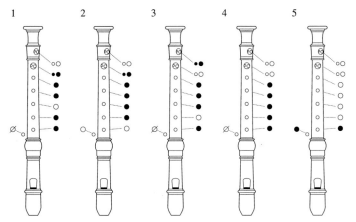

④ B♭7をギターで演奏するときのダイヤグラムはどれか。次の1〜5
　　から一つ選べ。ローマ数字はフレット番号である。

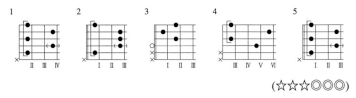

(☆☆☆○○○)

【３】次の楽譜を見て，(1)〜(5)の問いに答えよ。

(1) この楽譜はある楽曲の冒頭部分である。この楽曲名を，次の1～5

から一つ選べ。

1 「はげ山の一夜」　　　　2 「ブルタバ(モルダウ)」

3 「フィンランディア」　　4 「魔法使いの弟子」

5 組曲「惑星」より「火星」

(2) この作品の作曲者／編曲者の正しい組合せを，次の1～5から一つ選べ。

1 シューベルト／リスト　　　2 ドビュッシー／ラヴェル

3 ベートーヴェン／リスト　　4 ムソルグスキー／ラヴェル

5 ムソルグスキー／リムスキー＝コルサコフ

(3) Piatti とはどの楽器のことか。次の1～5から一つ選べ。

1 小太鼓　　　2 大太鼓　　　3 銅鑼　　　4 シンバル

5 カウベル

(4) この楽曲の拍子を表記したものはどれか。次の1～5から一つ選べ。

1 alla breve　2 alla caccia　3 alla chitarra　4 alla tedesca

5 alla mente

(5) この楽曲を演奏する際，Timp.の第5小節目は現代記譜法においてどのように演奏するか。次の1～5から一つ選べ。

1 A音を16分音符のトレモロで演奏する。

2 A音を主旋律と同じリズムで演奏する。

3 A音を特にカウントせず素早くトレモロで演奏する。

4 A音とB音を交互に16分音符のトリルで演奏する。

5 A音とB音を交互に32分音符のトリルで演奏する。

(☆☆☆◎◎◎)

【4】次の(1)～(10)の問いに答えよ。

(1) 次の各文について（　ア　）～（　キ　）に当てはまる語句の正しい組合せはどれか。あとの1～5から一つ選べ。

○ 八橋検校の流れを汲み（　ア　）流が生まれ，その後に（　イ　）流が生まれた。

○ （　ウ　）流は角爪を使用し，箏に対して（　エ　）に構える。

○ （　オ　）流は丸爪を使用し，箏に対して（　カ　）に構える。

○ （　キ　）流は詞章を分担して歌う「歌い分け」を行う。

1　ア　生田　　イ　山田　　ウ　山田　　エ　斜め　　オ　生田
　　カ　正面　　キ　生田

2　ア　生田　　イ　山田　　ウ　山田　　エ　正面　　オ　生田
　　カ　斜め　　キ　山田

3　ア　山田　　イ　生田　　ウ　生田　　エ　正面　　オ　山田
　　カ　斜め　　キ　生田

4　ア　生田　　イ　山田　　ウ　生田　　エ　斜め　　オ　山田
　　カ　正面　　キ　山田

5　ア　山田　　イ　生田　　ウ　生田　　エ　正面　　オ　山田
　　カ　正面　　キ　生田

(2)　次の楽譜A〜Cは箏の代表的な調弦である。A〜Cに当てはまる調子の組合せはどれか。下の1〜5から一つ選べ。

1　A　雲井調子　　B　古今調子　　C　楽調子

2　A　平調子　　　B　雲井調子　　C　古今調子

3　A　古今調子　　B　雲井調子　　C　楽調子

4　A　平調子　　　B　楽調子　　　C　雲井調子

5　A　雲井調子　　B　平調子　　　C　古今調子

(3)　三味線の太棹が使用されるものはどれか。次の1〜5から一つ選べ。

1　長唄　　　　　　　　2　義太夫節　　　　　3　地歌

4　長唄／義太夫節　　　5　地歌／清元節

(4)　次に示されているのは，尺八の楽譜である。正しい楽曲名を，下の1～5から一つ選べ。

　　1　巣鶴鈴慕　　2　鶴の巣籠　　3　エクリプス　　4　鹿の遠音
　　5　虚空

(5)　尺八の奏法の一つである「カリ」は一般的にどのように楽器を奏するか。次の1～5から一つ選べ。
　　1　顎を上げる　　　2　顎を引く
　　3　首を揺らす　　　4　吹き口に息をふきこむ息の量を増やす
　　5　手孔を開～半開～閉となめらかに塞いだり開いたりする

(6)　催馬楽で使用される楽器は笏拍子，笙，篳篥，楽箏，琵琶の他にどれか。次の1～5から一つ選べ。
　　1　高麗笛　　2　神楽笛　　3　竜笛(龍笛)　　4　鞨鼓　　5　鉦鼓

(7)　撥弦楽器ではないものはどれか。次の1～5から一つ選べ。

1 ウード 　 2 シタール 　 3 琵琶 　 4 マンドリン
5 モリンホール

(8) B♭管であるが実音で記譜されることが多い楽器はどれか。次の1
～5から一つ選べ。

1 トランペット 　　　 2 テナー・サクソフォン
3 テナー・トロンボーン 　 4 フレンチホルン
5 イングリッシュホルン

(9) ビートルズの『ノルウェーの森』やローリング・ストーンズの
『Paint It, Black』でも使用されている楽器の説明として正しいものは
どれか。次の1～5から一つ選べ。

1 バロック期にヨーロッパで発展した撥弦楽器である。キー(鍵)を
押すとジャックが上昇し，プレクトラム(爪)が弦を弾くことで音
が鳴る。

2 インドネシアの民族楽器の一つである。1ないし2オクターブ以
上の金属製鍵盤打楽器。青銅製で，竹の共鳴器が付いている。

3 インドの伝統楽器である。演奏弦以外に共鳴弦をもつ楽器であ
る。右手につけた金属の爪で弾いて演奏する。

4 アイルランド発祥と言われる管楽器，縦笛。指孔は6つで，音域
はあまり広くない。多くは金属製である。

5 イスラム圏で用いられる，ペルシアに起源をもつ梨型胴の撥弦
楽器。胴の表面は木でできており，それが語源と言われる。胴面
に皮膜を張った楽器はミズハールと呼ばれる。

(10) 次の文が説明するものは何か。下の1～5から一つ選べ。

> 電子楽器どうしや電子楽器とコンピュータを接続するための
> 規格

1 エンベロープ・ジェネレーター 　 2 エフェクター
3 MIDI 　　　　　　　　　　　 4 シーケンサー
5 サンプル　アンド　ホールド

(☆☆☆◎◎◎◎)

【５】 次の各問いに答えよ。

(1)　この楽譜は，ドヴォルザーク作曲「交響曲第9番」第二楽章の冒頭部である。この曲の冒頭部は，ソロで演奏する楽器が指定されている。その楽器で演奏する場合の移調譜を作成せよ。

(2)　次の五線譜に示されたコード進行に従い，パートⅠにはアルトリコーダーの旋律を，パートⅡにはその旋律に合うピアノ伴奏を創作し記入せよ。ただし，下記の①～③の条件を満たすものとする。

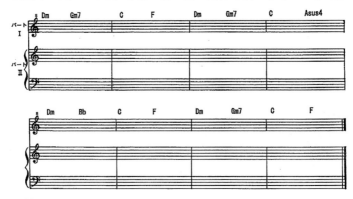

[条件]

①　調号を記入すること。

②　拍子は4分の4拍子とする。

③　パートⅠ，パートⅡいずれにも，二分音符，四分音符，付点四分音符，付点八分音符を必ず用いること。

(☆☆☆◎◎◎)

【中学校】

【１】 中学校学習指導要領(平成29年3月告示)の「第2章　音楽科の目標及び内容　第1節　音楽科の目標　1　教科の目標」に関する次の各問い

に答えよ。

> 表現及び鑑賞の幅広い活動を通して，音楽的な見方・考え方を働かせ，生活や社会の中の音や音楽，(ア)と豊かに関わる資質・能力を次のとおり育成することを目指す。
>
> (1) 曲想と音楽の構造や背景などとの関わり及び音楽の(イ)について理解するとともに，創意工夫を生かした音楽表現をするために必要な技能を身に付けるようにする。
>
> (2) 音楽表現を創意工夫することや，音楽のよさや美しさを味わって聴くことができるようにする。
>
> (3) 音楽表現の(ウ)ことを通して，音楽を愛好する心情を育むとともに，音楽に対する感性を豊かにし，音楽に親しんでいく態度を養い，豊かな情操を培う。

(1) (ア)～(ウ)に適する語句または一文を書け。

(2) 下線部「表現」の内容は，「器楽」分野を含む3分野で構成されている。「器楽」以外の2つを書け。

(3) 二重下線部「音楽的な見方・考え方」について述べた次の文の(エ)～(カ)に当てはまる語句の組み合わせとして，適切なものを下の1～6から1つ選び，その番号を書け。

> 音楽的な見方・考え方とは，「音楽に対する感性を働かせ，音や音楽を，(エ)の視点で捉え，自己の(オ)，生活や社会，(カ)などと関連付けること」であると考えられる。

1 エ 要素同士の関連とその特質
   オ 解釈や評価　　カ 意味や価値
2 エ 要素同士の関連とその役割
   オ イメージや感情　　カ 文化や歴史
3 エ 要素同士の関連とその働き
   オ 知覚や感受　　カ 伝統や文化
4 エ 音楽を形づくっている要素とその特質

オ　解釈や評価　　　カ　意味や価値

5　エ　音楽を形づくっている要素とその働き

オ　イメージや感情　　カ　伝統や文化

6　エ　音楽を形づくっている要素とその役割

オ　知覚や感受　　　カ　文化や歴史

(☆☆☆◎◎◎◎)

【高等学校】

【1】次の文は高等学校学習指導要領(平成21年3月告示)「第2章　第7節　芸術　第2款　第1　音楽Ⅰ　3　内容の取扱い」について書かれたものの抜粋である。下の問いに答えよ。

---

(3)　内容のAの指導に当たっては，生徒の特性等を考慮し，視唱と視奏及び(ア)の指導を含めるものとする。

(5)　内容のAの(3)の指導に当たっては，即興的に音を出しながら音のつながり方を試すなど，(イ)へと構成することを重視するとともに，a作品を記録する方法を工夫させるものとする。

(6)　内容のBの指導に当たっては，楽曲や演奏について(ウ)する活動などを取り入れるようにする。

(8)　音や音楽と生活や社会とのかかわりを考えさせ，(エ)への関心を高めるよう配慮するものとする。また，音楽に関する(オ)などについて配慮し，著作物等を尊重する態度の形成を図るようにする。

---

(1)　(ア)～(オ)に当てはまる語句または一文を書け。

(2)　波線部aについて，どのような工夫が考えられるか，学習指導要領の趣旨を踏まえて具体的な方法を答えよ。

(☆☆☆◎◎◎◎)

解答・解説

【中高共通】

【1】(1)　1　　(2)　2　　(3)　1　　(4)　4　　(5)　2

〈解説〉聴音の問題である。最初の2曲は日本の伝統的な音楽(民謡)である。3曲目はコルサコフ作曲の「シェエラザード」。4曲目はメシアン作曲の「世の終わりのための四重奏曲」。5曲目はシャンソンであり，モノー作曲の「愛の讃歌」。3曲目から近現代の作曲家が含まれてくるので多少難易度が高いが，他の選択肢が比較的有名な曲なので，消去法で考えれば正答を導き出せるだろう。

【2】(1)　2　　(2)　3　　(3)　4　　(4)　2　　(5)　4　　(6)　2

　　(7)　①　3　　②　2　　③　1　　④　5

〈解説〉(1)　短音階については，上行形と下行形があるので，注意して解答しよう。自然短音階とは，名前の通りそのままの短音階である。和声短音階とは，自然短音階の第7音を臨時記号で半音上げたもの。旋律短音階とは，第7音に加えて第6音も半音上げたものである。(2)　和声短音階を基にして三和音を構成すると，長三和音(根音＋長3度＋完全5度)はⅤとⅥ，短三和音(根音＋短3度＋完全5度)はⅠとⅣ，増三和音(根音＋長3度＋増5度)はⅢ，減三和音(根音＋短3度＋減5度)はⅡとⅦとなる。　(3)　楽語に関する問題である。速さと強さの両方を示すものを選ぶ。morendo(モレンド)は「遅くしながら小さく，消えるように」という意味がある。　(4)　スコットランド音階とは，いわゆる五音音階であり，FとHがない音階である。　(5)　ダレッツォが考案したものは階名唱法である。彼はその功績から現在でも「ドレミの始祖」と称えられている。　(6)　現代の音楽に関する説明文である。ミュジック・コンクレートの特徴は，一度録音したものを加工し，再構成する点にある。　(7)　①　提示されている楽譜は「早春賦」(作詞：吉丸一昌　作曲：中田章)である。歌唱共通教材に指定されている。②　中田喜直のことである。選択肢の中で該当するものは，歌曲「霧

117

と話した」である。　③　アルトリコーダーの運指についての問いである。図示されているので比較的答えやすいが選択肢が多いので，十分注意して選ぼう。　④　B♭₇を示すダイヤグラムは5である。一番左の大きな括弧はセーハといって，一本の指で複数の弦を押さえるという意味がある。

【3】(1)　1　　(2)　5　　(3)　4　　(4)　1　　(5)　3

〈解説〉(1)　提示されている楽譜はムソルグスキー作曲の「はげ山の一夜」である。それ以外の選択肢も名曲揃いなので，容易に解答できるだろう。　(2)　本曲は1886年にコルサコフによって編曲されている。現在知られている同曲は，コスサコフ編曲のものが多い。　(3)　Piattiとはシンバルのことである。特に「合わせシンバル」のことを指すことが多い。　(4)　alla breve(アラ・ブレーヴェ)とは2分の2拍子を指す楽語である。　(5)　Timp.はティンパニーのことである。A音にはトレモロの記号が付いているので，音価のカウントはせずに素早く連打するトレモロ奏を用いる。

【4】(1)　4　　(2)　2　　(3)　2　　(4)　4　　(5)　1　　(6)　3
　　　(7)　5　　(8)　3　　(9)　3　　(10)　3

〈解説〉(1)　箏に関する問題である。江戸時代に活躍した八橋検校の流れを汲み，先に生田流が生まれ，その後，山田流が生まれた。生田流は角爪を用い，箏に対して斜めに構える。山田流は丸爪を用い，箏に対して正面に構える。山田流は，独唱・斉唱を交えた歌い分けを行う。
(2)　Aは臨時記号の付かない平調子である。Bの雲井調子では，平調子の第3弦と第8弦を半音下げ，第4弦と第9弦を半音上げる。Cの古今調子は，吉沢検校作曲の「古今組」(組曲)に用いられる調弦法で，平調子の第4弦と第9弦を半音上げ，第2弦を第7弦と同音にする。
(3)　義太夫節では太棹の三味線が用いられる。長唄に用いられる三味線は細竿であるので，注意しよう。　(4)　頻出度の高い楽譜である。これは「鹿の遠音」という曲の楽譜である。尺八の楽譜には都山流と

琴古流があり，記譜法が異なるので合わせてチェックしておこう。

(5) 頻出度の高い問題である。「カリ」とは尺八の基本的な奏法の一つで，顎を上げて音高を上げる奏法である。　(6) 催馬楽(さいばら)で使用される楽器は，笏拍子，笙，篳篥，楽箏，琵琶に加えて，竜笛である。　(7) 撥弦楽器(はつげんがっき)とは，バチなどで弦をはじいて音を出す楽器の総称で，いわゆるギターの仲間だと思えばよい。モリンホールは日本語で「馬頭琴」という名で有名な擦弦楽器(さつげんがっき)である。　(8) テナー・トロンボーンはほとんどの場合，ヘ音記号を用いて実音で表記される。　(9) 正答はシタールである。シタールはインドの伝統的な楽器で，演奏弦と共鳴弦が上下に分かれて張られていることが特徴である。　(10) 電子楽器に関する問題である。MIDI(Musical Instrument Digital Interface)は，電子楽器どうしや電子楽器とパソコンを接続するのに使用される規格である。

【5】(1)

(2) 解答略

〈解説〉(1) ソロで演奏する楽器は，イングリッシュホルンである。イングリッシュホルンは移調楽器であり，完全5度上に記譜する必要がある。したがって，出だしの音はCからGとなる。後は，全部の音をそれぞれ完全5度ずつ上へ上げればよい。調性もDes durからAs durへ変わる。　(2) コード進行に従ってリコーダー譜とピアノ伴奏譜を創作する問題である。条件を満たす必要があるので，注意しよう。まずピアノ伴奏から作ってしまうとよいだろう。決まった音型にして，コードネームの構成音を使った簡単なものでよい。それにリコーダーの旋律を付加する。リコーダーの旋律もあまり跳躍することのないシンプルで演奏しやすいものがよい。

【中学校】

【1】(1)　ア　音楽文化　　イ　多様性　　ウ　楽しさを体験する
(2)　歌唱分野，創作分野　　(3)　5

〈解説〉新学習指導要領からの出題となっている。新学習指導要領では，新たに新設された項目が多く示されている。本問でも穴埋め等で出題されている部分は現行の指導要領から改訂された部分や新設された部分である。次年度も同様の問題が出題される可能性があるので，文部科学省のホームページなどから新旧対照表をダウンロードして細かい語句の違いに気を付けて学習しておこう。

【高等学校】

【1】(1)　ア　読譜と記譜　　イ　音を音楽　　ウ　根拠をもって批評
エ　音環境　　オ　知的財産権　　(2)　記譜については，五線譜だけでなく，文字，絵，図，記号など，その音楽にふさわしい方法を用いるように工夫する。また，コンピュータや録音機器などを活用した記録方法も考えられる。

〈解説〉(1)　学習指導要領に関する問題で，内容のAは表現，内容のBは鑑賞である。現行の指導要領からの出題となっているが，次年度は新学習指導要領からの出題となる可能性がある。文部科学省のホームページ等から新旧対照表をダウンロードして，どこが改訂されたか何が新設されたか，よく学習しておくようにしたい。　(2)　ここでいう学習指導要領の趣旨とは「即興的に音を出しながら音のつながり方を試すなど，音を音楽へと構成することを重視する」であると考えられる。単に五線譜を用いた純粋な作曲ではなく，偶然性や即興性によって音楽を創るということである。こう考えると，作品を記録する方法についても，五線譜に限らず，文字や図など視覚的に生徒がわかりやすいものを用いることも一つの工夫であろう。コンピュータや録音機器等を用いて生徒の創った音楽を録音しておくのも効果的な記録の方法である。

2018年度　　実施問題

【中高共通】

【1】A，Bの楽譜について下の問いに答えよ。

(1) これらの楽譜について書かれた次の文章の(ア)には曲の題名を，(イ)，(エ)，(カ)には人名を書け。また(ウ)，(オ)にA，Bのいずれかの記号を書け。

> 　楽譜A，Bの曲の題名は「(ア)」で，作詞者は(イ)である。原曲は楽譜(ウ)で作曲者は(エ)である。補作編曲したものが楽譜(オ)で補作編曲したのは(カ)である。

(2) 楽譜A，Bの a ， b の小節にあてはまる正しい旋律を五線譜に記せ。

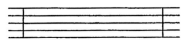

(3) 楽譜A，Bの2曲を歌唱教材として扱う場合，それぞれのよさを生徒に感じ取らせるにはどのような学習活動が考えられるか，具体的に書け。

(☆☆◎◎◎◎)

【2】次の楽譜は，2つの独奏楽器とオーケストラのために作曲された曲のスコアの一部である。下の問いに答えよ。

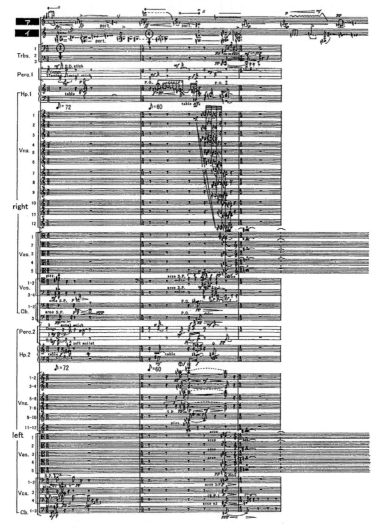

(1)　1967年に初演されたこの曲の題名及び作曲者名を書け。

(2)　楽譜の**ア**，**イ**の楽器名を書け。

(3) 次の(i)〜(iv)の音楽記号の意味を書け。

  (i) ♪＝72   (ii) pizz.   (iii) arco   (iv) dolce

(4) この曲が初演された都市はどこか書け。

(☆☆◎◎◎)

【3】次の楽譜は、ある曲の最後の部分である。下の問いに答えよ。

(1) この楽譜をアルトサックスで演奏する場合のピアノ伴奏譜を、調号を用いて五線譜に記せ。ただし、この楽譜に使用されているコード進行を使用すること。

(2) この曲の旋律をアルトリコーダーで演奏するのに合わせて、ソプラノリコーダーでオブリガートをつけて演奏したい。ソプラノリコーダーの楽譜を五線譜に記せ。

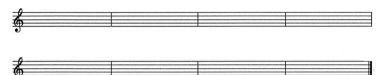

(3) この楽譜をアルトリコーダーで演奏する場合、サミングを用いる音が出にくい生徒への効果的な学習教材(8小節の練習曲)を創作し五線譜に記せ。

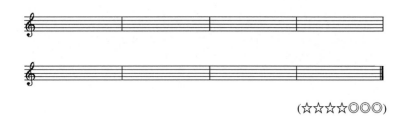

(☆☆☆☆◎◎◎)

【中学校】

【1】放送による問題

(1)　これから流れる①〜④の4曲の日本の民謡の題名を，下記の語群からそれぞれ1つ選び，その記号を書け。また，それぞれの民謡はどの地域のものか，その都道府県名を書け。

語群　ア　南部牛追い歌　　イ　草津節　　　ウ　斎太郎節
　　　エ　佐渡おけさ　　　オ　郡上節　　　カ　山中節
　　　キ　安来節　　　　　ク　吉野川筏歌　ケ　串本節
　　　コ　花笠音頭

(2)　これから流れる①〜④の4曲の題名を書け。また，作曲された年代の古い順に並べ記号で書け。

(3)　これから流れる曲について，次の問いに答えよ。

①　この曲の題名を書け。

②　この曲で使用されている楽器は通常，図1のように配置されている。

　　ア，ウ，オに入る楽器名をそれぞれ書け。

図1

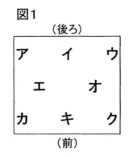

③　図1のカ，キ，クのうち，金属製の楽器はどれか，その記号を1つ書け。

④　図1の楽器のうち，ダブルリードの楽器はどれか，その記号を1つ書け。

⑤　この曲を教材として音楽を形づくっている要素や要素同士の関連を知覚させたい。

　　平成20年告示の中学校学習指導要領「音楽」の共通事項に例示されている要素を，8つ全て書け。

(☆☆☆◎◎◎◎)

【高等学校】

【1】放送による問題

(1)　これから流れる①～④の4曲の日本の民謡の題名を，下記の語群からそれぞれ1つ選び，その記号を書け。また，それぞれの民謡はどの地域のものか，その都道府県名を書け。

語群　ア　南部牛追い歌　　イ　草津節　　　　ウ　斎太郎節
　　　エ　佐渡おけさ　　　オ　郡上節　　　　カ　山中節
　　　キ　安来節　　　　　ク　吉野川筏歌　　ケ　串本節
　　　コ　花笠音頭

(2)　これから流れる①～④の4曲の題名を書け。また，作曲された年代の古い順に並べ記号で書け。

(3)　これから流れる曲について，次の問いに答えよ。

①　この曲の題名を書け。

②　この曲で使用されている楽器は通常，図1のように配置されている。

　　ア，ウ，オに入る楽器名をそれぞれ書け。

図1

（後ろ）

（前）

③　図1のカ，キ，クのうち，金属製の楽器はどれか，その記号を1つ書け。

④　図1の楽器のうち，ダブルリードの楽器はどれか，その記号を1つ書け。

⑤　この曲を高等学校「音楽Ⅰ」の鑑賞教材として扱うとき，平成21年告示の高等学校学習指導要領芸術科「音楽Ⅰ」のB鑑賞のア〜エを踏まえて指導事項を，4つ書け。

（☆☆☆◎◎◎）

解答・解説

【中高共通】

【1】(1)　ア　荒城の月　　イ　土井晩翠　　ウ　B　　エ　滝廉太郎　オ　A　　カ　山田耕筰

(2)　a

b

(3) それぞれの曲の音楽を形づくっている要素に注意して，実際に歌ったり，聴いたりすることにより，与える感じの違いなどについて生徒同士で話し合うなど。

〈解説〉(1) 「荒城の月」は中学校学習指導要領「音楽」第3　2　(1)　アに挙げられる歌唱共通教材の一つである。いずれも頻出である。作詞者，作曲者，旋律，歌詞とその意味，速度記号などに着目して学習されたい。山田耕筰は編曲で速度を遅くし，小節数も増やした。

(2) 山田は補作編曲の際，臨時記号を削除している。この臨時記号がつくとジプシー音階になる。　(3) 奈良県では，部分的な学習活動や指導方法について記述させる問題を高い頻度で出題している。学習指導要領の内容から逸脱しない範疇でまとめることが望ましい。

【2】(1) 曲名…ノヴェンバー・ステップス　作曲者名…武満徹
(2) ア　尺八　イ　琵琶　(3) i　1分間に8分音符を72回打つ速さで演奏する　ii　弦を指ではじく　iii　弓で弾く　iv　甘く，柔らかに　(4) ニューヨーク

〈解説〉(1) 武満徹は，20世紀を代表する世界で活躍した作曲家である。「ノヴェンバー・ステップス」は1967年に作曲された代表作である。
(2) 同じく武満徹作曲の尺八と琵琶のための「エクリプス」(1966年作曲)が評価されたことにより，「ノヴェンバー・ステップス」が作曲されたという経緯がある。　(3) i　速度表示は4分音符や2分音符を基準に示される場合もある。　ii　「pizzicato」を略した表記である。iii　iiの「pizz.」の対義語にあたる。従来通りの弓で弾く奏法を指す。iv　「柔和に」「優しく」などと解される場合もある。　(4) ニューヨーク・フィルハーモニック125周年記念の委嘱作品として作曲された。初演は同団体による。

【3】(1) 解答略　(2) 解答略　(3) 解答略
〈解説〉出題はリチャード・ロジャース作曲の「エーデルワイス」である。作曲や編曲の問題についてはオリジナリティよりも楽典的に正確であ

ることを重視してほしい。　(1)　公式解答による採点基準は①「記譜の間違いは一か所について1点減点」、②「和声が正しく記譜されていること」の2つであった。指定のコードから逸脱しないこと、臨時記号の書き漏らしがないことに注意したい。　(2)　公式解答による採点基準は、①「記譜の間違いは一か所について1点減点」、②「旋律と調和している音域で作られていること」の2つであった。ソプラノリコーダーとアルトリコーダーの音域の違いに留意すること。　(3)　公式解答による採点基準は、①「記譜の間違いは一か所について1点減点」、②「高い音を出すのに効果的な音階等が使われていれば加点」であった。アルトリコーダーでは、ラ以降の音にサミングが用いられる。奇異な跳躍などは取り入れず、サミングを使用する音が全体の半分程度含まれるように作曲したい。

【中学校】

【1】(1)　(記号，都道府県名の順)　①　キ，島根県　　②　ア，岩手県
③　カ，石川県　　④　コ，山形県　　(2)　①　六段の調
②　ます　　③　巣鶴鈴慕　　④　小フーガ　ト短調
年代の古い順　①→④→③→②　　(3)　①　平調　越天楽(越殿楽)
②　ア　竜笛　　ウ　笙　　オ　楽琵琶　　③　カ　④　イ
⑤　音色，リズム，速度，旋律，テクスチュア，強弱，形式，構成
〈解説〉(1)　民謡は、地域によって異なる独特の拍やリズム、音階、歌い方がある。追分様式、八木節様式、民謡音階、都節音階、律音階、沖縄音階などについて確認しながら聞くと理解が深まるだろう。
(2)　①　「六段の調」は八橋検校(1614～1685)が江戸時代前期に作った箏曲として広く知られている。　②　「ます」はシューベルト(1797～1828)が1817年に作曲した歌曲である。　③　「巣鶴鈴慕」は「鶴の巣籠」と呼ばれ親しまれている尺八曲である。同曲は黒沢琴古(1710～1771)が収集した楽曲及びその編曲からなる「琴古流本曲」として制定されている曲である。　④　「小フーガ　ト短調」はバッハ(1685～1750)が1700～20年頃に作曲したオルガン曲である。　(3)　①　平調

(ひょうぢょう)とは，ホを主音とする律の音配列にもとづいた調子のことである。　②③④　「越天楽」を演奏する楽器は「三管両絃三鼓」で編成される。三管は「篳篥，竜笛，笙」を，両絃とは「楽琵琶，楽箏」を，「三鼓」は「鞨鼓，釣太鼓，鉦鼓」を指す。イは篳篥，エは楽箏，カは鉦鼓，キは釣太鼓，クは鞨鼓があてはまる。　⑤　「音楽を形づくっている要素」については，平成29年告示の新しい中学校学習指導要領「音楽」第3　2　(9)に引き継がれ，現行のものと同様に8つが挙げられている。併せて確認しておきたい。

【高等学校】

【1】(1)　(記号，都道府県名の順)　①　キ，島根県　　②　ア，岩手県　③　記号，石川県　　④　記号…コ，山形県　　(2)　①　六段の調　②　ます　③　巣鶴鈴慕　④　小フーガ　ト短調　　年代の古い順　①→④→③→②　　(3)　①　平調　越天楽(越殿楽)　②　ア　竜笛　ウ　笙　オ　楽琵琶　③　カ　④　イ　⑤　・楽器の音色の特徴と表現上の効果との関わりを感じ取って鑑賞すること　　・音楽を形づくっている要素を知覚し，それらの働きを感受して鑑賞すること　　・楽曲の文化的・歴史的背景を理解して鑑賞すること　　・雅楽の種類とそれぞれの特徴を理解して鑑賞すること

〈解説〉(1)　民謡は，地域によって異なる独特の拍やリズム，音階，歌い方がある。追分様式，八木節様式，民謡音階，都節音階，律音階，沖縄音階などについて確認しながら聞くと理解が深まるだろう。
(2)　①　「六段の調」は八橋検校(1614〜1685)が江戸時代前期に作った箏曲として広く知られている。　②　「ます」はシューベルト(1797〜1828)が1817年に作曲した歌曲である。　③　「巣鶴鈴慕」は「鶴の巣籠」と呼ばれ親しまれている尺八曲である。同曲は黒沢琴古(1710〜1771)が収集した楽曲及びその編曲からなる「琴古流本曲」として制定されている曲である。　④　「小フーガ　ト短調」はバッハ(1685〜1750)が1700〜20年頃に作曲したオルガン曲である。　(3)　①　平調

(ひょうぢょう)とは，ホを主音とする律の音配列にもとづいた調子のことである。　②③④　「越天楽」を演奏する楽器は「三管両絃三鼓」で編成される。三管は「篳篥，竜笛，笙」を，両絃とは「楽琵琶，楽箏」を，「三鼓」は「鞨鼓，釣太鼓，鉦鼓」を指す。イは篳篥，エは楽箏，カは鉦鼓，キは釣太鼓，クは鞨鼓があてはまる。　⑤　高等学校学習指導要領芸術科「音楽Ⅰ」のB鑑賞ア～エの内容を，この曲の特徴にあわせて書きかえて解答する。例えば，学習指導要領では「ア声や楽器の音色の特徴と表現上の効果とのかかわりを感じ取って鑑賞すること」とある。しかし「越天楽」は雅楽で声を伴わないので，解答では「声や」を削除している。

2017年度　実施問題

【中高共通】

【1】次の楽譜を見て，各問いに答えよ。

I

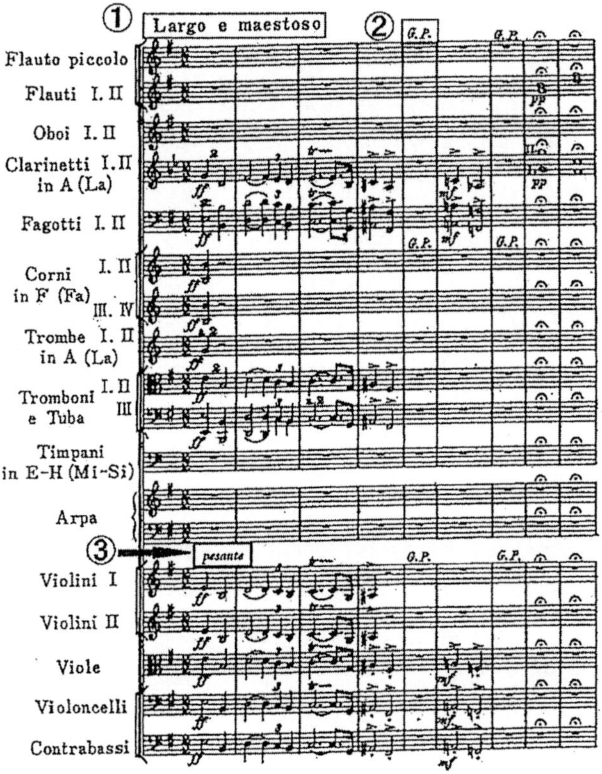

(1) この楽譜は，ある曲の冒頭部分である。曲名を答えよ。

(2) 楽譜中①〜⑧の記号の意味を書け。

　① Largo e maestoso 　② G.P. 　③ pesante

　④ Allegro non troppo 　⑤ Arpa tacet 　⑥ Tutti violini

　⑦ pizz. 　⑧ arco

(3) この曲の作曲者名を書け。

(4) この曲の作曲者は，同郷の作曲家たちと組織を結成し，共に民族
　　主義的な音楽の創造を目指した。この組織の名称を書け。また，組
　　織に属するこの曲の作曲者以外の作曲家の名前をすべて書け。

(5) ⑨を見て，この調の属調の主要三和音を，下の譜表に調号を用い
　　て全音符で書け。

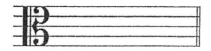

(☆☆☆◎◎◎)

【2】滝廉太郎作曲「花」について，次の各問いに答えよ。

(1) この曲を含む曲集の名称と，その曲集に含まれる曲名を1曲目か
　　ら順番にすべて書け。

(2) 下の楽譜の続きに，同声二部合唱の楽譜を歌詞，記号も含めて書
　　け。

(☆☆☆◎◎◎◎)

【3】次の各問いに答えよ。

(1) 次の表にある用語に関わりのある楽器①〜③の名称を漢字で書
　　け。また，④〜⑥に当てはまる奏法をあとの語群のア〜クからすべ

て選び，記号で答えよ。

用　語	歌口	柱	勘所
楽器名	①	②	③
奏　法	④	⑤	⑥

語群
ア　合せ爪　　イ　ハジキ　　ウ　コロコロ　　エ　スクイ
オ　タマネ　　カ　引き色　　キ　カリ　　　　ク　押し手

(2) 次の縦譜を用いる楽器の名称を漢字で書け。

（左）	（右）
中 為	二
八 七	三
八	七 八
オ九	九
⊙	十
十	斗
七十	十
○	○

(3) 上の縦譜を，あとの五線譜に書き換え，楽譜を完成させよ。ただ
し，一の弦はニ音の平調子とする。

(☆☆☆☆◎◎◎◎)

【4】次の各問いに答えよ。

(1) 次の図①～③は日本の芸能舞台を上から見た模式図である。それ
ぞれ何の芸能舞台か(主たる芸能名を1つ)書け。また，図中A～Eの
名称をそれぞれ答えよ。

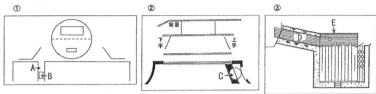

(2) 次の文中(A)に当てはまる語句を書け。また，下の舞楽の分
類表中①～⑧に当てはまる語を語群のア～スからそれぞれ1つ選び，
記号で答えよ。

> 　現在，宮内庁を中心に伝承されている音楽を(A)と総称
> しており，奈良時代以前にアジアの諸地域から伝来した舞楽
> をはじめ，神楽や舞，平安時代に作曲された歌謡など様々な
> 音楽が含まれる。
> 　舞楽は，その伝来や特徴から左舞と右舞に分けられる。

舞楽の分類表

種　類	左　　舞	右　　舞
伝　来　地	①	②
起源とする音楽	③	④
曲　の　名　称	⑤	⑥
装束の色	⑦を基調	⑧を基調

語群
ア	京劇	イ	中国大陸	ウ	覇王別姫
エ	声明	オ	高麗楽	カ	朝鮮半島
キ	納曽利	ク	緑	ケ	赤
コ	陵王	サ	紫	シ	巣鶴鈴慕
ス	唐楽				

(☆☆☆☆◎◎◎)

【中学校】

【1】放送による問題

　これから放送する2曲を教材として，中学2年生に「中学校学習指導要領　音楽」(平成20年3月告示)「B　鑑賞」アの指導をする。その際，「音色の変化や表現の特徴と曲想との関わりを感じ取り，それぞれの楽曲の特徴や良さを味わっている」という評価規準を設定し，批評文を書かせた。「十分満足できる」と評価できる文例を書け。

(☆☆☆☆◎◎)

【2】次の楽譜を見て，各問いに答えよ。

(1) 楽譜中①の楽器群にある各楽器の名称を上から順にすべて答え
　　よ。

(2) 楽譜中楕円で囲んだ②の日本音名を答えよ。

(3) この曲を中学3年生の鑑賞教材として扱い，学習指導案を書く時
　　の「題材名」を考えて書け。また，「題材設定の理由」について，

「中学校学習指導要領　音楽」(平成20年3月告示)「B　鑑賞」ア,イに示されている内容に触れながら,簡潔に書け。ただし,1時間の指導で扱うものとする。

(☆☆☆☆◎◎◎)

【高等学校】

【1】放送による問題

これから放送する2曲を教材として,「高等学校学習指導要領　音楽Ⅰ」(平成21年3月告示)「B　鑑賞」ア,イの指導をする。その際,「音色の特徴や表現上の効果と,曲想との関わりを感じ取り,それぞれの楽曲の特徴や良さを理解している」という評価規準を設定し,批評文を書かせた。「十分満足できる」と評価できる文例を書け。

(☆☆☆☆◎◎◎)

【2】次の楽譜を見て，各問いに答えよ。

(1) 楽譜中①の楽器群にある各楽器の名称を上から順にすべて答え
　　よ。

(2) 楽譜中楕円で囲んだ②の日本音名を答えよ。

(3) この曲を鑑賞教材として扱い，学習指導案を書く時の「題材名」

を考えて書け。また，「題材設定の理由」について，「高等学校学習指導要領音楽Ⅱ」(平成21年3月告示)「B　鑑賞」ア，イ，ウに示されている内容に触れながら，簡潔に書け。ただし，1時間の指導で扱うものとする。

(☆☆☆☆◎◎◎)

解答・解説

【中高共通】

【1】(1)　交響組曲「シェエラザード」　　(2)　①　幅広くゆるやかに(そして)荘厳に　　②　総休止　　③　重く　　④　速く(しかし)はなはだしくなく　　⑤　ハープは休み　　⑥　ヴァイオリン全員で奏すること　　⑦　弦を指ではじいて　　⑧　(ピッツィカートをやめて)弓を用いる　　(3)　リムスキー・コルサコフ　　(4)　組織の名称…五人組　　作曲家名…ボロディン，キュイ，バラキレフ，ムソルグスキー

(5)

〈解説〉(1)・(3)　ロシア五人組の一人リムスキー・コルサコフの交響組曲「シェラザード」は，「千夜一夜物語」の登場人物シェラザードを題材とした楽曲である。また，コルサコフの死後にこの楽曲に振り付けをしたバレエも知られる。　(2)　いずれも読譜に必要な基本的な記号である。解答できなかったものについては使用例を実際に演奏するなどして，言葉による定義と身体感覚を統合させて理解するようにするとよいだろう。　(4)　ロシア五人組が活躍した時代には，東欧・北

欧から民族主義に根ざした国民楽派と総称される作曲家が多く活躍した。チェコのスメタナ，フィンランドのシベリウスなどが著名である。
(5) ⑨の部分は♯が4つ付いたホ長調である。その属調はロ長調で♯が5つ(F，C，G，D，A音)付く。アルト記号に♯を5つ書き，主要三和音(Ⅰ，Ⅳ，Ⅴの和音)を全音符で書く。

【2】(1) 曲集…組歌「四季」　　曲名…花，納涼，月，雪
(2)

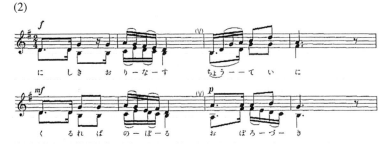

〈解説〉(1) 「四季」は1900年に発表され，作曲者滝廉太郎は当時21歳であった。「花」のもともとの題名は「花盛り」で，それを作詞の武島羽衣が改題したという。　(2) 「花」は「中学校学習指導要領　音楽」(平成20年3月告示)「A表現」の歌唱の共通教材である。受験校種に関わらず，小・中学校の共通教材である楽曲については，作詞者，作曲者，歌詞，譜面，旋律等の基本事項を確実におさえておく必要がある。

【3】(1) ① 尺八　　② 箏　　③ 三味線　　④ ウ，オ，キ
　　⑤ ア，カ，ク　　⑥ イ，エ　　(2) 箏
(3)

〈解説〉(1) ① 歌口から吹き物の尺八である。　② 柱(じ)は箏で用いる駒のことで，象牙やプラスチックでできている。　③ 勘所は三味線の音を出すために弦をおさえる位置，おさえどころのこと。

④　コロコロは，一孔と二孔の指を交互に動かし，音高の上下を細か
く繰り返す奏法。タマネはタバネとも言い，息を出しながら舌を激し
く回転させるフラッター奏法。カリはあごを出して音高を上げる奏法。
⑤　合せ爪は2本の弦を同時に弾くことで，右手の奏法。引き色と押
し手は左手の奏法。　⑥　ハジキは，左指で弦をはじく奏法。スクイ
は，バチで弦を下からすくうように弾く奏法。　(2)　箏の記譜法は，
弦名を数字または文字で示し，それに洋楽の記譜法を応用してリズム
を明確にしている。また，押し手やその他の装飾音的手法には補助記
号が用いられる。本問では縦譜だが，横譜もある。　(3)　示された縦
譜を五線譜に書き換える設問。ただし，一の弦を一点ニ音の平調子と
するため，よく知られている「ミラシドミファラシド…」の音階は，
長2度下げた変ロの調で記譜することになるので，九と斗の音には♭
を付ける。「オ九」は「押し手」(左手)で音高を上げる。〇は4分休符。
⌒は前の音符と同じを表わすので，3小節の4拍目〜4小節目1拍をスラ
ーでつなぐ。

【4】(1)　①　歌舞伎　　②　文楽(人形浄瑠璃)　　③　能　　Ａ　花道
Ｂ　すっぽん　　Ｃ　床　　Ｄ　橋掛(り)　　Ｅ　鏡板　　(2)　Ａ　雅楽
①　イ　　②　カ　　③　ス　　④　オ　　⑤　コ　　⑥　キ
⑦　ケ　　⑧　ク
〈解説〉(1)　①　中央にあるセリやすっぽんから歌舞伎の舞台とわかる。
②　回転式の床があることから，文楽(人形浄瑠璃芝居)と判断できる。
③　能(能楽)の舞台は，正方形であること，橋掛があること，客席の
中に舞台が突き出ていることが特徴である。　Ａ　花道は，歌舞伎舞
台の延長として客席を縦断して設けた役者の出入りする道。　Ｂ　す
っぽんは，花道の途中にあるセリのことで，花道へ役者(亡霊や妖怪が
多い)をせり上がらせるためのもの。すっぽんの首が長くも短くもなる
のに似ているところから言う。　Ｃ　開幕すると太夫(語り)と三味線方
が円形の床が廻って現われる。「出語り太夫床」のこと。　Ｄ　橋掛は
舞台の一部で，舞台への通路のこと。　Ｅ　鏡板は能舞台の正面・右

側面の羽目板のこと。　(2)　雅楽の中でも神楽は国風歌舞(日本古来の伝統歌舞)に分類される。また，舞楽はその伝来地から，左舞は唐楽，右舞は高麗楽とも呼ばれる。舞楽では，左舞と右舞を1曲ずつ対にして演奏される習慣があり，これを番舞という。

【中学校】

【1】解答略

〈解説〉「中学校学習指導要領　音楽」(平成20年3月告示)「B　鑑賞」アとは，「音楽を形づくっている要素や構造と曲想とのかかわりを感じ取って聴き，言葉で説明するなどして，音楽のよさや美しさを味わうこと」である。公式解答では，「十分満足できる」文例のポイントとして，「2曲を聴いて，自分が感じ取ったことを音色の特徴や表現上の効果，曲想との関わりに触れながら，客観的に説明できている。かつ，諸要素(音色や強弱，テクスチュア，旋律)のいずれについても的確に分析した上で，それぞれの楽曲に対して根拠をもって批評できている」をあげている。この点を必要十分におさえた記述としたい。

【2】(1)　Timp.…ティンパニ　　　Tamb.…タンブリン　　　P.…シンバル
Gr.C.…大太鼓　　　Can.…大砲

(2)　：　　　(3)　題材名…楽器の音色の特徴や音楽を形づくっている
　　　ト

要素とその働きを理解し，情景を想像しながら音楽のよさや美しさを味わおう　　題材設定の理由…楽譜から，弦楽器と管楽器の多くが同じ動きをすることや，フォルテの数が4つも付いていることを知覚し，その効果を理解することによって，この音楽のよさや美しさなどの味わいをさらに深めて鑑賞させる。この曲はチャイコフスキーの「祝典序曲1812年」である。楽器の音色の特徴と，表現上の効果とのかかわりを理解して鑑賞する能力を伸ばすことをねらいとする。

〈解説〉(1)　チャイコフスキーの「祝典序曲1812年」は，演奏に大砲の音が用いられることで有名。ナポレオンが60万の大軍でモスクワへ攻

め入ったものの，完全に敗退する物語をオーケストラで描写した音楽である。本問では初めて大砲が鳴る楽曲の後半部分が取り上げられている。大変に派手な曲のため，中・高校生には人気のある楽曲の1つである。なお，楽譜中①の楽器群は，大砲を含めいずれも打楽器である。　(2)　一点ト音の2オクターヴ上なので，3点ト音である。

(3)「中学校学習指導要領　音楽」(平成20年3月告示)「B　鑑賞」ア，イは，次の指導事項である。「ア　音楽を形づくっている要素や構造と曲想とのかかわりを感じ取って聴き，言葉で説明する(根拠をもって批評する)などして，音楽のよさや美しさを味わうこと」。「イ　音楽の特徴をその背景となる文化・歴史や他の芸術と関連付けて，鑑賞すること」。この2点のキーワードとなる語句をいくつか盛りこんだ題材名を設定し，それに即して理由を記述するとよいだろう。

【高等学校】

【1】解答略

〈解説〉記述のベースとするのは，「高等学校学習指導要領　音楽Ⅰ」(平成21年3月告示)「B　鑑賞」の「ア　声や楽器の音色の特徴と表現上の効果とのかかわりを感じ取って鑑賞すること」と「イ　音楽を形づくっている要素を知覚し，それらの働きを感受して鑑賞すること」である。公式解答では，「十分満足できる」文例のポイントとして，「2曲を聴いて，自分が感じ取ったことを音色の特徴や表現上の効果，曲想との関わりに触れながら，客観的に説明できている。かつ，諸要素(音色や強弱，テクスチュア，旋律)のいずれについても的確に分析した上で，それぞれの楽曲に対して根拠をもって批評できている」をあげている。この点を必要十分におさえた記述としたい。

【2】(1)　Timp.…ティンパニ　　Tamb.…タンブリン　　P.…シンバル

Gr.C.…大太鼓　　Can.…大砲　　(2)　ト　　(3)　題材名…楽器の音色の特徴や音楽を形づくっている要素とその働きを理解し，情景を想像しながら音楽のよさや美しさを味わおう　　題材設定の理由…楽譜か

144

ら，弦楽器と管楽器の多くが同じ動きをすることや，フォルテの数が4つも付いていることを知覚し，その効果を理解することによって，この音楽のよさや美しさなどの味わいをさらに深めて鑑賞させる。この曲はチャイコフスキーの「祝典序曲1812年」である。楽器の音色の特徴と，表現上の効果とのかかわりを理解して鑑賞する能力を伸ばすことをねらいとする。

〈解説〉(1)　チャイコフスキーの「祝典序曲1812年」は，演奏に大砲の音が用いられることで有名。ナポレオンが60万の大軍でモスクワへ攻め入ったものの，完全に敗退する物語をオーケストラで描写した音楽である。本問では初めて大砲が鳴る楽曲の後半部分が取り上げられている。大変に派手な曲のため，中・高校生には人気のある楽曲の1つである。なお，楽譜中①の楽器群は，大砲を含めいずも打楽器である。

(2)　一点ト音の2オクターヴ上なので，3点ト音である。　(3)「高等学校学習指導要領　音楽Ⅰ」(平成21年3月告示)「B　鑑賞」のア〜ウの各指導事項を端的に表すキーワードとなる語句をいくつか盛りこんだ題材名を設定し，それに即して理由を記述するとよいだろう。高等学校における指導なので，楽曲の文化的・歴史的背景や，作曲者及び演奏者による表現の特徴についての理解を深められる鑑賞としたい。

2016年度　実施問題

【中高共通】

【1】次の楽譜を見て，各問いに答えよ。

(1)　〔　〕の部分を長二度下に移調し，調号を用いて下の五線譜に書け。

(2)　上の楽譜をソプラノリコーダー，アルトリコーダー，クラシックギターで演奏する三重奏に編曲し，下の五線譜に書け。その際，それぞれの楽器が主旋律を担当する部分があるように留意すること。

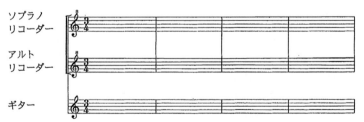

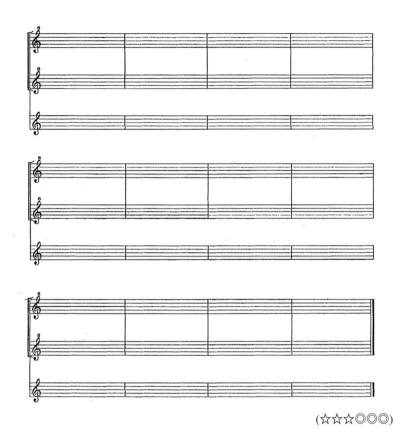

(☆☆☆◯◯◯)

【2】「歌舞伎の中で音楽が果たしている役割や効果を聴き取り，歌舞伎
音楽の特徴や音楽と物語との関わりなどを理解して歌舞伎音楽のよさ
や美しさを味わう。」という題材目標で鑑賞の授業をする際の，題材
の評価規準例及び指導計画例を書け。ただし，鑑賞活動を充実させる
ために，言語活動に関する指導上の留意点を併せて書くこと。取り扱
う教材曲は自由で，全4時間とする。

(☆☆☆☆◯◯◯)

【３】次のア～クの楽譜を見て，各問いに答えよ。

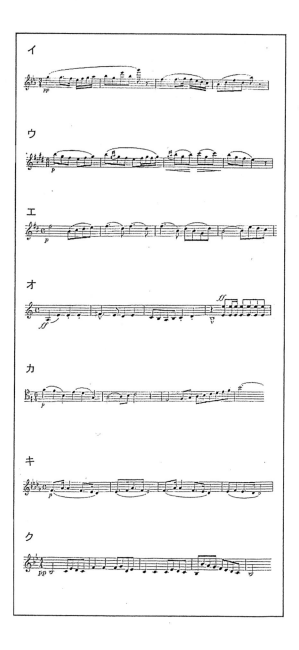

(1)　①，②に当てはまる楽器名をカタカナで書け。

(2)　③～⑥の音程を書け。

(3)　アの楽譜の作曲者の作品をイ～クから3つ選び，その記号を書け。

(4)　アの楽譜の調を書け。

(5)　〔　⑦　〕の部分を，無伴奏，女声と男声の二重唱で演奏できる
　　　ように編曲して，下の五線譜に書け。なお，歌詞は書かなくてよい。

(☆☆☆☆◎◎◎)

【中学校】

【1】放送による問題

(1) これから流れる①～⑤の5曲について，最も関係の深いものを次のA群，B群からそれぞれ1つずつ選び，ア～ニの記号で答えよ。また，①～⑤をつくられた年代の古い順に並べて書け。

A群　　ア　雅楽　　　　イ　図形楽譜　　ウ　カンツォーネ
　　　　エ　交響曲　　　オ　三曲合奏　　カ　文楽
　　　　キ　交響詩　　　ク　尺八曲　　　ケ　協奏曲
　　　　コ　リート　　　サ　筝曲　　　　シ　オペラ

B群　　ス　ヴィヴァルディ　　セ　武満徹
　　　　ソ　坂本龍一　　　　　タ　團伊玖磨
　　　　チ　越天樂　　　　　　ツ　スメタナ
　　　　テ　シューベルト　　　ト　ドビュッシー
　　　　ナ　滝廉太郎　　　　　ニ　六段の調

(2) これから流れるA，B，Cのそれぞれの曲を通して，生徒に知覚・感受させたいことを「中学校学習指導要領　第2章　第5節　音楽」(平成20年3月告示)に示されている「音楽を形づくっている要素」に触れながら書け。

(3) これから流れる曲を教材として取り上げ，「管弦楽と合唱が織りなす響き」という題材名で鑑賞の授業を行うとする。その際の題材目標と学習の流れを，指導のポイントとともに考えて書け。

(☆☆☆☆◎◎◎)

【高等学校】

【1】放送による問題

(1) これから流れる①～⑤の5曲について，最も関係の深いものを次のA群，B群からそれぞれ1つずつ選び，ア～ニの記号で答えよ。また，①～⑤をつくられた年代の古い順に並べて書け。

A群　ア　雅楽　　　　イ　図形楽譜　　ウ　カンツォーネ
　　　エ　交響曲　　　オ　三曲合奏　　カ　文楽

　　　　キ　交響詩　　　ク　尺八曲　　　ケ　協奏曲
　　　　コ　リート　　　サ　箏曲　　　　シ　オペラ
　B群　ス　ヴィヴァルディ　　セ　武満徹
　　　　ソ　坂本龍一　　　　　タ　團伊玖磨
　　　　チ　越天樂　　　　　　ツ　スメタナ
　　　　テ　シューベルト　　　ト　ドビュッシー
　　　　ナ　滝廉太郎　　　　　ニ　六段の調

(2)　これから流れるA，B，Cのそれぞれの曲を通して，生徒に知覚・感受させたいことを「高等学校学習指導要領　第2章　第7節　芸術　第1　音楽I」(平成21年告示)に示されている「音楽を形づくっている要素」に触れながら書け。

(3)　これから流れる曲を教材として取り上げ，「管弦楽と合唱が織りなす響き」という題材名で鑑賞の授業を行うとする。その際の題材目標と学習の流れを，指導のポイントとともに考えて書け。

(☆☆☆☆◎◎◎)

解答・解説

【中高共通】

【1】(1)

　(2)　解答例省略

〈解説〉イ短調 $\frac{3}{4}$ 拍子16小節の楽譜についての設問である。

(1)　イ短調の長2度下はト短調。♭2つに付けたト短調で2度下に移調したい。記入する3小節目の最初の♯を，ナチュラルに変えるよう留意しよう。本来は曲の始めではないので $\frac{3}{4}$ の記入は不要であるが，今

回は調号を付けるためのスペースを空けるよう注意が示された。

(2) すべての楽器が主旋律を担当するよう指示があるため，ギターの主旋律をどこにするかを工夫したい。ソプラノ，アルトの各リコーダーの記譜は実音式ではないことに留意し，ソプラノの最低記譜音は一点ハに，アルトの最低記譜音は一点へにも注意しよう。

【2】〔題材の評価規準例〕

・音楽への関心・意欲・態度…歌舞伎音楽の特徴，音楽と物語や演出との関わりに関心をもち，鑑賞する学習に主体的に取り組もうとしている。

・鑑賞の能力…長唄の声や楽器の音色，歌舞伎音楽の独特なリズム，唄や楽器の重なり方などのテクスチュアを知覚し，それらの働きが生み出す特質や雰囲気を感受しながら，歌舞伎音楽の特徴などを理解し，解釈したり自分にとっての価値を考えたりして，よさや美しさを味わって聴いている。

〔題材の指導計画例〕

・学習活動

1時間目…これまでに学習したオペラと比較しながら，「勧進帳」を視聴し，歌舞伎の特徴などについて話し合う。

2時間目…「勧進帳」の長唄の部分を聴き，声や楽器の音色，歌舞伎音楽の独特なリズム，唄や楽器の音の重なり方などに着目して知覚・感受を深める。

3時間目…下座音楽を聴き，芝居の情景や人物を描写したり，効果音として鳥や虫の声などを表したりしている歌舞伎音楽の特徴を捉え，音楽と物語や演出との関わりを考える。

4時間目…「勧進帳」を視聴し，歌舞伎の中で音楽が果たしている役割を考え，歌舞伎音楽のよさについて批評文を書いたり，内容を紹介し合ったりした後，ハイライト部分を味わって鑑賞する。

・指導上の留意点

1時間目…オペラと歌舞伎を比較しやすい場面を取り上げ，生徒が歌舞

伎の特徴に興味・関心をもって活発な意見交換ができるようにする。

2・3時間目…音楽を聴きながら，ワークシートに「感じ取ったこと」と「その音楽的な理由」を書かせることにより，音楽を形づくっている要素の知覚・感受を深めさせる。その上で，音楽と物語や演出との関わりについて考え，主体的に話し合わせる。

4時間目…歌舞伎に音楽がなかったらどうであるかを考えさせるなどして，歌舞伎における音楽の役割を意識させ，これまでの学習を基に歌舞伎音楽のよさについて，生徒が自分なりの考えをもつことができるようにする。

〈解説〉過去に，歌舞伎の演目のいくつかを視聴覚教材の活用などで鑑賞した経験がなければ，生徒にとっても教師としても難しい指導となるかもしれない。解答例にはオペラと比較する学習活動の例があるが，長唄の代表作品「勧進帳」に絞った指導計画例を考えるのもよいだろう。

【3】(1)　①　ピアノ　　②　コントラバス　　(2)　③　完全4度
④　完全8度　　⑤　完全5度　　⑥　短3度　　(3)　オ，カ，ク
(4)　変ホ長調
(5)

〈解説〉示された楽譜のうち，ア・オ・カ・クの4曲はフランスのサン・サーンス(1835〜1921)作曲の組曲「動物の謝肉祭」である。
(1)　第5曲「象」で，①はピアノ2台，②はコントラバスによる演奏で，旋律はベルリオーズ作曲「ファウストの却罰」から「精霊たちの踊り」である。　　(2)　③はF音〜B♭音で完全4度，④はB音のオクターヴで完全8度，⑤はE音〜B音で完全5度，⑥はA音〜C音で短3度である。

(3)　オは第1曲「序奏と獅子王の行進」，カは最も有名な第13曲「白鳥」(チェロ，2台のピアノ)である。ケは第4曲「亀」で，オッフェンバックのオペラ「天国と地獄」からとられたもの。亀の悠長な歩みを表している。　　(5)　解答例では参考までに第6小節までの楽譜を示す。この問題のポイントは，組曲「動物の謝肉祭」の第5曲「象」のユーモラスなコントラバスの旋律，ピアノの軽快な動きを，どのように生かすかという点にある。この曲ではコントラバスの動きを男声とし，女声は和声音に沿って歌う二重唱がよいであろう。編曲は作曲とほぼ同じなので多様な考え方があるが，変ホ長調，$\frac{3}{8}$拍子，Allegretto pomposo(やや速く豪華に)，ユーモラスな象のワルツということから，コントラバスの動きを生かすには男声に主旋律を最後まで歌わせるのがよい。女声パートの音はピアノ伴奏の和声音から適切なものを選びたい。

【中学校】

【1】(1)　(A群，B群の順)　①　ケ，ス　　②　コ，テ
③　オ，ニ　　④　キ，ツ　　⑤　イ，セ
(年代の古い順)　③→①→②→④→⑤　　　(2)　Aは無伴奏の男声合唱，Bは無伴奏の混声合唱，Cはピアノ伴奏がついた混声合唱であることから，男声合唱の低音の響き，混声合唱の幅広く重厚な響き，そこにピアノ伴奏が加わった時のそれぞれの「音色」の違いを知覚させたい。B，Cでは，「速度」，「強弱」の変化や主旋律が移動することを知覚させ，そのことによる表現の効果や音の重なりに変化をもたせているアレンジの面白さについて感受させたい。　　(3)　解答省略
〈解説〉(1)　江戸時代とバロック音楽時代の始まりはほぼ同じで17世紀である。①～⑤の作者では八橋検校(1614～85)が最も古く，ヴィヴァルディ(イタリア・1678～1741)，シューベルト(オーストリア・1797～1828)と続く。スメタナ(チェコ・1824～84)は明治維新の頃，武満徹(1930～96)は20世紀の作曲家である。　①　曲目は「和声と創意への試み」より「四季」と思われる。　②　リートとはドイツ歌曲で，シ

ューベルトは600余りの作品を残した。　③　三曲合奏とは箏・三味線・尺八の合奏。　④　交響詩「わが祖国」より「ブルタバ(モルダウ)」と思われる。　⑤　武満徹は作品に図形楽譜を用いている。

(2)　中学校学習指導要領の〔共通事項〕より，「音楽を形づくっている要素」とは，音色，リズム，速度，旋律，テクスチュア，強弱，形式，構成などである。解答例では，それぞれの「音色」の違いを知覚させたいとあり，さらに，B，Cでは「速度」，「強弱」やアレンジなどの表現の変化を知覚・感受させたい，とある。A，B，Cの曲目は不明であるが，「音色」や「強弱」などの要素が記述の中心となるだろう。

(3)　解答例は省略であるが，評価の基準が次のように示されている。・題材目標は，「中学校学習指導要領 第2章 第5節 音楽」(平成20年3月告示)に示されている鑑賞の活動を通して指導する事項に関わる目標であること。　　・学習の流れと指導のポイントは，管弦楽と合唱で演奏される楽曲の豊かな響きや表現の効果等に関心をもって鑑賞させるような学習であること。旋律の反復，声や音の組合せによる音色や響きの違い，強弱による曲想の変化を知覚し，それらの働きが生み出す特質や雰囲気を感受しながら楽曲を味わって聴くことができるような学習であること。

【高等学校】

【1】(1)　(A群，B群の順)　①　ケ，ス　　②　コ，テ
③　オ，ニ　　④　キ，ツ　　⑤　イ，セ
(年代の古い順)　③→①→②→④→⑤　　(2)　Aは無伴奏の男声合唱，Bは無伴奏の混声合唱，Cはピアノ伴奏がついた混声合唱であることから，男声合唱の低音の響き，混声合唱の幅広く重厚な響き，そこにピアノ伴奏が加わった時のそれぞれの「音色」の違いを知覚させたい。B，Cでは，「速度」，「強弱」の変化や主旋律が移動することを知覚させ，そのことによる表現の効果や音の重なりに変化をもたせているアレンジの面白さについて感受させたい。　　(3)　解答省略
〈解説〉(1)　江戸時代とバロック音楽時代の始まりはほぼ同じで17世紀

である。①～⑤の作者では八橋検校(1614～85)が最も古く，ヴィヴァルディ(イタリア・1678～1741)，シューベルト(オーストリア・1797～1828)と続く。スメタナ(チェコ・1824～84)は明治維新の頃，武満徹(1930～96)は20世紀の作曲家である。　①　曲目は「和声と創意への試み」より「四季」と思われる。　②　リートとはドイツ歌曲で，シューベルトは600余りの作品を残した。　③　三曲合奏とは箏・三味線・尺八の合奏。　④　交響詩「わが祖国」より「ブルタバ(モルダウ)」と思われる。　⑤　武満徹は作品に図形楽譜を用いている。

(2)　中学校学習指導要領の〔共通事項〕より，「音楽を形づくっている要素」とは，音色，リズム，速度，旋律，テクスチュア，強弱，形式，構成などである。解答例では，それぞれの「音色」の違いを知覚させたいとあり，さらに，B，Cでは「速度」，「強弱」やアレンジなどの表現の変化を知覚・感受させたい，とある。A，B，Cの曲目は不明であるが，「音色」や「強弱」などの要素が記述の中心となるだろう。

(3)　解答例は省略であるが，評価の基準が次のように示されている。
・題材目標は，「高等学校学習指導要領 第2章 第7節 芸術 第1 音楽I」(平成21年告示)に示されている鑑賞の活動を通して指導する事項に関わる目標であること。　・学習の流れと指導のポイントは，管弦楽と合唱で演奏される楽曲の豊かな響きや表現の効果等に関心をもって鑑賞させるような学習であること。旋律の反復，声や音の組合せによる音色や響きの違い，強弱による曲想の変化を知覚し，それらの働きが生み出す特質や雰囲気を感受しながら楽曲を味わって聴くことができるような学習であること。

2015年度　実施問題

【中高共通】

【１】次の①〜⑤は，ギターのタブラチュア譜である。全ての音を一斉に奏した場合の和音をコードネームで書け。

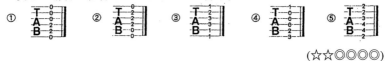

(☆☆○○○○)

【中学校】

【１】放送による問題

(1) これから放送する2曲の音楽を聴き，それぞれの曲で演奏されたリズムをリズム譜に書け。

[1曲目]

[2曲目]

(2) これから放送する3曲の音楽を聴き，関係の深いものをA群，B群からそれぞれ1つ選び，記号で答えよ。

A群

　　ア　文楽　　イ　黒御簾音楽　　ウ　長唄

　　エ　能　　　オ　延年の舞　　　カ　催馬楽

　　キ　狂言　　ク　地歌・箏曲

B群

　　ケ　夕顔　　　コ　新版歌祭文　　サ　寄せの合方

シ　高麗楽　　　ス　羽衣　　　　セ　巣鶴鈴慕
ソ　千鳥の曲　　タ　越後獅子　　チ　義経千本桜

(3)　これから放送する音楽を鑑賞教材として扱う場合の指導内容を簡潔に書け。ただし，文部科学省「中学校学習指導要領」(平成20年3月告示)に示されている〔共通事項〕に触れながら書くこと。

(☆☆☆◎◎◎◎)

【2】次の楽譜を見て，各問いに答えよ。

(1)　Ⓐの楽譜の空欄部分を五線譜に書け。
(2)　①～⑤の音程を書け。

(3)　この楽譜の発想を示す用語「Grandioso」の意味を書け。また，この用語の意味を踏まえて，この楽章を合唱させる際の指導のポイントを，他の楽章との関係を踏まえながら書け。

(4)　この曲を教材として，鑑賞活動と表現活動を関連付けた学習指導をする場合の展開例を曲名等にも触れながら簡潔に書け。ただし，文部科学省「中学校学習指導要領」(平成20年3月告示)の〔第2学年及び第3学年〕に示されている内容A表現の歌唱の活動を通して指導する事項及びB鑑賞の活動を通して指導する事項について踏まえた上で書くこと。

(☆☆☆○○○○)

【３】　次の曲を教材として，「歌詞が表す情景や心情を思い浮かべて曲にふさわしい表現を工夫して歌おう」という題材で学習指導を展開する場合の評価規準の設定例を書け。また，ワークシートに「音楽表現の創意工夫」の評価をするときの「十分満足できる」状況の記述例を書け。

[ワークシート]

1 どのように歌うかについて楽譜にメモを書き込もう。

2 歌詞の内容と音楽を形づくっている要素との関わりについて、学習したことをまとめよう。

(☆☆☆○○○○)

【高等学校】

【１】放送による問題

(1)　これから放送する2曲の音楽を聴き，それぞれの曲で演奏された
リズムをリズム譜に書け。

[1曲目]

[2曲目]

(2)　これから放送する3曲の音楽を聴き，関係の深いものをA群，B群
からそれぞれ1つ選び，記号で答えよ。

A群

　　ア　文楽　　イ　黒御簾音楽　　ウ　長唄

　　エ　能　　オ　延年の舞　　カ　催馬楽

　　キ　狂言　　ク　地歌・箏曲

B群

　　ケ　夕顔　　コ　新版歌祭文　　サ　寄せの合方

　　シ　高麗楽　　ス　羽衣　　セ　巣鶴鈴慕

　　ソ　千鳥の曲　　タ　越後獅子　　チ　義経千本桜

(3)　これから放送する音楽を鑑賞教材として扱う場合の指導内容を簡
潔に書け。ただし，文部科学省「高等学校学習指導要領」(平成21
年3月告示)に示されている「音楽を形づくっている要素」に触れな
がら書くこと。

(☆☆☆◎◎◎◎)

【2】次の楽譜を見て，各問いに答えよ。

(1) Ⓐの楽譜の空欄部分を五線譜に書け。

(2) ①〜⑤の音程を書け。

(3) この楽譜の発想を示す用語「Grandioso」の意味を書け。また，この用語の意味を踏まえて，この楽章を合唱させる際の指導のポイントを，他の楽章との関係を踏まえながら書け。

(4) この曲を教材として，鑑賞活動と表現活動を関連付けた学習指導をする場合の展開例を曲名等にも触れながら簡潔に書け。ただし，文部科学省「高等学校学習指導要領」(平成21年3月告示)音楽Ⅰに示されている内容A表現(1)歌唱で指導する事項及びB鑑賞で指導する

　　事項について踏まえた上で書くこと。

(☆☆☆◎◎◎◎)

【3】次の曲を教材として，「曲に込められた思いを表現し，日本の歌曲
　　を味わおう」という題材で学習指導を展開する場合の評価規準の設定
　　例を書け。また，以下のワークシートに「音楽表現の創意工夫」の評
　　価をするときの「十分満足できる」状況の記述例を書け。

[ワークシート]

1 次の部分をどのように歌うかについて楽譜にメモを書き込もう。

2 「からたちの花」の曲想について、歌詞の内容や音楽を形づくっている要素を基に、自分の考えをまとめよう。

(☆☆☆◎◎◎◎)

165

解答・解説

【中高共通】

【１】① Em　② A　③ B♭m　④ G₇　⑤ F♯

〈解説〉タブ譜の読み方の問題である。第1弦から第6弦までの構成音を調べてからコードを判定する。　① EBGEBE→Em

② EC♯AEAE→A　③ FD♭B♭FB♭F→B♭m　④ FBGDBG→G₇

⑤ F♯C♯A♯F♯C♯F♯→F♯

【中学校】

【１】(1) 〔1曲目〕

〔2曲目〕

(2) 〔1曲目〕 A群…ク　B群…ケ　〔2曲目〕 A群…ア B群…チ　〔3曲目〕 A群…エ　B群…ス　(3) まず, この曲は, 大きく3つの部分に分かれているので, 楽器やその奏法による音色の変化, 音や旋律の重なり等〔共通事項〕に示されている音楽を形づくっている要素の働きによってそれぞれの部分が特徴付けられていることを知覚・感受させる。次に, この音楽全体を聴いて, 気に入ったところや他者に紹介したいところなどを理由とともに書かせたり発表させたりして音楽のよさや美しさを味わわせる。

〈解説〉三種の聴音に関する問題である。　(1) 1・2曲目とも解答用紙には, 最初の1小節にリズムが記載されているので, 比較的聴き取りやすい。拍を感じ取りながら各小節の出だしをしっかり聴き取ってい

く。シンコペーションのリズムが含まれているので冷静に聴き取る。
(2)　聴き取りのポイントは，声(曲種に応じた発声)である。文楽は義太夫節，能は謡(うたい)，地歌・箏曲は地謡となる。　(3)　「音楽を形づくっている要素」という文言は，小・中学校では〔共通事項〕で示されている。指導内容で触れなくてはならないキーワードは，「音色，リズム，速度，強弱などの要素」「知覚と感受」「曲のよさの紹介」「音楽のよさや美しさを味わわせる」である。

【2】(1)

(2)　①　長3度　　②　長6度　　③　増4度　　④　短7度
⑤　短3度　　(3)　意味…壮大に　　指導のポイント…この曲は，7曲から構成されるカンタータの最終楽章であるため，フィナーレにふさわしく壮大に歌わせたい。そのために，出だしは静かな感じで歌い始め，曲が進むにつれて盛り上がりが表現できるようにしたい。
(4)　解答省略
〈解説〉(1)　バス，テナー，アルト，そしてソプラノと同型のリズムが積み上がっていく，この曲の前半の山場の部分である。特に，歌われる頻度の高い曲の指導に当たっては各パートの音も熟知していることが求められる。　(2)　高音部譜表・低音部譜表に注意して音程を判断する。　(3)　この曲の原曲は，大木惇夫作詞，佐藤眞作曲のオーケストラと混声合唱のためのカンタータ「土の歌」である。第1楽章「農夫と土」から始まり，「祖国の土」「死の灰」「もぐらもち」「天地の怒り」「地上の祈り」の楽章が続き，7番目の最終楽章とし平和を念じながら壮大に歌い上げられる「大地讃頌」で締め括られる。

(4)　曲名等については(3)を参照すること。解答例は省略であるが，評価の基準が次のように示されている。　・表現活動では，歌詞の内容や曲想を味わい，曲にふさわしい表現を工夫して歌うことや，声部の役割と全体の響きとの関わりを理解して，表現を工夫しながら合わせて歌うこと等について記述していること。　・鑑賞活動では，音楽を形づくっている要素や構造と曲想との関わりを理解して聴き，根拠をもって批評するなどして，音楽のよさや美しさを味わうこと等について記述していること。　・この曲はオーケストラと合唱のためのカンタータ「土の歌」であり，他の楽章の歌詞は戦争や原爆の悲惨さをメッセージとして伝えていること等を「大地讃頌」の合唱活動に生かす展開例等も考えられる。

【3】〔評価規準の設定例〕
・音楽への関心・意欲・態度…「早春賦」の歌詞が表す情景や心情，曲の表情や味わいを生かし，曲にふさわしい音楽表現を工夫して歌う学習に主体的に取り組もうとしている。
・音楽表現の創意工夫…「早春賦」の拍子，速度，旋律の音のつながりやフレーズ，強弱を知覚し，それらの働きが生み出す特質や雰囲気を感受しながら，歌詞が表す情景や心情，曲の表情や味わいを感じ取って曲にふさわしい音楽表現を工夫し，どのように歌うかについて思いや意図をもっている。
・音楽表現の技能…「早春賦」の歌詞が表す情景や心情，曲の表情や味わいを生かした，曲にふさわしい音楽表現をするために必要な，発声，日本語の発音，呼吸法などの技能を身に付けて歌っている。

〔ワークシート〕

解答例

1　どのように歌うかについて楽譜にメモを書き込もう。〔解答略〕

2　解答省略

〈解説〉〔評価規準の設定例〕…評価規準の設定にあたっては通常,「おおむね満足できる」状況(B)を規準に記述する。A表現においての観点別学習状況の評価の視点は,「鑑賞の能力」を除く3つの観点で評価する。B鑑賞は,「音楽への関心・意欲・態度」と「鑑賞の能力」の2つの観点で評価する。また,「十分満足できる」状況の記述例を考える場合は,前記で述べた(B)判定を一旦押さえてから,それ以上の内容で記述することが必要である。解答例では,「知覚」「感受」「ふさわしい音楽表現の工夫」,そして,どのように歌うかについての「自分なりの思いや意図をもっている」の3つをクリアすることがA評価としている。〔ワークシート〕…1　①強弱記号や用語の理解と旋律の流れや歌詞の内容や情景とのかかわり,②正しいリズムと音程の理解,③母音・子音の発音と鼻濁音への注意の3つの視点をふまえて記述するとよい。

2　記述にあたっては共通事項で示された要素と曲想の関わりの理解とどの様に歌いたいのか自分なりの思いや意図をもたせることを記述のポイントに置く。解答省略であるが，以下の基準が示されている。「歌詞が表す情景，曲の雰囲気が拍子，速度，旋律の音のつながり方，強弱等の音楽を形づくっている要素の働きによって特徴付けられていることを記述していること。」

【高等学校】

【1】(1)　〔1曲目〕

〔2曲目〕

(2)　〔1曲目〕　A群…ク　　B群…ケ　　〔2曲目〕　A群…ア
B群…チ　　〔3曲目〕A群…エ　　B群…ス　　(3)　まず，この曲は，大きく3つの部分に分かれているので，楽器やその奏法による音色の変化，音や旋律の重なり等，音楽を形づくっている要素の働きによってそれぞれの部分が特徴付けられていることを知覚・感受させる。次に，この音楽全体を聴いて，気に入ったところや他者に紹介したいところなどを理由とともに書かせたり発表させたりして音楽のよさや美しさを味わわせる。

〈解説〉三種の聴音に関する問題である。　(1)　1・2曲目とも解答用紙には，最初の1小節にリズムが記載されているので，比較的聴き取りやすい。拍を感じ取りながら各小節の出だしをしっかり聴き取っていく。シンコペーションのリズムが含まれているので冷静に聴き取る。
(2)　聴き取りのポイントは，声(曲種に応じた発声)である。文楽は義

太夫節，能は謡(うたい)，地歌・箏曲は地謡となる。　(3)　「音楽を形づくっている要素」の，指導内容で触れなくてはならないキーワードは，「音色，リズム，速度，強弱などの要素」「知覚と感受」「曲のよさの紹介」「音楽のよさや美しさを味わわせる」である。

【2】(1)

(2)　①　長3度　　②　長6度　　③　増4度　　④　短7度
⑤　短3度　　(3)　意味…壮大に　　指導のポイント…この曲は，7曲から構成されるカンタータの最終楽章であるため，フィナーレにふさわしく壮大に歌わせたい。そのために，出だしは静かな感じで歌い始め，曲が進むにつれて盛り上がりが表現できるようにしたい。

(4)　解答省略

〈解説〉(1)　バス，テナー，アルト，そしてソプラノと同型のリズムが積み上がっていく，この曲の前半の山場の部分である。特に，歌われる頻度の高い曲の指導に当たっては各パートの音も熟知していることが求められる。　(2)　高音部譜表・低音部譜表に注意して音程を判断する。　(3)　この曲の原曲は，大木惇夫作詞，佐藤眞作曲のオーケストラと混声合唱のためのカンタータ「土の歌」である。第1楽章「農夫と土」から始まり，「祖国の土」「死の灰」「もぐらもち」「天地の怒り」「地上の祈り」の楽章が続き，7番目の最終楽章とし平和を念じながら壮大に歌い上げられる「大地讃頌」で締め括られる。　(4)　曲名等については(3)を参照すること。解答例は省略であるが，評価の基準が次のように示されている。　・表現活動では，歌詞の内容や曲想を

味わい，曲にふさわしい表現を工夫して歌うことや，声部の役割と全体の響きとの関わりを理解して，表現を工夫しながら合わせて歌うこと等について記述していること。　・鑑賞活動では，音楽を形づくっている要素や構造と曲想との関わりを理解して聴き，根拠をもって批評するなどして，音楽のよさや美しさを味わうこと等について記述していること。　・この曲はオーケストラと合唱のためのカンタータ「土の歌」であり，他の楽章の歌詞は戦争や原爆の悲惨さをメッセージとして伝えていること等を「大地讃頌」の合唱活動に生かす展開例等も考えられる。

【3】〔評価規準の設定例〕

・音楽への関心・意欲・態度…「からたちの花」の曲想と歌詞が表す情景や心情，楽曲の背景との関わりなど，に関心をもち，イメージをもって歌う学習に主体的に取り組もうとしている。

・音楽表現の創意工夫…「からたちの花」のリズム，速度，旋律，強弱を知覚し，それらの働きが生み出す特質や雰囲気などを感受しながら，曲想を歌詞の内容や楽曲の背景と関わらせて感じ取り，楽曲にふさわしい音楽表現を工夫し，どのように歌うかについて表現意図をもっている。

・音楽表現の技能…「からたちの花」の曲想を歌詞や楽曲の背景と関わらせて感じ取り，イメージをもって音楽表現をするために必要な発声，日本語の発音，呼吸法，読譜などの技能を身に付け，創造的に表している。

〔ワークシート〕

1解答例

解答省略

〈解説〉〔評価規準の設定例〕高等学校の観点別学習状況の評価について
は，中学校と同様な考え方でA表現B鑑賞の評価がある。「音楽表現の
創意工夫」の「十分満足できる」状況(A)の記述は，まず，(B)の評価
状況を押さえて，作成することは中学校と同様である。解答例では，
「知覚・感受」「ふさわしい音楽表現を工夫」そして，どのように歌い
たいのか「自分なりの表現意図をもっている」ことの3点がA判定にな
っている。

〔ワークシートの解答〕1　①強弱記号や用語の理解と旋律の流れや歌詞
の内容や情景とのかかわり，②正しいリズムと音程の理解，③母音・
子音の発音と鼻濁音への注意の3つの視点をふまえて記述するとよい。

2　記述にあたっては共通事項で示された要素と曲想の関わりの理解とどの様に歌いたいのか自分なりの思いや意図をもたせることを記述のポイントに置く。解答省略であるが，以下の基準が示されている。「「からたちの花」の曲想を，歌詞の内容や楽曲の背景と関わらせて感じ取ったことを基にして，リズム，拍子，速度，旋律，強弱等の音楽を形づくっている要素に触れながら，自分はどのように歌いたいかの表現意図について記述していること。」

2014年度　実施問題

【中学校】

【1】放送による問題

(1)　これから放送する5曲の音楽を聴き，音色の特徴を聴き取って当てはまるものをア〜セから選び，記号で答えよ。

　　ア　アルフー　　　　イ　オルティンドー　　ウ　ツィター
　　エ　シタール　　　　オ　ピーパー　　　　　カ　チャランゴ
　　キ　サウンガウ　　　ク　カヤグム　　　　　ケ　ガムラン
　　コ　ウズン　ハワ　　サ　コラ　　　　　　　シ　カッワーリー
　　ス　ヒメネ　　　　　セ　モリンホール

(2)　これから放送する3曲の音楽を聴き，関係の深いものをA群，B群からそれぞれ1つ選び，記号で答えよ。

　A群
　　ア　長崎くんち　　イ　吉野川筏歌　　ウ　さんさ踊り
　　エ　天神祭　　　　オ　阿波踊り　　　カ　おわら風の盆
　　キ　エイサー　　　ク　谷茶前
　B群
　　ケ　沖縄県　　コ　長崎県　　サ　徳島県　　シ　奈良県
　　ス　大阪府　　セ　富山県　　ソ　京都府　　タ　岩手県
　　チ　香川県　　ツ　北海道

(3)　これから放送する音楽を聴き，作品名を書け。また，この部分を授業で取り扱う場合の題材名と題材の目標を考えて答えよ。ただし，鑑賞活動と表現活動を関連させた学習内容とすること。

(☆☆☆◎◎◎)

【2】次の楽譜は，「ふるさと」の一部分である。楽譜を見て各問いに答えよ。

(1) この曲の作曲者と作詞者によってつくられた他の曲名を，小学校の共通教材の中から3曲答えよ。

(2) C ，D の部分を，声部の役割と全体の響きとの関わりを理解したり，フレーズを意識したりして合唱表現を工夫させる場合の指導のポイントを書け。

(3) 音楽を形づくっている要素の働きを意識して表現を工夫させるために，生徒に指揮をさせる。この曲の歌詞の内容や曲想を感じ取って指揮を指導する際のポイントを書け。

(4) A の部分の主旋律を完全4度上の調に移調し，調号を用いて五線譜に書け。

(☆☆☆◎◎◎◎)

【３】次のア〜オの楽譜は，ある組曲の一部分である。楽譜を見て，各問いに答えよ。

イ

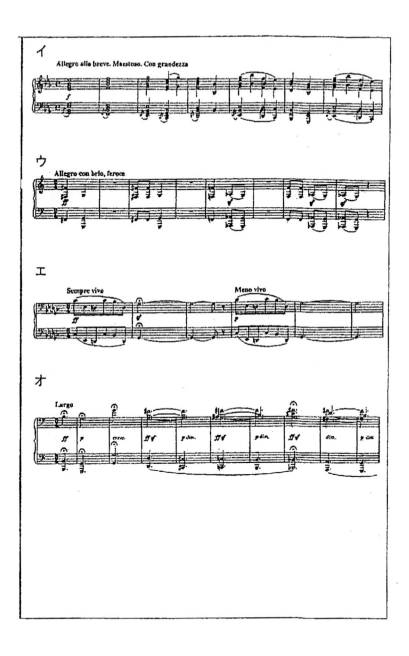

(1) この組曲の作品名，作曲者名及び編曲者名を書け。

(2) 〔 ① 〕の部分の楽譜を完成せよ。

(3) アの発想を示す用語「Scherzino．Vivo leggiero」の意味を書け。

(4) ②，③に当てはまる楽器名をカタカナで書け。

(5) この組曲は全部で10曲からなり，それぞれに曲名が付けられている。ア～オの曲名を書け。

(☆☆☆☆◎◎◎)

【4】次の 内の動機に続けてアルトリコーダー二重奏の曲を完成させ，下の五線譜に書け。ただし，反復，変化，対照などの構成を工夫すること。また，作成の意図を，中学校学習指導要領の〔共通事項〕に示されている「音楽を形づくっている要素」を具体的に挙げて書け。

(☆☆☆◎◎◎)

解答・解説

【中学校】

【1】(1) ① カ ② ウ ③ キ ④ ク ⑤ エ
(2) ① A群：ウ B群：タ ② A群：キ B群：ケ
③ A群：オ B群：サ (3) 作品名：勧進帳 題材名：長唄
の歌唱や鑑賞を通して歌舞伎音楽を味わおう 題材の目標：長唄の
音楽を形づくっている要素の知覚・感受を深めながら，長唄にふさわ
しい声や言葉の発音などを工夫して歌唱したり，歌舞伎における音楽
の役割とよさなどを考えて歌舞伎音楽の鑑賞を深めたりする学習内容
についての目標を記述していること。

〈解説〉(1) 世界の民族音楽については，音楽の名称と地域や，楽器の
名称と地域を暗記する学習にとどまりがちであるが，音で聴いておく
ことも欠かせない。 ① チャランゴは，アンデスの山岳地帯で用い
られる小型のギター。普通のギターよりも音域は高い。 ② ツィタ
ーはドイツ南部やオーストリア，スイスで用いられる弦楽器。琴に似
た形状で，音の響きはチェンバロに似ている。 ③ サウンガウはミ
ャンマーの弦楽器で，弓型ハープともいわれる。「ビルマの竪琴」の
モデルである。 ④ カヤグム(伽耶琴)は日本の箏に似た韓国の弦楽
器。 ⑤ シタールはインドの弦楽器。伝統的なインド音楽の他，ポ
ップスでも用いられている。 (2) ① さんさ踊りは，岩手県盛岡市
で夏に行われる祭りである。 ② エイサーは，沖縄県の夏の伝統芸
能。 ③ 阿波踊りは，徳島県の盆踊り(近年では全国各地で行われ
る)。 (3) 題材の目標は，「鑑賞活動と表現活動を関連させた学習内
容」の目標なので，鑑賞と歌唱の双方の内容，さらに〔共通事項〕の
内容を盛り込んだものを書きたい。日頃から学習指導要領の文言をふ
まえながら目標を書く練習をしておくと，すらすらと書けるようにな
るだろう。

【2】(1)　「日のまる」「春がきた」「春の小川」「もみじ」「おぼろ月夜」
　　から3曲　　(2)　他のパートを歌わせたり，聴き合いをさせたりして，
　　それぞれの声部の旋律の動きの違いを確認させるとともに，それぞれ
　　の声部をどのような音色，強弱で歌ったら全体の響きがよりよくなる
　　かを聴き取って表現に生かすよう指導する，話し合いの場面を設けて，
　　表現意図を互いに確認し合うよう指導する等のポイントを記述してい
　　ること　　(3)　強弱の変化や曲の表情を伝えるように指導すること，
　　歌詞や曲の雰囲気を顔の表情や身体全体の動きで伝えるために，自分
　　のイメージをしっかりもって指揮をすること等のポイントが曲や歌詞
　　の具体的な部分を示しながら記述していること

　　(4)

〈解説〉(1)　「ふるさと」は，高野辰之作詞，岡野貞一作曲である。この
　　組合せの曲は小学校の共通教材の中に6曲ある。　　(2)　「聴き合い」を
　　させることで，他の声部の動きの違いを客観的に確認させること，ま
　　た音色，強弱など表現の工夫について「話し合い」をさせることは，
　　中学校学習指導要領解説音楽編の第2学年及び第3学年の目標と内容
　　「2　内容　A　表現(1)歌唱ウ」の項目においても言及されている。こ
　　のように学習指導要領解説の内容を盛り込んで書けると説得力があ
　　る。　　(3)　(2)同様，学習指導要領解説の文言を盛り込んで回答できる
　　と良い。指揮の指導には，指揮をする生徒が「曲にふさわしい自己の
　　イメージ」を広げることが重要である。このことと，指揮をする際の
　　実践的な内容(表情や身体の動きに関すること)を併せて書けると良い
　　だろう。　　(4)　示された楽譜はへ長調(F dur)なので，変ロ長調(B dur)
　　に移調すれば良い。変ロ長調(B dur)の調号は♭2つである。

【3】(1)　作品名：展覧会の絵　　作曲者名：ムソルグスキー

編曲者名：ラヴェル

(2)

(3)　少しおどけて，生き生きと軽く　　(4)　②　オーボエ

③　ファゴット　　(5)　ア　卵の殻をつけたひなどりのバレエ

イ　キエフの大門　　ウ　鶏の足の上の小屋　　エ　グノーム

オ　カタコンベ

〈解説〉(1)　ムソルグスキーの組曲「展覧会の絵」は様々な編曲がなされているが，最も有名なのはラヴェルによる管弦楽版である。

(2)　この曲はフルートが主旋律を演奏している。同じページの下部に示されているピアノの楽譜に主旋律が出ているのでヒントになる。

(3)　Scherzoとは「おどけて」という意味で，それに程度を弱くする意味の-inoがついているので，「少しおどけて」という意味になる。Vivoは「生き生きと」や「快活に」，leggieroは「軽く」という意味である。

(4)　オーケストラスコアの見方に慣れておけば，配置から考えることもできるだろう。この曲の場合，ファゴット以上の楽器は全て木管楽器である。　　(5)　この曲は中学校の鑑賞教材としてよく取り上げられるので，組曲全体を聴いておくことはもちろん，それぞれのタイトルまで覚えておこう。

【4】解答例省略

〈解説〉16小節という指定があるので，例えばA-A'-B-A'という二部形式
　　で作るとまとまりができるだろう。動機を活かすことがポイントであ
　　る。例えばAの後半2小節は，示された動機とは対照的なフレーズを作
　　り，A'の前半2小節は与えられた動機を反復させ，後半2小節でいった
　　ん終止させる，Bの4小節はそれまでとまったく異なる旋律で変化をつ
　　け，最後はA'で終わる等，ある程度形を決めて練習しておくのも良い
　　だろう。余裕があれば，パートごとに異なる動き(一方が音をのばして
　　いる時一方が動く等)をつけても良いだろう。〔作成の意図〕について
　　は，「音楽を形づくっている要素」を挙げながら，どのような点に留
　　意して作成したかを具体的に記述すると良いだろう。まずは曲が完成
　　していることが重要なので，日頃からこの程度の長さの曲を作る練習
　　を重ねてほしい。

2013年度　実施問題

【中学校】

【1】次の楽譜は,「花の街」の一部分である。楽譜を見て,各問いに答えよ。

(1)　この曲の作詞者及び作曲者と関係の深いものを次のア〜コからそれぞれ全て選び,その記号を書け。

　　ア　「夏の思い出」　　　　イ　国民楽派
　　ウ　「パイプのけむり」　　エ　「夕鶴」
　　オ　「イラク紀行」　　　　カ　五人組
　　キ　深尾須磨子　　　　　　ク　黛敏郎
　　ケ　「納涼」　　　　　　　コ　「筑後川」

(2)　①〜④の音程を書け。

(3)　この曲がつくられた背景と作詞者の思いを簡潔に説明せよ。

(4) 〔　⑤　〕の楽譜を原曲どおりに五線譜に書け。

(5) この曲を歌唱教材として取り扱う場合，楽譜部分を指導するポイントを，「八分休符」という言葉を用いて簡潔に書け。

(☆☆☆◎◎◎◎)

【２】次の楽譜について各問いに答えよ。

(1) この曲の作曲者名を漢字で書け。

(2) この曲を演奏する場合の調弦を五線譜に全音符で書け。ただし，一の弦をニ音とする。

(3) 楽譜中の①及び②の奏法の名前を書き，その奏法について簡潔に説明せよ。

(4) ③と④の奏法はどちらも「押し手」であるが，その違いについて説明せよ。

(5) この曲を鑑賞教材として取り扱う場合の指導のポイントを簡潔に書け。

(6) この楽譜を演奏する楽器の特長を生かして創作の授業をする場合の学習活動の一例を書け。

(☆☆☆☆◎◎◎)

【３】次のア～エの楽譜について各問いに答えよ。

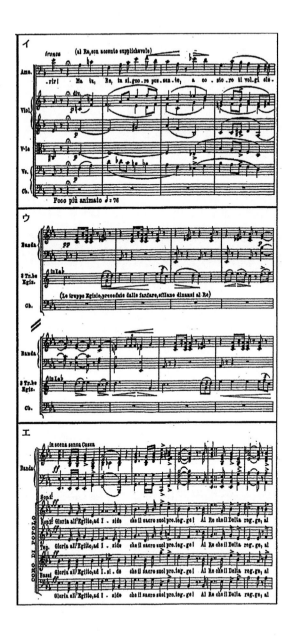

(1)　この作品の作品名と作曲者を書け。

(2)　ア～エを演奏順に並べ，記号で書け。

(3)　ア～エの各場面の内容を，それぞれ簡潔に説明せよ。

(4)　この作品を鑑賞教材として取り扱い，学習指導案を書く時の「題材名」を考えて書け。また，「題材設定の理由」について，中学校学習指導要領(平成20年3月告示)に示されている内容に触れながら，簡潔に書け。

(☆☆☆☆☆◎◎◎)

解答・解説

【中学校】

【１】(1)　・作詞者…ア，オ，キ　　・作曲者…ウ，エ，ク，コ

(2)　①　完全4度　　②　完全8度　　③　短3度　　④　短6度

(3)　(例)戦争によってさまざまな苦しみや悲しみを味わった人々の姿を目の当たりにしたり，あたりは瓦礫の山と一面の焦土に覆われていたりした中で，「いつか日本中の街に美しい花が咲くように」という作詞者の夢や願いが込められている。

(4)

(5)　(例)音型の反復，強弱の変化，旋律の抑揚等が一体となって，詩の思いを表現していることに気づかせる。この楽譜に出てくる八分休

符は，同じ休符であっても言葉の高揚感と旋律の抑揚によって，表現
が違ってくることを感じ取らせて表現させたい。

〈解説〉(1)「花の街」は，江間章子(作詞)・團伊玖磨(作曲)による作品で，
1947年につくられた。アの「夏の思い出」とともに中学校の歌唱共通
教材である。キの深尾須磨子は女流詩人であり，江間章子は深尾から
詩を学んだ。深尾は全日本女性詩人協会を1941年に設立し，江間章子
も協会員として協会発行の雑誌に詩を寄せている。また，日本を代表
する作曲家，團伊玖磨は，1953年に黛敏郎，芥川也寸志と「3人の会」
を結成し，作曲家としての道を開いた。　(2)　①は臨時記号もなく容
易に解答できるだろう。②はヘ音記号とト音記号の表記が混ざってい
る点に注意する。③は調号によりシ♭になる点に注意する。④は短6
度，長6度の判断を正確に行うことが大切である。　(3)　中学校の歌
唱共通教材は「花の街」「夏の思い出」「赤とんぼ」「荒城の月」「早春
賦」「花」「浜辺の歌」の7曲で，各学年に1曲以上を学習することとな
っている。出題頻度が高いので，歌詞の内容，曲がつくられた時代背
景などについても必ず確認しておこう。特に中学校教科書に載ってい
る情報は確実におさえておきたい。　(4)　中学校の歌唱共通教材7曲
については，記号を含め記譜ができるようにしておこう。歌詞の暗記
も忘れてはならない。　(5)　歌唱共通教材の7曲については，詩や曲
の特徴をつかんでおこう。また，学習指導要領解説の「内容の取扱い
と指導上の配慮事項」に各曲の指導の一例が示されているので参考に
するとよい。近年，実際の指導方法を問う問題が増えている。文章に
まとめる練習を積んでおくとよいだろう。

【2】(1)　八橋検校

(2)

(3)　(奏法名，説明の順)　①　・引き色…爪で弾いたあと，弦を柱の
方向に引き戻して弦の張力をゆるめ，音高をわずかに下げる。

②　・後押し…爪で弾いたあと，左手で弦を押して音高を上げる。

(4)　どちらも柱の左側を左手の人さし指と中指で下に向かって押しな
がら右手で弾くが，③はもとの弦より全音上げる「強押し」といい，
④はもとの弦より半音上げる「弱押し」という。　(5)　(例)　・さま
ざまな奏法による音色や余韻の変化を聴き取らせる。　・速度やリズ
ムの変化から「序破急」を理解させ，日本の伝統音楽の特徴を感じ取
り，そのよさを味わわせる。　(6)　(例)この曲を演奏する楽器は箏で
ある。箏は，爪を使って弾く奏法も多くあり，さらに指で弾くことに
よってまた違った音色を出すことができる。そこで，自然の様子を音
楽で表したり，「さくらさくら」の曲の前奏をつくったりする学習活
動が考えられる。

〈解説〉(1)　示された楽譜は，箏曲「六段の調」の「初段」である。八
　　橋検校(1614〜85年)は，江戸時代前期の音楽家として知られ，特に箏
　　曲の発展に力を注いだ。　(2)　八橋検校作曲の楽曲では，ほとんどが
　　平調子で調弦する。ただし，箏組歌および段物の中でも雲井調子を用
　　いる曲があるので，注意が必要である。なお，平調子は基本的な調弦
　　法として知っておかなければならないものである。　(3)　「引き色」
　　「後押し」とも，左手奏法である。右手奏法には「合せ爪」「スクイ爪」
　　などがある。実際の動きを確かめながら意味を文章で説明できるよう
　　にしておきたい。　(4)　楽譜上に「オ」と表記されているのが「強押
　　し」，「ヲ」と表記されているのが「弱押し」である。　(5)　中学校学
　　習指導要領の改訂により「共通事項」が新設された。「共通事項」の
　　指導事項を確認しておこう。学習指導要領解説には「音楽を形づくっ
　　ている要素」の各要素について指導方法が簡潔に示されているが，そ
　　こから日本の伝統音楽にかかわるものは「様々なリズム，間」「序破
　　急」「音階」「音と音とのかかわり合い」などであることがわかる。こ
　　れらのうち，曲との関連から指導ポイントとなるものを選び，文にま
　　とめるとよいだろう。　(6)　指導計画の作成については，国立教育政
　　策研究所の「評価規準の作成，評価方法等の工夫改善のための参考資
　　料(中学校 音楽)」が参考になる。この資料からの出題も増えているの

で,「評価規準」については「表現(歌唱・器楽・創作)」「鑑賞」それ
ぞれについて確かめておく必要があるだろう。また,「評価規準に盛
り込むべき事項」や「評価規準の設定例」についても確認しておくと
よい。

【3】(1) ・作品名…アイーダ   ・作曲者名…ヴェルディ
(2) エ → ウ → イ → ア   (3) ア 捕虜の釈放にランフィスと神官
たちが反対し,群衆・奴隷・捕虜・神官たちの壮大な合唱に,ソリス
トたちが加わってそれぞれの胸中を歌う。   イ アイーダの父である
エチオピア王アモナズロが歌う場面。自分の身分を明かさずに,
「我々の王は戦死した。もはや戦う力は残っていない」とエジプト王
に捕虜たちの命乞いをする。   ウ 華やかなトランペットの音色とと
もに,エジプト軍の兵士たちが凱旋してくる。   エ エチオピアとの
戦いに勝利したエジプト軍を迎える準備が整い,集まった人々が祖国
と神イシスをたたえる合唱をする。   (4)   ・題材名…(例)・オペラの
魅力   ・舞台芸術と音楽   ・総合芸術の魅力   ・理由…(例)・
この作品の第2幕第2場では,オーケストラと合唱,重唱,バレエの場
面等を通して,オペラの音楽的特徴と他の芸術とのかかわりについて
理解させることができる。   ・それぞれの登場人物のアリアを聴き,
声の音色や旋律の特徴を知覚することにより,音楽を形づくっている
要素や構造と曲想とのかかわりを理解して音楽のよさや美しさを味わ
わせることができる。
〈解説〉(1)   ヴェルディ(1813〜1901年)は,イタリアを代表するロマン派
の作曲家である。彼の作曲したオペラは現在でも世界中で親しまれて
おり,このほか,「椿姫」「ナブッコ」「リゴレット」などがよく知ら
れている。   (2)「アイーダ」は全4幕からなるオペラである。ストー
リーがわからない場合でも,音楽のつながりで追っていくことができ
るだろう。鑑賞曲については,中学校・高等学校の教科書で扱われて
いるものを中心に,できるだけ多くの曲を聴き,実際の音を楽譜で追
いながら確認しておくとよいだろう。   (3) トランペットのメロディ

で知られるウは「凱旋行進曲」である。凱旋行進曲は，日本ではサッカーの応援曲としても親しまれており，特によく知られている。

(4) 解答例では，中学校学習指導要領の第2学年及び第3学年の「鑑賞」の3つの指導事項のうち，「音楽の特徴をその背景となる文化・歴史や他の芸術と関連付けて理解して，鑑賞すること」「音楽を形づくっている要素や構造と曲想とのかかわりを理解して，根拠をもって批評するなどして，音楽のよさや美しさを味わうこと」をもとに，題材設定の理由を示している。指導事項を根拠として説明できるよう，文章にまとめる練習をしておこう。

2012年度　実施問題

【中学校】

【1】次の各問いに答えよ。

(1) 次の①～⑥の音楽用語の意味を書け。

① agitato　② espressivo　③ amabile　④ pastorale

⑤ tranquillo　⑥ maestoso

(2) 一点ハ音を主音とするハ長調における次の①～③の音を，それぞれ五線譜に全音符で書け。

① 下属音　② 導音　③ 下中音

(☆☆◎◎◎)

【2】次の根音を一点ニ音とするコードネームの構成音を，それぞれ五線譜に全音符で書け。

① Dm7　② Dmaj7　③ Daug　④ D7sus4　⑤ D6

(☆☆☆◎◎◎◎)

【3】次の楽譜を，低音弦からE，A，D，G，B，Eの音(英語音名)で調弦されたギターで演奏するために，タブラチュア譜に書き替えよ。

(☆☆☆◎◎◎)

【4】次の①～③の曲は，それぞれどの地域を代表する民謡か，都道府県名を答えなさい。また，それぞれどのような音階でできているか，五線譜に書きなさい。ただし，音階の最初の音は一点ハ音とする。

① かりぼし切り歌　② 谷茶前　③ 佐渡おけさ

(☆☆☆☆◎◎◎)

【5】次のア～トの作品について下の各問いに答えよ。

ア　レクイエム(フォーレ作曲)

イ　故郷の人々(フォスター作曲)

ウ　ノベンバー ステップス(武満徹作曲)

エ　花の街(團伊玖磨作曲)

オ　組曲「展覧会の絵」(ムソルグスキー作曲)

カ　カンタータ「土の歌」(佐藤眞作曲)

キ　小フーガト短調(J.Sバッハ作曲)

ク　荒城の月(滝廉太郎作曲)

ケ　組曲「惑星」(ホルスト作曲)

コ　練習曲ハ短調「革命」(ショパン作曲)

サ　ブルタバ(スメタナ作曲)

シ　レクイエム(モーツァルト作曲)

ス　カノン(パッヘルベル作曲)

セ　六段の調(八橋検校作曲)

ソ　魔王(シューベルト作曲)

タ　オラトリオ「メサイア」からハレルヤ(ヘンデル作曲)

チ　我がうるわしのアマリッリ(カッチーニ作曲)

ツ　泉の水を求める鹿のように(パレストリーナ作曲)

テ　亜麻色の髪の乙女(ドビュッシー作曲)

ト　交響曲第5番ハ短調(ベートーヴェン作曲)

(1)　ア～トの作品を管弦楽曲(弦楽合奏と通奏低音のために作曲されたものを含む),合唱曲,独奏曲,歌曲として作曲されたものの4つに分類し,それぞれの分類の中で作曲された年が古い順に並べて記号で答えよ。

(2)　カの作品について,表現と鑑賞を関連付けた学習活動の一例を書け。

(3)　セの作品について,諸外国の音楽と関わらせた鑑賞活動の一例を書け。

(4)　トの作品について,根拠をもって批評する活動を取り入れるとき

の指導上の留意点を書け。

(☆☆☆☆◎◎◎)

【6】次の曲は，「旅立ちの日に」小嶋　登 作詞／坂本浩美 作曲／松井孝
夫 編曲　の一部分である。楽譜を見て，各問いに答えなさい。

(1)　中学校学習指導要領(平成20年3月告示)に示されている歌唱の活動
を通して指導する事項をふまえて，Aの部分を指導する内容につい
て具体的に書け。

(2)　中学校学習指導要領(平成20年3月告示)に示されている歌唱の活動
を通して指導する事項をふまえて，Bの部分を指導する内容につい

て具体的に書け。

(3)　中学校学習指導要領(平成20年3月告示)〔共通事項〕に示されている指導事項をふまえて，Cの部分を指導する内容について具体的に書け。

(☆☆☆◎◎◎)

解答・解説

【中学校】

【1】(1)　①　激しく　　②　表情豊かに　　③　愛らしく
④　牧歌風に　　⑤　静かに　　⑥　荘厳に
(2)　①　　　　　　　　②　　　　　　　　③

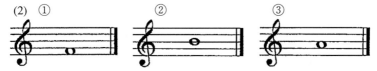

〈解説〉(1)　音楽用語は集中的に覚えたいもの。この設問では，特に難しい楽語は出題されていないので，確実に得点したい。　(2)　①は音階の第4音，②は音階の第7音，主音の半音下にあって主音を導く。③は音階の第6音，主音と下属音との中間にあるので下中音(かちゅうおん)の名がある。

【2】①　　　　　　②　　　　　　③

〈解説〉②のDmaj7はDM7と書くこともある。④のsus4やD6は構成音に留意したい。

【3】

〈解説〉タブラチュア(TAB)譜は，ギター，6本の弦の左手指で押さえるフレットを示した初心者用のもの。中学校の器楽用教科書に載っているので参照したい。最初のC音は，ギターの調弦(高音から①E，②B，③G，④D，⑤A，⑥E)の⑤弦の3フレットをおさえることを示している。ギターの実技が苦手でも，タブラチュア譜は理解しておきたい。

【4】

① 宮崎県

② 沖縄県

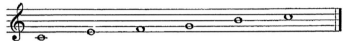

③ 新潟県

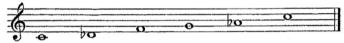

〈解説〉①～③の民謡の都道府県名はともかく，どんな旋律かをもとに，その音階を正答できるかが難しい。①は宮崎県の仕事歌でこぶしをきかせて歌う，②は漁村の踊り歌「たんちゃめ」は谷茶村(現，恩納村)の生活をコミカルに歌ったもの。③は新潟県佐渡島の盆踊歌である。また音階は，①民謡音階(半音程を含まず陽音階に似ている)，②沖縄音階，③都節音階(半音階を含み陰音階に似ている)である。

【5】(1)　管弦楽曲…ス，ト，サ，ケ，ウ　　合唱曲…ツ，タ，シ，ア，カ
独奏曲…セ，キ，コ，オ，テ　　歌曲…チ，ソ，イ，ク，エ
(2)　(例)　「大地讃頌」の合唱活動をする中で，混声合唱とオーケストラによる「土の歌」を鑑賞し，詩の内容や曲全体について理解する。さらに，その表現の豊かさを感じ取り，自分たちの合唱に生かす話し合いなどをして表現する。　(3)　(例)　中国の古箏や韓国のカヤグムなどの演奏を合わせて鑑賞し，それぞれの楽器の音色や奏法，特徴などを感じ取る。　(4)　(例)　主題の変化や展開など，音楽を形づくっている要素や構造などの客観的な理由をあげながら言葉であらわすように指導する。

〈解説〉(1)　それぞれの楽曲について考える。

　○管弦楽曲…スの「カノン」がバロック中期の作品で最も古い。次にト(ベートーヴェン)，サのスメタナ，ケの「惑星」は20世紀の作品(1914～16作曲)で，最後にウの「ノベンバーステップス」がくる。

　○合唱曲…もっとも古いのはツのパレストリーナ(伊，ルネサンス)で，このモテット曲名は「谷川を慕いて鹿のあえぐごとく」とも呼ばれる。以降，タのヘンデル「メサイア」，シのモーツァルト，アのフォーレ「レクイエム」，カの「土の歌」と続く。

　○独奏曲…最も古いのはセの箏曲「六段の調」で，八橋検校(1614～85)が死去の年にヘンデルとJ.S.バッハは生まれた。そして，キの小フーガト短調，コのショパン「革命」，オの原曲がピアノ組曲「展覧会の絵」と続く，そしてテの「亜麻色の髪の乙女」は20世紀の作品(1910年)である。

○歌曲…最も古いチのカッチーニは，フィレンツェでオペラを創始したカメラータの1人。次はソのシューベルト，イのフォスター，クの滝廉太郎，エの「花の街」の順である。

(2) この曲は「農夫と土」「祖国の土」「死の灰」「もぐらもち」「天地の怒り」「地上の祈り」「大地讃頌」の7曲から成り，「大地讃頌」は歌われることが多い。全曲の鑑賞でこのカンタータを理解すると共に，「大地讃頌」の合唱活動に生かす工夫を話合い，パートと練習の充実など歌唱表現を充実させる。　(3)　筝曲「六段の調」で，日本の筝と諸外国の似ている楽器をあげるならば，朝鮮のカヤグム(伽倻琴)である。12弦で頭部を右ひざにのせ，爪を用いず指で弾く。筝や筝曲との違いや特徴を比べ，鑑賞したい。　(4)　「根拠をもって批評するなど」は，鑑賞活動の指導事項として示された重要な活動である。この有名な曲(交響曲第5番)では多くの活動が考えられる。例えば第1楽章では，リズム・速度・旋律・強弱・形式の音楽を形づくっている要素に焦点を当て，それらを感受し，話合いや言葉で表現する活動に留意したい。

【6】(1)　(例)　・歌詞から情景を想像させたり，大切に歌う言葉を考えさせたりして，歌詞の内容や曲想を味わって歌わせる。　・子音の発音を大切に歌うように指導し，ユニゾン部分の音色を合わせて歌わせることで，歌詞の内容や曲想を味わい，曲にふさわしい表現をさせる。
(2)　(例)　・男声の副次的な旋律が前に出すぎないよう，声部の役割と全体の響きとのかかわりを理解して歌わせる。　・Bの4小節目で，アルトパートの音の動きで和音が変化することに気づかせることにより，声部の役割と全体の響きとのかかわりを理解させる。
(3)　(例)　・Cの部分から速度が変化することや，女声パートと男声パートが違うリズムで歌うことに着目させ，音楽を形づくっている要素の働きが生み出す雰囲気を感受して合唱活動させる。
〈解説〉(1)　Aの部分は混三合唱ではなく，全パートが一緒になって歌詞の情景を想像しつつ歌う部分である。指導事項アの「歌詞の内容や曲想を味わい，曲にふさわしい表現を工夫して」歌わせる。「ひかり」

が「いかり」に聞こえないよう留意させる。　(2)　全体をfでのびの
びと，希望や夢を語るよう表現を工夫させる。男声パートに張り切っ
て歌わせたいが，「声部の役割と全体の響きとのかかわり」を十分に
理解させ，各パートのバランスを考えさせる。各パートの音の動きや
和音の微妙な変化を大切に，さらに三連符の表現と ＜ を効果的に
表現させる。　(3)　テンポをより速く，女声と男声の各パート練習を
十分にとり，混三での効果的な表現をさせる。

2011年度　実施問題

【中学校】

【1】次の楽譜は，ある曲の一部分を抜粋したものである。下の各問いに答えよ。

(1) この曲の作曲者の作品を次のア～カから2つ選び，その記号を書け。

　　ア　ちいさい秋みつけた　　イ　ゆりかご　　ウ　箱根八里

　　エ　かやの木山の　　　　　オ　お正月　　　カ　からたちの花

(2) 楽譜中の①～④の音程を書け。

(3) この曲の調の平行調，同主調，属調，下属調をそれぞれ書け。

(4) 〔　　〕内を長3度下に移調し，調号を用いて解答用紙の五線譜に書け。

(5) この曲を中学校第3学年において教材として取り上げ，授業を行う。上の楽譜の表現について，自己のイメージや思いを伝え合ったり，他者の意図に共感したりさせるための指導上の工夫について説明せよ。

　　　　　　　　　　　　　　　　　　　　　　　　（☆☆☆◎◎◎）

【2】次の各問いに答えよ。

　(1)　我が国の伝統的な歌唱に関する次の①～③の語句の読みと意味を
　　それぞれ書け。

　　①　謡　　②　声明　　③　産字

　(2)　中学生を対象に我が国の伝統的な歌唱を指導する際，生徒に伝統
　　的な声の特徴を感じ取らせるための指導上の工夫について説明せ
　　よ。

(☆☆☆◎◎◎)

【3】次の各問いに答えよ。

　(1)　次の①～④は低音弦からE，A，D，G，B，Eの音(英語音名)で調
　　弦されたギターのダイヤグラムである。全ての弦を一斉に奏した場
　　合の実音を全音符で五線譜に書け。

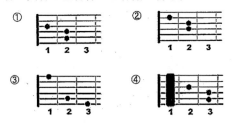

　(2)　中学校第2学年においてギターとアルトリコーダーを用いた器楽
　　アンサンブルの授業を行う。生徒が全体の響きの美しさを感じ取る
　　ための指導上の留意点を2つ書け。

(☆☆☆◎◎◎)

【4】次の(1)～(4)の語句をそれぞれ説明せよ。

　(1)　交響詩　　(2)　交響曲　　(3)　変奏曲　　(4)　序曲

(☆☆☆◎◎◎)

【5】次に与えられた旋律をバスとして，五線譜にソプラノ，アルト，テノールのパートをそれぞれ創作し，和声を完成させよ。

I   V   VI   IV   II   V   I

(☆☆☆◎◎◎)

【中学校　論述】

【1】中学生の混声合唱の授業において，変声期の男子生徒の指導について配慮すべき点を400字以内で書け。

(☆☆☆◎◎◎)

【2】平成20年3月告示の中学校学習指導要領第5節音楽第3「指導計画の作成と内容の取扱い」では，和楽器の指導について「3学年間を通じて1種類以上の楽器の表現活動を通して，生徒が我が国や郷土の伝統音楽のよさを味わうことができるよう工夫すること。」と述べられている。生徒に我が国や郷土の伝統音楽のよさを味わわせる指導の具体例を400字以内で書け。

(☆☆☆◎◎◎)

解答・解説

【中学校】

【1】(1)　ウ，オ　　(2)　①　短3度　　②　完全4度　　③　完全8度
④　長6度　　(3)　平行調……ホ短調，同主調……ト短調，属調……
ニ長調，下属調……ハ長調

(4)

(5)　(例)「⌢」,「ritA」,「a tempo」を用いた速度の変化が生み出す曲想について,相互に伝え合い,思いや意図をもって,創意工夫して表現する活動を取り入れる。

〈解説〉(1)　滝廉太郎作曲「花」の最後の部分の楽譜で,本問の正答はウとオである。アは中田喜直の作曲,イは平井康三郎の作品。童謡「ゆりかごのうた」(草川信作曲)も有名。エとカは山田耕筰の作品である。　(2)　音程は楽典の基本。本設問は特に難しいものはない。(3)　「花」はト長調。その近親調を答えるもの。公開解答例を参照。(4)　ト長調の長3度下は変ホ長調であることに注意すれば正答できるだろう。　(5)　2部合唱の音型の盛りあがり(クレッシェンド)についても触れたい。

【2】(1)　(読み,意味の順)　①　うたい,能楽に用いる声楽,など　②　しょうみょう,法会で僧侶が唱える声楽,など　③　うみじ,歌詞の音節を長く延ばしてうたう場合の母音部分,など　(2)　伝統的な声の音色や装飾的な節回しなどの旋律の特徴に焦点を当てて比較して聴いてみたり,実際に声を出してみたりさせる。など

〈解説〉(1)　①　能・狂言,また,それに近い芸能の歌唱のこと。特に能の謡(うたい)を「謡曲」という。　②　日本仏教の儀式・法要で僧の唱える声楽の総称である　③　謡曲や長唄などで,例えば「こそ」の「そ」を「そーお」と発音する場合の「お」を産字(うみじ)という。(2)　解答例は,学習指導要領解説(平成20年9月,文部科学省)の〈A表現〉

(4) 表現教材のイに記述されているものである。新学習指導要領の音楽科改訂の要点の1つに「我が国の伝統的な歌唱の充実」があげられ，それに沿った出題である。学習指導要領解説を十分に学習しておきたい。

【3】(1)　①　　　　②
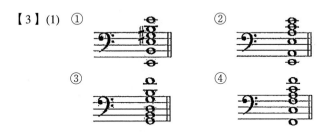

　　　③　　　　④

(2)　　・基準とする音を決め，ギターとアルトリコーダーの音を合わせてチューニングをさせる。　　・音楽の構造におけるそれぞれの声部の役割を理解させる。など

〈解説〉(1)　ギターのダイヤグラムをもとに実音を音符で示す設問である。注意したいのは，ギターの楽譜はふつう1オクターヴ高くト音記号に記譜している。本設問では「実音」となっているのでヘ音記号の譜表上に書く。ギターの棹の1フレットが半音ずつ上がるので，調弦を参考に正答したい。④は第1フレットにカポタスト(移調用の器具)を取り付けた図で，すべての弦が半音上がった調弦となる。コードネームでは①E，②Am，③G7，④Fとなる。　(2)　ギターとアルトリコーダーのアンサンブルは効果的な学習であり，多く用いられる。その指導上の留意点は多岐にわたるが，解答例のように大きくまとめるのもよい。生徒は楽器を手にすると喜々として各楽器を鳴らし，時には騒音のようになってしまうもの。リーダーを中心にパートをよくまとめ，声部の役割を理解させ，互いの音色に耳を傾けながらよいアンサンブルを目指したいものである。

【4】(1)　19世紀中ごろに成立した，自然や文学的な内容などを，管弦楽を用いて自由な形で描く楽曲。など　　(2)　多くはソナタ形式による楽章を含み，複数の楽章で構成される管弦楽曲。など　　(3)　一定の主題を基として，そのさまざまな要素を変化させていく楽曲。など　　(4)　オペラやオラトリオなどの主要な部分が始まる前に，器楽だけで演奏される導入楽曲。など

〈解説〉(1)〜(4)の楽曲の説明で，解答例のような簡潔な記述はむしろ難しい。試験の時間制限を意識しながら簡潔で的を射た記述にしたい。
(1)　管弦楽による標題音楽でふつうは単楽章である。リストがこの語を最初に使ったといわれる。　　(2)　管弦楽のためのソナタ，通常4楽章でソナタ形式の楽章を含む。芸術性を高めたのは，ハイドン，モーツァルト，ベートーヴェンである。　　(3)　主題をもとにして旋律・和声・リズムなどを変化させ，接続して構成した楽曲のこと。　　(4)　オペラ，オラトリオ，バレエなどの開幕前に導入的な役割を果たす管弦楽曲。19世紀末からは独立した「演奏会用序曲」も作られている。

【5】(例)

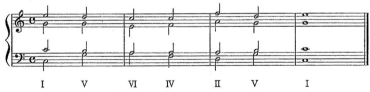

〈解説〉示されたバスに上三声の和声を創作する出題である。バスはすべて基本形の動きであり難問ではない。解答例は開離配置(上三声が1オクターヴより広い)になっており，それが適切であろうが，密集配置の和声も創作できるであろう。

【中学校　論述】

【1】解答略

〈解説〉混声合唱において，変声期の男生徒の指導で配慮すべき点を400字以内で書く出題。書くべき要点は以下の通りである。　・変声期は男女とも誰にもある成長期のもので，大人になるための祝福すべきもの。その時期には無理に大声を出さず成長を待つこと。　・声帯がやや伸びるため，男子は声が出にくくなりやがて約1オクターヴ声が下がって大人らしい声になる。女子は主として音色がやわらかくなる。・変声期は人によってその時期が異なり，その期間も多少異なるものであることを認識する。　・混声合唱では正しい変声期の知識と，無理せず声の出せる声域と声量で参加させる。生徒に気遣い，参加させないのは逆にマイナス効果になる。生徒個人個人の把握が大切である。

【2】解答略

〈解説〉和楽器の指導につき「3学年間を通じて1種類以上の楽器の表現活動を通して…」と関連させて，生徒に「我が国や郷土の伝統音楽のよさを味わわせる」指導の具体策を書く問題である。記述に際し，参考になると思われる点をいくつかあげる。　・対象となる和楽器は箏，三味線，尺八，篠笛，太鼓，雅楽で用いられる楽器(学習指導要領解説にあげられている楽器)とする。　・実際に演奏する活動を通して，音色や響き，奏法の特徴，表現力の豊かさや繊細さなどを感じ取る(学習指導要領解説)より。　・(教師の立場から)用いたい和楽器名や指導したい曲名などをなるべく具体的に書く。例えば「箏」で「さくらさくら」，「六段の調」，平調子の魅力など。あるいは「和太鼓」を用いた「唱歌(しょうが)」の練習や学校・学年行事への参加・披露など。　・(郷土の音楽の活用から)例えば郷土の祭りの「おはやし」に参加し，和太鼓や篠笛を担当している生徒に協力させて授業に取り入れるなどの工夫を行う。

【中学校】

【1】次の文は，平成20年3月告示された中学校学習指導要領第2章第5節音楽　第2　各学年の目標及び内容の一部である。次の(　①　)～(　⑤　)に当てはまる語句をそれぞれ書け。

〔第1学年〕

1　目　標

(1)　音楽活動の楽しさを(　①　)することを通して，音や音楽への(　②　)を養い，音楽によって生活を明るく豊かなものにする態度を育てる。

(2)　多様な音楽表現の豊かさや美しさを感じ取り，(　③　)な表現の技能を身に付け，(　④　)して表現する能力を育てる。

(3)　多様な音楽のよさや美しさを味わい，幅広く(　⑤　)に鑑賞する能力を育てる。

(☆☆☆○○○○)

【2】次の各問いに答えよ。

(1)　次の①～⑥の音楽用語の読み方を省略せずにカタカナで書け。

①　rit.　　②　dim.　　③　accel.　　④　string.　　⑤　cresc.

⑥　rall.

(2)　次の音楽用語の相違点を説明せよ。

①　Tempo Ⅰ　と　a tempo

②　Meno mosso　と　Più mosso

③　D.C.　と　D.S.

(☆☆○○)

【3】次の各問いに答えよ。

(1) 次の①〜④の三味線に関する語句について，説明せよ。

① 唱歌　② 本調子　③ スクイ　④ 勘所

(2) 三味線の太棹の特徴を細棹と比較して説明せよ。ただし，「長唄」と「義太夫節」という語句を用いること。

(☆☆☆○○○○)

【4】次の文を読んで，各問いに答えよ。

　雅楽の楽器は管楽器，弦楽器，打楽器に大別される。「吹きもの」と呼ばれる管楽器には，二枚のリードをもつ(①)，リードをもたず細かい装飾を伴った旋律を奏する(②)，和音を奏でる(③)などがある。「(④)」とよばれる弦楽器には，ばちを用いて奏する(⑤)，爪を付けて奏する(⑥)，和琴がある。「打ちもの」とよばれる打楽器は，種目によりさまざまなものを組み合わせて用いる。

(1) (①)〜(⑥)に当てはまる語句をそれぞれ書け。

(2) 雅楽における次の語句の読みと意味をそれぞれ書け。

　ア　序破急　イ　管絃　ウ　高麗楽　エ　催馬楽

(☆☆☆☆○○○○)

【５】次の楽譜をみて，各問いに答えよ。

(1) この室内楽曲の演奏形態を書け。

(2) 楽譜中の[　①　]を実音で，調号を用いて次の五線譜に書け。

(3) 楽譜中の[　②　]を短二度上に移調し，調号を用いて次の五線譜に書け。

(4) 楽譜中のア〜ウの和音をコードネームで，それぞれ書け。

(☆☆☆◎◎◎)

【6】 第1学年において，混声三部合唱曲を教材として取り上げ，合唱の授業を行う。声部の役割や全体の響きを感じ取りながら合わせて歌わせるために，指導上，どのような工夫をすればよいか。簡潔に書け。

(☆☆☆◎◎◎)

解答・解説

【中学校】

【1】① 体験　② 興味・関心　③ 基礎的　④ 創意工夫　⑤ 主体的

〈解説〉指導要領からの出題頻度は高い。語句の暗記にとどまらず，内容の理解とともに指導要領に沿った学習計画を出題されることもある。対応できる力をつけておきたい。

【2】(1)　① リタルダンド　② ディミヌエンド　③ アッチェレランド　④ ストリンジェンド　⑤ クレシェンド　⑥ ラレンタンド　(2)　① Tempo I は曲の冒頭の速度に戻し，a tempo は部分的に変化させた直前の速度にもどす。　② Meno mosso は今までよりも遅く，Più mossoは今までよりも速く演奏する。　③ D.C. は曲の冒頭にもどり，D.S.はセーニョ記号に戻って繰り返す。

〈解説〉(1)　中学校で学ぶ用語なので，意味も覚えておくこと。
(2)　それぞれはよく似た意味を持ち，混同してしまうことがある。区別をはっきりさせ確実に身につけておきたい。

【3】(1)　① 旋律やリズム，奏法を記憶したり伝えたりするために使う，楽器の音をまねて歌うもの。　② 一の糸を一の糸の完全四度上に，三の糸を二の糸の完全五度上に合わせる調弦法。　③ ばち先で糸を下から上にすくい上げて音を出す奏法。　④ 棹の上表面にある，

左手指で押さえる部分。　(2)　太棹は，細棹に比べて棹が太く，胴が大きい。また，繊細な音色をもつ細棹は長唄の伴奏に用いられるのに対し，深い音色をもつ太棹は義太夫節の伴奏に用いられる。

〈解説〉(1)　①　唱歌(しょうが)は雅楽・能・尺八・箏・三味線・囃子などの学習に用いられる。「証歌・正歌・声歌」と書くこともある。本来は三味線の練習ために用いられた。　②　二上がり(一の糸に対し，二の糸を完全5度上げる)，三下がり(同じく三の糸を短7度高く合わせる)　③　右手のスクイ・ハジキ・タタキ，左手のスリ(ポルタメント)・ウチ(指で糸を棹上に打ちおろして小さな音で明確な拍をとる)・ハジキ(掛け声とともに糸を打ち残響を絶つ)・スリ(棹に押さえつけるようにして指から離す)　④　フレットはないが，正確な音高を得られる場所は決まっている。　(2)　常磐津・清元・地歌・新内(それぞれ中棹)，津軽(太棹)，柳川(京)三味線(細棹よりさらに細い)などの種類がある。

【4】(1)　①　篳篥　②　竜笛　③　笙　④　弾きもの　⑤　琵琶　⑥　箏　(2)　ア　読み：じょはきゅう　意味：速度が次第に速くなる構成　イ　読み：かんげん　意味：舞を伴わない器楽合奏　ウ　読み：こまがく　意味：右舞の伴奏に用いる朝鮮半島系の音楽　エ　読み：さいばら　意味：平安時代の民謡を唐楽風に編曲した歌曲。

〈解説〉(1)　能・文楽・歌舞伎などの伝統芸能についてもまとめておきたい。　(2)　ア　雅楽と能楽に見られ，概念は存在するが，実際この形式を完備したものは「五常楽」など数少ない。「序」は無拍子，低速度で太鼓の拍数のみを定めて自由に演奏，「破」から拍子が加わり「急」で加速する三部構成をなす。

【5】(1) クラリネット5重奏

(2)

(3)

(4) ア F#m　イ E₇　ウ E

〈解説〉(1) いろいろな演奏形態を知っておきたい。　(2) クラリネット in A は記譜音の短3度下の音が実音。弦楽器群はすべて in C の楽器なので，同様にイ長調で記譜すること。　(3) B dur で2♭を用いて記譜する。　(4) 構成音は，ア F#-A-C#　イ E-G#-B-D　ウ E-G#-B である。ルート(根音)から各音への音程の組み合わせでコードが設定されている。基本は3度音程であるが，展開形の和音だけでなく6thやaug・dim(増減和音)など様々な種類があるので，研究しておきたい。

【6】低声部から中声部，高声部へと重ねて歌わせたり，一つの声部を除いて歌わせたりする。

〈解説〉表現・鑑賞・器楽の指導内容についても各自場面設定をし，指導内容を考案するのも効果的な方法である。

【中学校】

【1】次の各問いに答えよ。

(1) 次の文は，現行の中学校学習指導要領第2章第5節音楽の「目標」である。(①)～(⑥)に当てはまる語句をそれぞれ書け。ただし，同じ番号には同じ語句が入るものとする。

　　表現及び(①)の幅広い活動を通して，(②)を愛好する(③)を育てるとともに，(②)に対する(④)を豊かにし，(⑤)の基礎的な能力を伸ばし，(⑥)を養う。

(2) 次の文は，現行の中学校学習指導要領第2章第5節音楽第1学年の「内容」の一部である。(①)～(⑧)に当てはまる語句をそれぞれ書け。

A　表現

(1) 表現の活動を通して，次の事項を指導する。

ア　歌詞の内容や曲想を感じ取って，(①)を工夫すること。

イ　曲種に応じた発声により，(②)に気を付けて歌うこと。

ウ　楽器の基礎的な奏法を身に付け，(③)を工夫して表現すること。

エ　(④)を感じ取り，全体の響きに気を付けて合唱や合奏をすること。

オ　短い歌詞に節付けしたり，楽器のための(⑤)を作ったりして声や楽器で表現すること。

カ　表現したいイメージや曲想をもち，様々な(⑥)を用いて自由な発想による即興的な表現や創作をすること。

キ　音色，リズム，旋律，和声を含む音と音との(⑦)，形式などの働きを感じ取って表現を工夫すること。

ク　速度や強弱の働きによる(⑧)を感じ取って表現を工夫すること。

216

(3) 平成20年3月28日に告示された中学校学習指導要領第2章第5節音楽に示された「指導計画の作成と内容の取扱い」において，和楽器の指導については，どのような事項に配慮するものとされているか，書け。

(☆☆☆☆◎◎◎)

【2】次の各問いに答えよ。

(1) クラシックギターの調弦をした際の開放弦の音を，低音から順番に実音で，次の五線譜に全音符で書け。

(2) アルト・リコーダーのチューニングを指導する際の留意点を書け。

(☆☆☆☆◎◎)

【3】次の楽譜をみて，各問いに答えよ。

(1) 楽譜中のコードネームに従って，〔①　　〕，〔②　　〕に伴奏を考え，五線譜に書け。

(2) 楽譜中の〔③　　〕を，短3度上に調号を用いて移調し，次の五線譜に書け。

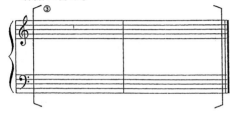

(☆☆☆◎◎◎)

217

【４】 次の①～⑤，ア～コの楽譜は，それぞれ楽曲の一部を示したもので
ある。①～⑤を作曲したそれぞれの作曲家によるものを下のア～コか
ら1つずつ選び，その記号を書け。

(☆☆☆☆◎◎◎)

【５】 次の各問いに答えよ。
  (1) 次の①～④は，下のア～クのどの楽器を演奏する際に用いられる
か，それぞれ1つずつ選び，その記号を書け。
      ①　輪連　　②　ヒシギ　　③　カタバチ　　④　メリ
      ア　尺八　　イ　小鼓　　ウ　箏　　エ　三味線　　オ　鞨鼓
      カ　胡弓　　キ　笙　　ク　能管
  (2) 箏の第一弦の音をDとした平調子を，下の五線譜に全音符で書け。

  (3) 箏曲における段物と箏組歌の違いを，「歌曲」という語句を用い
て，説明せよ。

(4) 次の①～⑤の語句をそれぞれ説明せよ。

① パンソリ　　　② ガムラン　　　③ カタック

④ サントゥール　⑤ ヨーデル

(☆☆☆○○○○○)

【6】中学校の音楽の授業において，和太鼓の演奏家を外部講師として招き，授業を行うことにした。生徒へ指導してもらいたい奏法の要点を簡潔に書け。

(☆☆☆☆○○○)

解答・解説

【中学校】

【1】(1) ① 鑑賞　② 音楽　③ 心構　④ 感性　⑤ 音楽活動　⑥ 豊かな情操　(2) ① 歌唱表現　② 言葉の表現　③ 美しい音色　④ 声部の役割　⑤ 簡単な旋律　⑥ 音素材　⑦ かかわり合い　⑧ 曲想の変化　(3) ・3学年間を通じて1種類以上の楽器の表現活動を通して，生徒が我が国や郷土の伝統音楽のよさを味祝うことができるように工夫すること。・言葉と音楽との関係，姿勢や身体の使い方についても配慮すること。〈解説〉現行と新しい指導要領についての問題は，告示があったため並行して学習する必要がある。現行を基本とし，新しいものへ移行していくにつれ，変更点，変更の趣旨などを確認しておく必要がある。文部科学省から2008年9月に指導要領とその解説編が出版されたため，早速入手すること。

【２】(1)

(2)　　・呼気により管内の温度が上がるとピッチが変わるので，あらかじめ手で楽器を温めさせること。　　・呼気の強さを一定に保ち音を出させること。

〈解説〉リコーダーとギターは器楽領域の出題がきわめて高い。教科書の知識を押さえることはもちろん，実際にアルトだけでなく，ソプラノからバスまでの4種類を吹いておくと良い。編曲領域にリコーダーアンサンブルの問題が出される傾向がある。特に，記述式で答える場合，教科書の読んだ知識だけでは不足な場合が多く，実際に触り，熟知しておくことが求められる。

【３】(1)
（例）

(2)
（例）

〈解説〉コードネームのガイドがあるため，そう難しくない。C→H→B
　という構成音の変化をおさえて，後続の伴奏につながる形を考えれば
　よい。②は，コードにバスの指定がないため，ルートを選択するのが
　通常である。

【4】①　コ　②　イ　③　オ　④　キ　⑤　カ
〈解説〉楽曲の一部からその楽曲が誰のか判別するには，多くの楽曲を知
　っておく必要がある。多くは有名で，旋律をみただけで判別可能であ
　るが，毎年そういう問題とは限らないため，普段から音源，スコア，
　テーマなどを少しずつ継続して学んでおくとよい。マイナーな楽章や
　第2主題といった主でないものの出題も想定しなくてはならない。

【5】(1)　①　ウ　②　ク　③　エ　④　ア
(2)

(3)　段物は，歌曲を伴わない箏の純器楽曲のことであり，箏組歌は，
　箏の弾き歌いの独奏歌曲のことである。　　(4)　①　朝鮮半島に伝わる
　語り物の一つ。劇的な内容と表現をもつ語り物の音楽のことで，プク
　という太鼓を演奏する奏者に伴われて，歌，セリフ，身振りを駆使し
　ながら物語を進行させる。　②　インドネシアなどに伝わる金属製の
　旋律打楽器を中心とした合奏音楽の総称。メタロフォーン(青銅琴)を
　中心に太鼓やルバブ(胡弓の一種)等を使用して演奏する。　③　イン
　ドなどに伝わる古典舞踊の一つ。グングールと呼ばれる真鍮の鈴を足
　首に約200〜300個付け，跳躍と旋回，速度を増した旋回の後の突然の
　静止等を交えて踊る。　④　イランなどの弦鳴楽器の一つ。台形の木
　箱に多数の弦を張り，2本の細い棒で打奏し，演奏する。　⑤　スイ
　スやオーストリアなどに伝わる特殊な唱法のこと。裏声と低音域の地
　声を交互に織り交ぜるようにして歌う。
〈解説〉楽器固有の奏法は幅が広いが，名前の系統が分かりやすく，また

名前から連想できることも多い。これに関しては教科書掲載分だけで
は不十分である。民族音楽の記述問題は難易度が高いといえる。多く
の問題は選択問題や，説明文から語句を答えさせるものが多い。

【６】解説参照
〈解説〉外部講師を招き奏法を指導してもらうということから，通常自分
　　だけでは不可能なこと，もしくは講師の助力で効果的な指導を考える
　　とよい。決まった答えはないが，要点に理由を盛り込み，納得させら
　　れるとよい。なぜそう考えるかという解答が必要である。

2008年度　実施問題

【中学校】

【1】中学校学習指導要領(音楽)について，各問いに答えよ。

(1) 次の文は，第2学年及び第3学年の目標である。(①)〜(⑧)に当てはまる語句をそれぞれ書け。

1　目標

(1) 音楽活動の楽しさを体験することを通して，音や音楽への(①)を高め，音楽によって生活を明るく(②)にし，生涯にわたって音楽に(③)態度を育てる。

(2) 楽曲構成の(④)を感じ取り，(⑤)を伸ばし，(⑥)表現する能力を高める。

(3) 音楽に対する(⑦)を深め，(⑧)鑑賞する能力を高める。

(2) 次の文は，指導計画の作成と内容の取扱いについて述べたものである。(①)〜(⑤)に当てはまる語句をそれぞれ書け。

1　指導計画の作成に当たっては，次の事項に配慮するものとする。

(1) 第2の各学年の内容の「A表現」及び「B鑑賞」の指導並びに「A表現」の(①)，(②)及び(③)の指導については，それぞれ(④)のみに偏らないようにするとともに(⑤)を図るようにすること。

(3) 指導計画の作成と内容の取扱いにおいて，次の①，②は，内容の指導についてどのような事項に配慮するものとされているか，それぞれ書け。

① 変声期について

② 創作指導について

(☆☆☆◎◎◎◎)

【２】次の①，②の楽譜をみて，各問いに答えよ。

(1) ①の楽譜中の Andante non troppo の読み方と意味を書け。

(2) ①の楽譜を長6度下に調号を用いて移調せよ。

(3) ②の楽譜中，アルト譜表に書かれた旋律をアルト・サクソフォーン in E♭ で実音どおりに演奏するために使用する楽譜を調号を用いずに書け。

(4) ②の楽譜中，テノール譜表に書かれた旋律をト音譜表に書け。

(☆☆☆◎◎◎)

【３】次の各問いに答えよ。

(1) 次の①～④の語句と最も関係の深いものを，下のア～クからそれぞれ2つずつ選び，その記号を書け。

　　① 五段砧　　② 仕舞　　③ 長唄　　④ 越天楽
　　ア 平調　　イ 安宅　　ウ 光崎検校　　エ 吾妻八景
　　オ 箏曲　　カ 管絃　　キ 細棹　　　　ク 能

(2) (1)の①で用いられる楽器を1つ書け。

(3) (1)の②について，どのようなものか説明せよ。

(4) (1)の③が用いられることの多い演劇を1つ書け。

(5) (1)の④で用いられる打楽器を2つ書け。

(☆☆☆☆◎◎)

【4】 次の①～⑤の作曲家の作品をA群から2つずつ選び，それぞれの作品の楽譜をB群から選んで，その記号を書け。

① バッハ　　　② ハイドン　　③ シューベルト

④ ドボルザーク　　⑤ ガーシュイン

A群

ア　トランペット協奏曲　　イ　ラプソディ・イン・ブルー

ウ　楽興の時　　　　　　　エ　管弦楽組曲第2番

オ　弦楽四重奏曲第12番「アメリカ」　カ　パリのアメリカ人

キ　交響曲第9番「新世界より」　　　ク　さすらい人幻想曲

ケ　ブランデンブルク協奏曲第5番

コ　弦楽四重奏曲第77番「皇帝」

B群

a

b

c

d

e

f

g

(☆☆☆☆○○○○)

【５】ギター演奏のアポヤンド奏法とアル・アイレ奏法について説明せよ。

(☆☆☆☆◎◎)

【６】次の①〜③の楽器の構造の特徴を述べ，それぞれの楽器の奏法を指導する際の留意点を書け。
　　　①　尺八　　②　篠笛　　③　アルトリコーダー

(☆☆☆◎◎)

解答・解説

【中学校】

【１】(1)　①　興味・関心　　②　豊かなもの　　③　親しんでいく
④　豊かさや美しさ　　⑤　表現の技能　　⑥　創造的に
⑦　総合的な理解　　⑧　幅広く　　(2)　①　歌唱　　②　器楽
③　創作　　④　特定の活動　　⑤　相互の関連　　(3)　①　変声期について気付かせるとともに，変声期の生徒に対しては，心理的な面についても配慮し，適切な声域と声量によって歌わせるようにすること。　②　創作指導については，理論に偏らないようにするとともに，

必要に応じて作品を記録する方法なども工夫させること。

〈解説〉(1) 目標は，第1学年と第2学年及び第3学年はそれぞれ分けて記載されている。文言が異なる部分は，特に注意しておくことが必要だ。

(2) (2)は，「第2学年及び第3学年の内容については，生徒がより個性を生かした音楽活動を展開できるようにするため，興味・関心をもつ学習活動を選択できるようにするなど，学校や生徒の実態に応じ，効果的な指導ができるよう工夫すること。」である。併せて確認すること。 (3) 「指導計画の作成と内容の取扱い」中，「2 第2の内容の指導については，次の事項に配慮するものとする。」で説明されている。11項目の内容をよく理解しておくことが大切である。

【2】(1) 読み方・アンダンテ ノン トロッポ 意味・ゆっくり歩くように甚だしくなく

(2)

(3)

(4)

〈解説〉(1)速さは，数字によって表示することもあるし，ことばによって表示することもある。「Andante」などの基礎となる用語はもちろん，

「non troppo」などの付加語についても確認が必要だ。　(2)　主音Cの長6度下は，Esなので，始めの音はEsになる。amollからcmollに移調するので，調号は♭3つに変わる。　(3)　fismollの楽譜を書かなくてはならないが，この問いでは，調号を使わないので注意が必要。F, C, Gの音に，臨時記号をつけ忘れないように。　(4)　一番下の楽譜がテノール譜表である。見慣れないが，どこが「ド」であるかを正しく理解しておけば大丈夫だ。

【3】(1)　①　ウ・オ　　②　イ・ク　　③　エ・キ　　④　ア・カ(順不同)　　(2)　箏　　(3)　能の一部を装束・面を用いず，地謡のみの伴奏で演ずる上演形態のこと。　(4)　勧進帳，安宅の松，京鹿子娘道成寺など　　(5)　羯鼓，鉦鼓，楽太鼓のうち2つ
〈解説〉(1)　一部の用語しか理解していなかった場合は，確実な部分を先に決めてしまうといいだろう。分からなかった用語は，カテゴリーごとに整理して覚えること。　(2)　砧(きぬた)とは，箏の独奏曲のこと。「五段砧」は，箏演奏家であり作曲家でもあった光崎検校の作品である。「二重砧」「四段砧」「五段砧」「新砧」などを総称として「砧もの」と呼ぶ。　(3)　能と歌舞伎に関する基本的な用語は説明できるようにしておくこと。どちらも日本を代表する音楽でありながら，明確に区別できないことが多い。　(4)　長唄は，歌舞伎の伴奏音楽として発展し，江戸時代には多くの作詞家，作曲家が登場した。語りを特色とする義太夫節とは異なり，唄を中心とする。　(5)　雅楽は，日本，中国，朝鮮半島などの伝統的な音楽である。合奏だけの管絃，舞が付く舞楽，歌中心のものなどに分かれており，「越天楽」は管絃の曲といえる。民謡の「黒田節」は，「越天楽」の流れをくんでいる。

【4】①　ケ－i　エ－b　　②　ア－g　コ－f　　③　ウ－a　ク－e　　④　キ－c　オ－j　　⑤　イ－d　カ－h(それぞれ順不同)
〈解説〉現代においても親しまれている曲ばかりなので，知っている曲もあるはずである。仮に，曲の知識がない場合は，作曲家の特徴から推

測すればよい。バッハはバロック音楽，ハイドンは古典派，シューベルトはロマン派，ドボルザークはチェコ国民楽派，ガーシュインは20世紀の音楽家として理解すればいいだろう。

【5】アポヤンド奏法は，弦を弾いた直後に，その指を次の弦に触れさせて止める奏法。アル・アイレ奏法は，弦を弾いた直後に，他の弦に触れない奏法。

〈解説〉アポヤンドは，スペイン語で「寄りかかる」という意味を持ち，奏法においても指を「寄りかからせる」ような動きをする。一方，アル・アイレは，スペイン語で「空中に」という意味を持つ。

【6】① 上部の歌口に息を吹きつけ，音を出す。穴の数が少なく簡素な作りである。首を振って音に変化をつける，メリ，カリをはじめ，尺八の奏法においては，息づかいが重要である。 ② 横笛の一種である。「フルート」に似ているが，竹で作られ「キー装置」はなく，簡素な作りである。タンギングを行わない点が，最も特徴的である。音を区切る際は，指孔を開閉する「打ち指」を使う。 ③ 上部の歌口に息を吹き込んで音を出す，縦笛である。音階の中で演奏するので，ピッチに注意する。

〈解説〉① トレモロのような「コロコロ」，息の音を混ぜる「ムラ息」も，尺八特有の奏法である。普化宗に属する虚無僧が演奏していたことから，宗教音楽として広まった。 ② もともとは，祭囃子・神楽・獅子舞などで用いられることが多かったが，現代においては，さまざまな楽器，他国の民族楽器との合奏を行うこともある。 ③ 運指は，バロック式とジャーマン式がある。ジャーマン式は，ハ長調の運指が少し容易になるように開発されたもので，学校でもこちらを指導することが多いだろう。

2007年度　実施問題

【中学校】

【1】中学学習指導要領(音楽)について，各問いに答えよ。

(1)　次の文は，音楽科の目標である。（　①　）～（　③　）に当てはまる語句をそれぞれ書け。

　　表現及び鑑賞の幅広い活動を通して，（　①　）を育てるとともに，（　②　）を豊かにし，（　③　）を伸ばし，豊かな情操を養う。

(2)　歌唱教材には，どのような観点から取り上げたものを含めるとされているか。その観点を3つ書け。

(3)　次の文は，指導計画の作成と内容の取扱いに関するものである。（　①　）～（　③　）に当てはまる語句をそれぞれ書け。

　　器楽指導については，指導上の必要に応じて弦楽器，管楽器，打楽器，鍵盤楽器，電子楽器及び(　①　)を適宜用いること。また，(　②　)については，3学年間を通じて(　③　)を用いること。

（☆☆☆◎◎◎◎◎）

【2】次の楽譜をみて，各問いに答えよ。

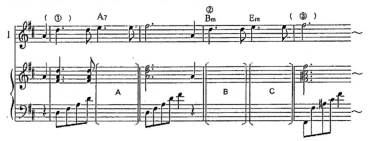

(1)　楽譜中の(　①　)，(　③　)に当てはまるコードネームをそれぞれ書け。

(2)　楽譜中の〔A〕，〔B〕，〔C〕に伴奏を付けよ。

(3) Ⅰの旋律を実音通りに演奏するには，クラリネットin B♭ではどのような楽譜を使用するか。次の五線上に調号を用いて書け。

(4) 楽譜中の②のコードをギターのストローク奏法で弾く際，そのダイヤグラムを下の例に従って書け。

○…開放弦　●…押さえる　×…弾かない
〔…左手の人差し指で2本以上の弦を同時に押さえる

例

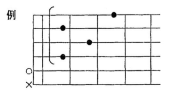
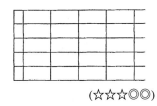

(☆☆☆◎◎)

【3】次のア〜オの楽譜は楽曲の一部を示したものである。それぞれの楽曲の作者名と曲名を答えよ。

ア

イ

ウ

エ

オ

(☆☆☆☆◎◎◎◎)

【４】 次のア，イの楽譜をみて，各問いに答えよ。

(1)　アの楽譜中の *Allegro giocoso* の読み方と意味を書け。

(2)　アの楽譜で最も多く用いられているリズムの要素を書け。

(3)　アの楽譜をアルト譜表に書け。

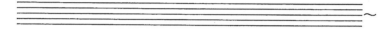

(4)　イの楽譜中の *arco* と *pizz.* について説明せよ。

(5)　イの楽譜の〔　　　　　　〕内の部分を，増5度上に調号を用いず
に移調せよ。

（☆☆☆☆◎◎）

【５】 次の各問いに答えよ。

(1)　次の①～④の語句についてそれぞれ説明せよ。また，①～④を学
習する際の教材として適切なものを，下のア～コからそれぞれ2つ
ずつ選び，その記号を書け。

　①　能　　②　三曲合奏　　③　平曲　　④　歌舞伎

　　ア　暫　　　　イ　羽衣　　　　ウ　隅田川　　エ　越天楽

　　オ　松の寿　　カ　壇ノ浦　　　キ　勧進帳

　　ク　那須与一　ケ　四季の眺め　コ　さらし風手事

(2)　(1)の①で，楽器を演奏する集団の名称を書け。

232

(3) (1)の②で用いられる擦弦楽器を書け。

(4) 次のア～エのうち，(1)の③の成り立ちに影響を与えたものを1つ
選び，その記号を書け。

　ア　合方　　イ　段物　　ウ　桶胴　　エ　声明

(5) (1)の④の舞踊の伴奏音楽を3種類書け。

(☆☆☆☆◎◎◎)

【6】移動ド唱法と固定ド唱法について説明せよ。

(☆☆☆☆◎◎◎)

【7】中学校第1学年で，「曲のイメージをふくらませて聴こう」という題
材を設定し，連作交響詩「我が祖国」からブルタバ(モルダウ)を教材
として，2時間計画で鑑賞の授業を行うことにした。各問いに答えよ。

(1) 交響詩と交響曲の違いを書け。

(2) 本題材の目標を3つ書け。

(☆☆☆☆◎◎◎◎)

解答・解説

【中学校】

【1】(1) ①　音楽を愛する心情　　②　音楽に対する感性
③　音楽活動の基礎的な能力　　(2)　1　我が国で長く歌われ親しま
れているもの　　2　我が国の自然や四季の美しさを感じ取れるもの
3　我が国の文化や日本語のもつ美しさを味わえるもの

(3)　①　世界の諸民族の楽器　　②　和楽器　　③　1種類以上の楽器
〈解説〉指導要領からの出題は，全国的に毎年続いているので，必ず理
解・暗記しておくこと。

【２】(1)　①　D　　②　F♯

(2)

(3)

(4)

 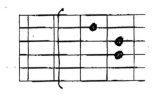

〈解説〉(1)　コード(ネーム)に関する設問は頻繁に出題される。基本形とセブンスコードで，1オクターブ分すべてのメジャー，マイナーコードを知っておきたい。　(2)　基本コードだけで演奏する場合，各コードのベースは基本形を使いたい。三和音以外のセブンスコードはこの場合右手に含めておくのが自然である。　Emの次は伴奏の音程が広がっているので，E→G→B→EやE→B→E→Gを使ってもよいが，次につながる形が効果的である。　(3)　B♭管では，記譜音の長2度下の音が出る。設問はその逆であるから，長2度上のホ長調の楽譜で記す。
(4)　(1)と一緒にギターのポジションも覚えていくことが望ましい。1フレット進むごとに半音ずつ上がるが，一つの基本ポジションをずら

しても，他のコードが演奏できない場合も多いので，すべてのコードについてポジションを確認しておきたい。

【3】ア　ヘンデル作曲　組曲「水上の音楽」　　イ　モーツァルト作曲　クラリネット五重奏曲　　ウ　ベートーヴェン作曲　ピアノ協奏曲第5番「皇帝」　　エ　ストラヴィンスキー作曲　舞踏組曲「春の祭典」　オ　プロコフィエフ作曲　音楽物語「ピーターと狼」

〈解説〉楽曲から作品名や作曲者名を答える出題は多くの府県が実施している。この設問のように多岐にわたる分野の出題のため，専門のみに偏った学習では答えられない。広く音楽に親しみ聴くことが何より大切である。　ア～オとも比較的知られているテーマである。アは「水上の音楽」の第6曲。イは第1楽章の第一主題でクラリネットソロが出る前の部分。ウは第1楽章の第1主題。エは「春の祭典」冒頭の「大地の賛美」でファゴットソロで始まる。オはピーターのテーマである。

【4】(1)　速く　陽気に(楽しく)　　(2)　シンコペーション

(3)

(4)　*arco*：弓を使って演奏する　　*pizz.*：指で弦をはじいて演奏する。

(5)

〈解説〉(1)　表情記号はかなりの頻度で出題されるので，できる限り覚えておきたい。　(2)　小節にまたがっているものを含め，頻繁に使用されており，中学校で学ぶ代表的なリズムであることを知っておきたい。　(3)　一点ハが第三線に表される譜表である。それほど困難なものではないが，普段から慣れておきたい。　(4)　弦楽器の基本奏法である。どちらも知っておきたい。　(5)　増5度上はHdurであり，もと

のEs durの調号に気をつけ移調すること。

【5】(1)　①　イ・ウ　能は室町時代の初めに将軍足利義満の保護のも
と，観阿弥・世阿弥父子によって基本的な形に整えられました。音楽
と舞踊を融合させた日本の伝統的な演劇の一つである。　②　ケ・コ
三曲の楽器である地唄三味線，箏，胡弓の三種の楽器による合奏編成
及びそれにより演奏される音楽。後に尺八が参入し，三味線，箏，尺
八による編成が多くなった。　③　カ・ク「平家物語」に節をつけて
「平家琵琶」という楽器の伴奏で語るもの。　④　キ・オ　歌舞伎は
日本の伝統的な演劇の一つで，音楽(歌)・舞踊(舞)・演劇(伎)が一体と
なって成り立っている。江戸時代の初めに出雲の阿国が始めた「かぶ
き踊り」が基になっている。　(2)　囃子方(はやしがた)　(3)　箏
(4)　エ　(5)　長唄・常磐津節・清元節

〈解説〉(2)　笛(能管)・小鼓・大鼓・太鼓を使う。能では音と音，動きと
動きの間の「間(ま)」を大切にするが，その「間」を支えているのが
こうした楽器である。　(5)　場面の情景描写には，太鼓や鉦などを使
う。それらは舞台仕立てにある黒御簾と呼ばれる小部屋で演奏され，
遠くから聞こえてくる祭り囃子や時を告げる鐘の音，浜辺や川といっ
た情景など様々なものを表現する。

【6】移動ド唱法は，階名唱しようとする楽曲の調の階名を用いて階名唱
すること。　固定ド唱法は，何調の曲であってもハ長調の階名を用い
て階名唱すること。

〈解説〉「固定ド」は，リコーダー，鍵盤楽器などinCの楽器を指導・演奏
する際に，一般的に使用する頻度が高い。「移動ド」は調と音階のし
くみを知る上では欠かせない。また，自然な音階，音程感覚を身につ
けやすいが，「固定ド」に慣れている生徒からすれば，時間的に「移
動ド」に慣れさせられる時間があるかが問題である。したがって階名
唱ではどちらを使ってもかまわないと思えるが，しくみと違いだけは
必ず理解させて使用する必要がある。

【7】(1)　交響曲は管絃楽によって演奏される多楽章からなる大規模な楽曲。シンフォニー，シンフォニアとも呼ばれる。交響詩とは，管絃楽によって演奏される単一の楽章からなる標題音楽の楽章で切れ目なく演奏される。楽章の形式は全く自由である。　(2)　・情景を想像しながら鑑賞し，オーケストラの響きと表現の豊かさを感じ取る

・「モルダウ」を聴き，楽曲の表現内容を想像豊かに感じ取る。

・個々の楽器の響きや全体の響き，表現効果を感じ取る。

〈解説〉授業時間数の限られた中で，鑑賞授業を進めるにあたって，その曲を通して何を学ばせたいかを明確にし授業を展開していくことが重要である。そこで重要なのが目標の設定になってくる。教師は楽曲研究していく中で，生徒の実体に応じた目標や授業展開を見極めていくことが重要になってくる。

第3部

チェックテスト

過去の全国各県の教員採用試験において出題された問題を分析し作成しています。実力診断のためのチェックテストとしてご使用ください。

音楽科

／100点

【1】 次の(1)〜(10)の音楽用語の意味を答えよ。

（各1点　計10点）

(1)　agitato　　(2)　comodo　　(3)　con fuoco

(4)　marcato　　(5)　ma non troppo　　(6)　ritenuto

(7)　con brio　　(8)　brillante　　(9)　delizioso

(10)　rinforzando

【2】 次の(1)〜(5)の楽曲形式名等を答えよ。

（各1点　計5点）

(1)　主に二つの主要主題が提示される提示部(A)－展開部(B)－再現部(A')からなる3部構造で，それに終結部が付加されるもの。

(2)　主要主題(A)が，副主題をはさんで反復される形式で，A－B－A－C－A－B－Aのように構成されるもの。

(3)　3部形式A－B－AのA及びB部分が拡大されて，それ自体が2部あるいは3部形式をなすような構造をもつもの。

(4)　主題の旋律やリズム，速度などを様々に変化させたり，発展させたりするなどの手法によるもの。

(5)　ポリフォニー(多声音楽)の完成されたものといわれ，主題と応答を規則的な模倣，自由な対位法的手法で展開された楽曲。

【3】 次の音楽や楽器と関係の深い国の国名をそれぞれ答えよ。

（各1点　計10点）

(1)　ケチャ　　(2)　ホーミー　　(3)　シャンソン

(4)　カンツォーネ　　(5)　タンゴ　　(6)　フラメンコ

(7)　シタール　　(8)　胡弓　　(9)　ツィンバロム

(10)　バラライカ

【4】 次の(1)～(6)のギターのコードダイヤグラムについて，コードネームを答えよ。

（各1点　計6点）

【5】 次の楽器の名前をあとのア～ソから1つずつ選び，記号で答えよ。

（各1点　計6点）

(1)

(2)

(3)

(4)

(5)

(6)

ア	コンガ	イ	三味線	ウ	コルネット	エ	カバサ
オ	トランペット	カ	胡弓	キ	ボンゴ	ク	バスーン
ケ	鞨鼓	コ	オーボエ	サ	鉦鼓	シ	締太鼓
ス	イングリッシュ・ホルン	セ	笙				
ソ	バス・クラリネット						

【6】 次の文章は，西洋音楽史について述べようとしたものである。この文章中の(ア)～(ト)にあてはまる最も適切な語句をそれぞれ書け。ただし，同じ記号の空欄には，同じ語句が入るものとする。

(各1点　計20点)

　中世ヨーロッパにおいて教会での典礼儀式と結びついた単旋律聖歌は，地方的聖歌や民俗音楽を同化しつつ(ア)聖歌に統一された。これは，礼拝様式の統一を命じた教皇(イ)の名に由来するとされ，ラテン語の歌詞をもち，(ウ)譜で記された。その後，教会や修道院の中で聖歌が基礎となって(エ)音楽が生まれ，パリの(オ)大聖堂を中心にオルガヌム，モテトなどへ発展し(カ)，(キ)らによってその頂点を極めた。また，この時期は民俗的世俗音楽も全盛期であり南フランスの(ク)，北フランスの(ケ)，ドイツの(コ)たちの俗語による歌曲を生んだ。

　(サ)の音楽とは，音楽史上，中世とバロック期の間に位置する時代の音楽を指す。この時代，15世紀のデュファイなどに代表される(シ)楽派が活躍し，次いで15世紀末から16世紀にかけて展開されるジョスカン・デ・プレやラッススなどに代表される(ス)楽派の音楽によって(サ)音楽は本格的な歩みをたどりはじめる。この時代の後期は，「教皇マルチェルスのミサ」を作曲した(セ)楽派の(ソ)や「ピアノとフォルテのソナタ」を作曲した(タ)楽派の(チ)などが活躍した。フランスでは市民階級の向上とともにジャヌカンなどの(ツ)が一世を風靡し，イタリアではフィレンツェの(テ)家を中心に高度な芸術活動が展開され，優れた詩による多声歌曲(ト)が作曲された。モンテヴェルディは9巻に及ぶ(ト)曲

集を出版している。

【7】 次の日本の伝統音楽についての説明文の各空欄に適する語句を下の ア〜タから1つずつ選び，記号で答えよ。

(各1点　計8点)

(1) 室町時代の初めに，物語は歌謡として謡われ，台詞も抑揚を付けて唱える，観阿弥・世阿弥父子が大成した仮面劇を(①)楽という。

また，(①)楽と一緒に上演されることの多いコミカルな対話劇を(②)という。

(2) 17世紀後半に大阪の竹本座で創始された三味線音楽を(③)といい，脚本家(④)の協力を得て，人形芝居の音楽として大流行した。現在，(③)は「(⑤)」の音楽として知られている。

(3) 唄方，細棹三味線を使用した三味線方，囃子方によって演奏される歌舞伎のために生まれた三味線音楽を(⑥)という。

(4) 舞台奥に作られたひな壇に並んで演奏することを(⑦)といい，これに対して舞台を盛り上げる効果音を舞台下手の黒御簾で演奏する音楽を(⑧)音楽という。

ア　雅　　　　イ　狂言　　ウ　神楽　　エ　舞
オ　太鼓　　　カ　長唄　　キ　地謡　　ク　能
ケ　近松門左衛門　コ　義太夫節　サ　黙阿弥　シ　人形浄瑠璃
ス　出囃子　　セ　下座　　ソ　裏方　　タ　合いの手

【8】 次の和音の基本形をd音を根音としてヘ音譜表に書け。

(各1点　計5点)

(1) 長三和音
(2) 減三和音
(3) 属七和音
(4) 短三和音
(5) 増三和音

【9】 次の各問いに答えよ。

（各1点　計4点）

(1) 次の楽譜を短3度上方に移調した時，①の部分で最も適切なコードネームはどれか。下のア～オから1つ選び，記号で答えよ。

　　ア　F　　イ　E♭　　ウ　Am7　　エ　B7　　オ　Cm

(2) 次の楽譜はB♭管のクラリネットの楽譜である。同じ音でF管のホルンで同時に演奏する場合の楽譜は何調で示されるか。下のア～オから1つ選び，記号で答えよ。

　　ア　ハ長調　　イ　ト長調　　ウ　変ロ長調　　エ　ニ長調
　　オ　ハ短調

(3) 次の楽譜は何調か。下のア～オから1つ選び，記号で答えよ。

　　ア　ニ短調　　イ　ロ短調　　ウ　ヘ短調　　エ　ト短調
　　オ　イ短調

(4) 次の楽譜は何調か。下のア～オから1つ選び，記号で答えよ。

　　ア　ハ長調　　イ　ト長調　　ウ　イ短調　　エ　ニ長調
　　オ　ニ短調

【10】 次の楽譜を見て，下の各問いに答えよ。

（各1点　計6点）

(1) ①～③の音程を書け。

(2) a及びbの囲まれた音符で構成される和音の種類を書け。

(3) この曲はヘ長調で始まるが，その後何調から何調へ転調しているか書け。

【11】次の(1)〜(7)の楽譜は，ある曲の一部分である。作曲者名と作品名
をそれぞれ答えよ。

（完答各2点　計14点）

【12】合唱の授業において生徒から次の内容の質問を受けた場合，どの
ような指導をすればよいか，具体的に答えよ。

（各2点　計6点）

(1) なかなか響く声を出すことができません。どうすればいいですか。

(2) 歌詞の内容が聴く人に伝わるように歌いたいのですが，どうすれ
ばいいですか。

(3) 変声期で声が出にくいのですが，どうすればいいですか。(男子
生徒からの質問)

解答・解説

【1】(1) 激しく　　(2) 気楽に　　(3) 熱烈に，火のように　　(4) はっきりと　　(5) しかし，はなはだしくなく　　(6) すぐに遅く　　(7) いきいきと　　(8) はなやかに，輝かしく　　(9) 甘美に　　(10) 急に強く

|解説| 楽語は基本的にイタリア語である。音楽用語は基礎的かつ頻出の問題であるため，集中して音楽用語を覚えることが大切である。(3)のconは英語のwithとほぼ同義の前置詞であるので，楽語にもよく登場する。注意しておこう。

【2】(1) ソナタ形式　　(2) ロンド形式　　(3) 複合3部形式　　(4) 変奏曲形式　　(5) フーガ

|解説| 本問は楽曲形式名を答える出題だが，楽曲形式を説明させる問題であってもきちんと対応できるようにしたい。　(3)「複合」を付けること。　(5) フーガは遁走曲ともいう。

【3】(1) インドネシア　　(2) モンゴル　　(3) フランス　　(4) イタリア　　(5) アルゼンチン　　(6) スペイン　　(7) インド　　(8) 中国　　(9) ハンガリー　　(10) ロシア

|解説| (1)のケチャはインドネシアのバリ島の男声合唱。　(2)のホーミーはモンゴルの特殊な発声(1人で2種類の声を同時に出す)の民謡。(7)のシタールは北インドの撥弦楽器で古典音楽の独奏に用いられる。(8)の胡弓は日本の擦弦楽器であるが，明治以降は使用されることが少なくなった。中国では胡琴(フーチン)という胡弓に似たものがあり，その種類が多く，二胡(アルフー)もその一つであるため混同されている。　(9)のツィンバロムはダルシマーとも呼ばれ，ハンガリーのジプシー音楽で多く用いられる。

【4】 (1) Em　(2) D　(3) B7　(4) A　(5) C7　(6) G

解説 ギターの基本的なコードの知識が求められる問題である。新学習指導要領解説では，ギターと三味線を授業で取り扱う場合についても触れている。ギター関連の出題ではコードが主で，各地で出題されている。したがって，基本事項はおさえるべきであろう。

【5】 (1) カ　(2) ア　(3) セ　(4) ウ　(5) ス　(6) ケ

解説 楽器の名前を写真で判断する問題であるが，特に難しい楽器はない。どの場合も，必ず楽器の特徴的な部分があるのでそこに目をつけること。

【6】 ア：グレゴリオ　イ：グレゴリウスⅠ世　ウ：ネウマ　エ：ポリフォニー　オ：ノートルダム　カ，キ：レオニヌス，ペロティヌス　ク：トルバドゥール　ケ：トルヴェール　コ：ミンネゼンガー　サ：ルネサンス　シ：ブルゴーニュ　ス：フランドル　セ：ローマ　ソ：パレストリーナ　タ：ヴェネツィア　チ：ガブリエーリ　ツ：シャンソン　テ：メディチ　ト：マドリガーレ

解説 出題傾向が高い部分なので，確実に身につけておきたい。また各語についてもさらに研究しておくことが望ましい。

【7】 (1) ① ク　② イ　(2) ③ コ　④ ケ　⑤ シ　(3) ⑥ カ　(4) ⑦ ス　⑧ セ

解説 日本伝統音楽の能楽・三味線音楽に関する問題。記号を語群から選ぶものであり，(1)〜(4)の説明文が簡潔で正答できなければならない出題である。

【8】

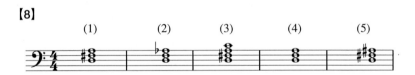

解説 基本的な和音構成問題。根音が必ずしもCとならないことに注意
し，またこれらの和音はどのコードにあたるのかということも合わせ
て学んでおくと良い。

【9】(1) ア (2) エ (3) エ (4) イ

解説 (1) この楽譜はニ長調で短3度上方に移調するとヘ長調になる。
①の小節はDがFとなり，ソーミドでFのコードネームとなる。
(2) クラリネットは実音が長2度下であり，楽曲はGdurとわかる。ホ
ルンの記譜音は完全5度上であるため，Gの5度上のDdurとなる。

【10】(1) ① 短6度 ② 減4度(減11度) ③ 増2度
(2) a 短3和音 b 長3和音 (3) ヘ長調→ハ長調→イ短調

解説 (1) 音程を答えるためには，まず音部記号を正しく読める必要が
ある。 (2) これも同様であるが，配置の異なる音符を和音に再構成
する必要がある。 (3) 転調は3種類方法があるが，特徴音を探すこ
とと，和声の流れから調性を判断することができる。

【11】(1) ビゼー ／ 歌劇「カルメン」から「ハバネラ」 (2) プッチ
ーニ ／ 歌劇「トスカ」から「妙なる調和」 (3) チャイコフスキー
／ ピアノ協奏曲第1番 変ロ短調 (4) ベートーヴェン ／ 交響曲
第3番「英雄」 (5) シューベルト ／ 歌曲集「冬の旅」から「春の
夢」 (6) ヘンデル ／ 「水上の音楽」から「ホーンパイプ」
(7) ガーシュイン ／ ラプソディー・イン・ブルー

解説 楽譜の一部から作曲者，曲名を問うことは頻出。どれも有名な旋
律部分であるが，分からないものは，必ず音源を聞いておくこと。

【12】(1)　・模範のCDを聴かせ，響く声のイメージを持たせる。　・姿勢，呼吸，口形，発音に気をつけて発声練習をさせる。　・その生徒のもっとも響く音域を見つけ，響かせる感覚をつかませる。　など
(2)　・歌詞の内容，メッセージを十分に理解させる。　・子音をていねいに歌い，言葉がはっきり聞こえるように歌う。　・歌詞のイントネーションに合わせた歌い方になるよう，言葉のまとまりに気をつけた歌い方を工夫させる。　など　　(3)　・無理のない声域や声量で歌うようにさせる。　・音域の幅があまり広くない曲を教材として選曲する。　・変声は健康な成長の一過程であり，不必要な不安や差恥心などをもつことのないように配慮する。　など

|解|説| (1)や(2)の指導例に〈鼻濁音〉の指導を入れるのもよい。　(3)の変声期の対応は出題されることが多い。

第4部

音楽科マスター

音楽科マスター　音楽用語

●POINT

　音楽用語(楽語)の読み方と意味を尋ねる問題はほぼすべての自治体において出題され，音程，調判定，移調，和音の種類，コードネームに関する問題が多く見られた。音楽記号は，速さを表すもの，強弱を表すもの，ニュアンスを表すものなど多種にわたるので，音楽小辞典を常に携帯して調べるなどの努力が重要である。中学校学習指導要領「第3　指導計画の作成と内容の取扱い」(8)で「生徒の学習状況を考慮して，次に示すものを取り扱う」として記号・用語が示されているので必ず理解しておくこと。

●速度標語

1. 楽曲全体に関する速度

標　語	読み方	意　味
最も遅いもの		
Larghissimo	ラルギッシモ	最も幅広く遅く
Adagissimo	アダージッシモ	最も遅く
Lentissimo	レンティッシモ	最も遅く
きわめて遅いもの		
Largo	ラルゴ	幅広く遅く
Adagio	アダージョ	遅く
Lento	レント	遅く
遅いもの		
Larghetto	ラルゲット	ラルゴよりやや速く
やや遅いもの		
Andante	アンダンテ	ほどよくゆっくり，歩くような速さで
中ぐらいの速さのもの		
Andantino	アンダンティーノ	アンダンテよりやや速く
Moderato	モデラート	中ぐらいの速さで
やや速いもの		
Allegretto	アレグレット	やや快速に
速いもの		
Allegro	アレグロ	ほどよく快速に
Animato	アニマート	元気に，速く
きわめて速いもの		
Vivace	ビバーチェ	活発に，速く
Presto	プレスト	急速に
最も速いもの		
Prestissimo	プレスティッシモ	きわめて速く

2. 楽曲の1部分に関する速度変化

標　語	読み方	
だんだん速くするもの		
Accelerando（accel.）	アッチェレランド	
Poco a poco animato	ポーコ　ア　ポーコ　アニマート	
注　accelerandoは速度をだんだん速くするとともに音量をも増す意味をもつ。		
その部分から直ちに平均に速くするもの		
Più allegro	ピウ　アレグロ	
Più animato	ピウ　アニマート	
Un poco animato	ウン　ポーコ　アニマート	
Più mosso	ピウ　モッソ	
Più presto	ピウ　プレスト	
だんだん遅くするもの		
Ritardando（ritard., rit.）	リタルダンド	
Rallentando（rall.）	ラレンタンド	
Lentando	レンタンド	
だんだん遅くするとともにだんだん強くするもの		
Largando	ラルガンド	
Allargando	アラルガンド	
だんだん遅くするとともにだんだん弱くするもの		
Perdendosi	ペルデンドシ	
その部分から直ちに平均に遅くするもの		
Più lento	ピウ　レント	
Meno mosso	メノ　モッソ	
速度の回復を示すもの		
A tempo	ア　テンポ	もとの速さで
Tempo I（Tempo primo）	テンポ　プリモ	初めの速さで
正確な速さを示すもの		
Tempo giusto	テンポ　ジュスト	正確な速さで

254

●強弱標語

1. 基本的な強弱記号

記 号	読み方	原 語	意 味
弱いもの			
ppp	ピアニッシシモ	pianississimo	できるだけ弱く
pp	ピアニッシモ	pianissimo	ごく弱く
più p	ピウ ピアノ	più piano	いっそう弱く
p	ピアノ	piano	弱く
poco p	ポーコ ピアノ	poco piano	少し弱く
mp	メゾ ピアノ	mezzo piano	やや弱く
強いもの			
mf	メゾ フォルテ	mezzo forte	やや強く
poco f	ポーコ フォルテ	poco forte	少し強く
f	フォルテ	forte	強く
più f	ピウ フォルテ	più forte	いっそう強く
ff	フォルティッシモ	fortissimo	ごく強く
fff	フォルティッシシモ	fortississimo	できるだけ強く

2. 特定の音や一定区間の音の強弱記号

記 号	読み方	原 語	意 味
特定の音を強くするもの			
sf	スフォルツァート	sforzato	特に強く
sfz	スフォルツァンド	sforzando	
fz	フォルツァンド / フォルツァート	forzando / forzato	
rf / *rfz* / *rinf*	リンフォルツァンド	rinforzando	急に強く
＞ / ∧	アクセント	accento	アクセントをつけて
fp	フォルテ ピアノ	forte piano	強く，直ちに弱く
一定区間を通して各音を強くするもの			
Marcato	マルカート		はっきりと，強く
Accentato	アッチェンタート		アクセントをつけて
Pesante	ペザンテ		重く力をつけて

255

3. 変化を含む強弱記号

記　号	読み方	意　味
だんだん強くするもの		
cresc.	クレシェンド crescendo	だんだん強く
poco cresc.	ポーコ　クレシェンド	わずかなクレシェンド
poco a poco cresc.	ポーコ ア ポーコ クレシェンド	少しずつだんだん強く
molto cresc. _molto_	モルト　クレシェンド	きわめて大きなクレシェンド
cresc. molto	クレシェンド　モルト	
cresc. al $\boldsymbol{ff}$ $\boldsymbol{ff}$	クレシェンド アル フォルティシモ	$\boldsymbol{ff}$ までクレシェンド
accrescendo	アクレシェンド	だんだん強く,声を強める,又長くする
だんだん弱くするもの		
dim.	ディミヌエンド diminuendo	だんだん弱く
decresc.	デクレシェンド decrescendo	だんだん弱く
poco a poco dim.	ポーコ ア ポーコ ディミヌエンド	少しずつだんだん弱く
dim. al $\boldsymbol{pp}$ $\boldsymbol{pp}$	ディミヌエンド アル ピアニッシモ	$\boldsymbol{pp}$ までディミヌエンド
dim. e rit. rit.	ディミヌエンド エ リタルダンド	だんだん弱くだんだん遅く
だんだん強くしてその後だんだん弱くするもの		
cresc. e dim.	クレシェンド エ ディミヌエンド	だんだん強くだんだん弱く

256

●曲想標語

1. 標語につけて意味を限定する用語

標　語	読み方	意　味
a	ア	～にて，～のように，で
ad	アド	～にて
al	アル	～まで，で，へ
alla	アラ	～のふうに
assai	アッサイ	非常に，大いに
ben	ベン	十分に，よく
con	コン	～をもって，とともに
e	エ	～と～
ed	エド	
ma	マ	しかし
ma non troppo	マ　ノン　トロッポ	しかし，はなはだしくなく
meno	メノ	今までより少なく
molto	モルト	できるだけ，非常に
di molto	ディ　モルト	
non	ノン	打ち消しの意味
non tanto	ノン　タント	多くなく
Più	ピウ	もっと，今までより多く
poco	ポーコ	少し
un poco	ウン　ポーコ	やや少し
sempre	センプレ	常に
simile	シーミレ	同様に
subito	スービト	急に
tanto	タント	多く

2. 標語につけて意味を限定する用語

標　語	読み方	意　味
(a) addolorato	アッドロラート	悲しげに
affetto	アフェット	優しく，優雅に
affettuoso	アフェットゥオーソ	愛情をこめて，アフェットと同じ
agiato	アジアート	愉快な，安楽な
agitato	アジタート	激して，興奮して
allegramente	アレグラメンテ	快活に，楽しげに
con allegrezza	コン　アレグレッツァ	快活に
amabile	アマービレ	愛らしく
con amarezza	コン　アマレッツァ	悲哀をもって
con amore	コン　アモーレ	愛情をもって
animato	アニマート	活気をもって，いきいきと
animando	アニマンド	
appassionato	アパッショナート	熱情的に
arioso	アリオーソ	歌うように
armonioso	アルモニオーソ	協和的に,和声的に,調和して
(b) con brio	コン　ブリオ	生き生きと，活発に
brioso	ブリオーソ	
bruscamente	ブルスカメンテ	荒々しく，ぶっきらぼうに
(c) commodo	コンモド	気楽に，ほどよく
comodo	コモド	
cantabile	カンタービレ	歌うように
cantando	カンタンド	
a capriccio	ア　カプリッチォ	奏者の自由に,形式や拍子にこだわらず
capriccioso	カプリッチョーソ	気まぐれに
(d) delicato	デリカート	微妙に，繊細な，優美な
dolce	ドルチェ	柔らかに，やさしく
dolente	ドレンテ	悲しげに
doloroso	ドロローソ	悲しげに

(e) elegante	エレガンテ	優雅に
elegiaco	エレジアーコ	エレジーふうな，悲しく
con espressione	コン エスプレッシオーネ	表情豊かに，表情をもって
espressivo	エスプレッシボ	
(f) furioso	フリオーソ	熱狂的に
(g) grandioso	グランディオーソ	堂々と
grave	グラーベ	重々しく，おごそかに
con grazia	コン グラーツィア	やさしさをもって，優雅に，優美に
grazioso	グラチオーソ	
(l) lamentabile	ラメンタービレ	悲しげに
lamentoso	ラメントーソ	
(m) maestoso	マエストーソ	荘厳に
mosso	モッソ	活発に，躍動して
con moto	コン モート	動きをつけて
(p) pastorale	パストラーレ	牧歌ふうに
pesante	ペザンテ	重々しく
alla polacca	アラ ポラッカ	ポーランドふうに
pomposo	ポンポーソ	華麗に，豪しゃに
(s) scherzando	スケルツァンド	軽快に，ふざけるように
alla scozzese	アラ スコツェーゼ	スコットランドふうに
semplice	センプリチェ	素朴に，単純に
semplicemente	センプリチェメンテ	
con sentimento	コン センティメント	感情をこめて
serioso	セリオーソ	厳粛に
soave	ソアーベ	愛らしく，柔らかに
(t) tranquillo	トランクイロ	穏やかに，静かに
(v) veloce	ベローチェ	敏速な，速い

問題演習

【1】 次の(1)〜(4)のそれぞれの音楽用語の意味を答えよ。

(1) stringendo　　(2) a piacere　　(3) morendo　　(4) giocoso

【2】 次の(1)〜(4)の意味を表す音楽用語を原語(イタリア語)で答えよ。

(1) 静かに抑えた声で　　(2) 荘厳に　　(3) 全員で
(4) 柔和に

【3】 次の(1)〜(5)の語句について，簡単に説明せよ。

(1) 三線^{さんしん}　　(2) sotto voce　　(3) 引き色　　(4) オルティンドー
(5) 三曲合奏

【4】 次の(1)〜(5)のそれぞれの音楽用語の意味を答えよ。

(1) con sordino　　(2) sotto voce　　(3) con moto　　(4) pastorale
(5) calmando

【5】 次の(1)〜(5)の楽語の読み方と意味を答えよ。

(1) stringendo　　(2) lamentoso　　(3) prestissimo　　(4) dolce
(5) tempo rubato

【6】 次の(1)〜(5)の楽語の意味をそれぞれ答えよ。

(1) volante　　(2) calando　　(3) elegiaco　　(4) div.
(5) sotto voce

【7】 次の(1)〜(4)は音楽に関する用語である。それぞれについて簡潔に説明せよ。

(1) デュナーミク　　(2) ユリ　　(3) フレージング
(4) タブ譜

【8】次の(1)〜(4)は音楽に関する用語である。それぞれについて簡潔に説明せよ。

(1) コード・ネーム　　(2) オスティナート　　(3) 二部形式

(4) 唱歌(しょうが)

【9】次の(1)〜(4)の語句の意味を説明せよ。

(1) アポヤンド奏法　　(2) オラトリオ　　(3) calando

(4) tranquillo

【10】次の(1)〜(3)の楽語の読み方と意味を答えよ。

(1) Tempo Ⅰ　　(2) sempre legato　　(3) marcato

【11】次の(1)〜(4)の語句をそれぞれ説明せよ。

(1) 交響詩　　(2) 交響曲　　(3) 変奏曲　　(4) 序曲

【12】次の強弱を表す記号の読み方と意味を答えよ。

(1) *rin f*　　(2) Accentato　　(3) *poco f*

【13】次の(1)〜(4)の音楽用語の意味を簡潔に説明せよ。

(1) アルシスとテーシス　　(2) 不即不離

(3) 八木節様式　　(4) アルス・ノヴァ

【14】次の音楽で用いられる用語を説明せよ。

(1) 序破急　　(2) テクスチュア　　(3) ソナタ形式

【15】次の語句について簡単に説明せよ。

(1) サーラリン(裏連)　　(2) 第7旋法

(3) オラトリオ　　(4) 通奏低音

(5) 引き色　　(6) sosten.

(7) 音取(ねとり)　　(8) armonioso

(9) 赤馬節 (10) オスティナート

■■ ■■■■■■ ■ ■■■■ ■ ■■■■■■■ 解答・解説 ■■■■ ■■■■ ■ ■■

【1】(1) だんだんせきこんで (2) 随意に(自由に) (3) 弱くしな
がらだんだん遅く (4) おどけて(喜々として)

解説 用語はとにかく幅広く暗記することが必要。速度，発想，アーテ
ィキュレーションなどグループ分けして覚えるとよい。こまめに辞書
を活用すること。

【2】(1) sotto voce (2) maestoso (3) tutti (4) dolce

解説 楽語を問う場合，原語を書かせるか意味を問う場合が多いが，同
意語，反意語を書かせる場合もあり，単語として覚えるよりも類語と
しても覚えておかなくてはならない。

【3】(1) 沖縄の楽器。古典音楽や民謡など幅広く使用される。

(2) 声を和らげ，ひそやかに。 (3) 箏の奏法。右手で弾いた後，
すぐ左手で柱の左の弦を引っ張る。 (4) モンゴル民謡の歌唱法。

(5) 三弦，箏，尺八もしくは胡弓の3種の合奏。

解説 (1) 起源は中国南部。14～15世紀に沖縄に伝わったとされている。
サイズや奏法，調弦は様々であり，弾き歌いで使用されるのが一般的
である。 (2) 声楽だけでなく，器楽でも使用されている。

(3) 引き色は余韻の操作である。他には揺り色，突き色などがある。

(4) 長く声を伸ばし，大きく装飾をつける。 (5) 広義には，地唄，
箏曲，尺八，胡弓の合奏全般を指す。

【4】(1) 弱音器をつけて (2) 低い抑えた音で (3) 動きをつけて
(速めに) (4) 牧歌風に (5) 静かに

解説 用語の意味は，とにかく広く覚える必要がある。速度や強弱，表
情記号など，ジャンルに分けて覚えたり，同意語，反意語を問われる
場合が非常に多いため，合わせて覚えることが大切である。

【5】(1) 読み方：ストリンジェンド 意味：急いで，切迫して，せき
こんで の意 (2) 読み方：ラメントーソ 意味：哀れんで，悲

しく，悼んで　の意　　(3)　読み方：プレスティッシモ　　意味：きわめて速く　の意　　(4)　読み方：ドルチェ　　意味：甘くやわらかに　の意　　(5)　読み方：テンポ・ルバート　　意味：テンポを柔軟に伸縮させて(ぬすまれた速度)　の意

解説 楽語については，常に小辞典などを携帯するとか，集中して覚えるなどの努力が必要である。この出題は基本的な楽語といえよう。

【6】(1)　軽く，飛ぶように，速く　　(2)　だんだん遅く消えるように
(3)　悲しげに　　(4)　分けて　　(5)　声を和らげて，ひそやかに

解説 楽語の意味は，同意語，反意語とセットで覚えること。

【7】(1)　強弱法，音楽上の強弱の表現方法を意味する。ダイナミックスに同じ。　　(2)　尺八奏法で音を細かく上げ下げし，揺れるように長く伸ばすこと。日本音楽の他の種目でも使われ，例えば謡曲(本ユリ，半ユリ)，義太夫節(四ツユリ)など。　　(3)　フレーズ(楽句，メロディーのひと区切り)の作り方のこと。　　(4)　タブラチュアのことで，数字やアルファベット，文字などを用いて楽器の奏法を示すもの。ギターや三味線，箏，尺八などで使われる。

解説 (2)の「ユリ」は，尺八の「メリ」，「カリ」と同じように使われる。(3)のフレージングは，演奏において重要な意味を持ち，楽曲の内容や性格の表現に重要な役割をはたす。

【8】(1)　主にポピュラー音楽で用いられる和音の種別を記号として表したもの。　　(2)　ある一定の音型を，楽曲全体，あるいはまとまった楽節全体を通じて，同一声部，同一音高で，たえず反復すること。
(3)　8小節の大楽節2つからなる形式。　　(4)　日本の伝統音楽に関する用語であり，楽器の旋律又はリズムを口で唱えること。

解説 (4)の唱歌では，〈コーロリン〉や〈テンツク・テケツク〉などリズム言葉を入れたり，三味線・箏では「口三味線(くちじゃみせん)」とも言うなどの説明もよいであろう。

【9】(1)　ピッキングした指が隣の弦に触れる弾き方　　(2)　宗教的な題材をもとに，独唱・合唱・管弦楽から構成される大規模な楽曲。
(3)　次第に弱めながら次第におそく　　(4)　静かに

解説 (1) アル・アイレ(アポヤンドの反対)も覚えておきたい。
(2) オペラとは異なり，演技を伴わない。ヘンデルの「メサイア」，ハイドンの「天地創造」などが有名である。聖譚曲(せいたんきょく)ともいう。 (3)(4) 各種記号は覚えておくことが望ましい。

【10】 **(1)** 読み方：テンポ　プリモ　　意味：はじめの速さで
(2) 読み方：センプレ　レガート　　意味：絶えずなめらかに
(3) 読み方：マルカート　　意味：はっきりと

解説 (1) Tempo primoと同じ。Tempo giusto(正確なテンポで)やTempo rubato(テンポを柔軟に伸縮させて)，L'istesso tempo(同じ速さで)など。
(2) sempreは「常に」の意。

【11】 **(1)** 19世紀中ごろに成立した，自然や文学的な内容などを，管弦楽を用いて自由な形で描く楽曲。 **(2)** 多くはソナタ形式による楽章を含み，複数の楽章で構成される管弦楽曲。 **(3)** 一定の主題を基として，そのさまざまな要素を変化させていく楽曲。 **(4)** オペラやオラトリオなどの主要な部分が始まる前に，器楽だけで演奏される導入楽曲。

解説 (1)～(4)の楽曲の説明で，解答例のような簡潔な記述はむしろ難しい。試験の時間制限を意識しながら簡潔で的を射た記述にしたい。
(1) 管弦楽による標題音楽でふつうは単楽章である。リストがこの語を最初に使ったといわれる。 (2) 管弦楽のためのソナタ，通常4楽章でソナタ形式の楽章を含む。芸術性を高めたのは，ハイドン，モーツァルト，ベートーヴェンである。 (3) 主題をもとにして旋律・和声・リズムなどを変化させ，接続して構成した楽曲のこと。 (4) オペラ，オラトリオ，バレエなどの開幕前に導入的な役割を果たす管弦楽曲。19世紀末からは独立した「演奏会用序曲」も作られている。

【12】 **(1)** 読み方：リンフォルツァンド　　意味：急に強く
(2) 読み方：アッチェンタート　　意味：アクセントを付けて
(3) 読み方：ポーコ　フォルテ　　意味：少し強く

解説 (1) *rfz* や *rf* とも書く。 (2) accent(英)やaccento(伊)に似ているが，アッチェンタートはあまり使われない語である。 (3) pocoは

「少し」の意。

【13】(1)　アルシスは弱いアクセント(弱拍)，テーシスは強いアクセント(強拍)　(2)　同時に演奏される2つの声部が，ヘテロフォニー的な関係にあること。メロディやリズム上のずれやすれなどのこと

(3)　拍節的で明確な拍をもったリズム様式　(4)　「新しい技法」の意，一般に14世紀フランスの音楽をさす用語，(定旋律とタレアと呼ばれるリズム定型を組み合わせたイソリズムの技法などを挙げられ，代表的な作曲家にギョーム・ド・マショーがいる)

解説　(1)　古代ギリシアの詩から派生した語で，アルシスは「上げ」，テーシスは「下げ」の意。転じて〈弱拍〉，〈強拍〉を意味するようになった。弱拍はup beat，強拍はdown beatの方が一般的といえる。

(2)　不即不離とは二つのものが，つきもせず離れもしない関係を保つことであるが，音楽用語として一般に使われるとはいえない。

(3)　日本民謡を大きく分け，拍節的ではっきりしたリズムの「八木節様式」と，テンポがゆるやかで声を長く伸ばして装飾をつけて歌う「追分節様式」がある。　(4)　アルス・ノヴァ(新しい技法)に対し，〈古い技法〉の意味で対立したノートルダム楽派など(代表者はレオナンとペロタン)を「アルス・アンティクア」と呼ぶ。

【14】(1)　我が国の伝統音楽において，形式上の三つの区分を表すものとして用いられている用語で，序は初部で無拍子，破は中間部分の緩やかな拍子，急は最終部で急速拍子からなる。　(2)　テクスチュア(texture)という語は，「織り合わされたもの，織り方」という意味があり，音の組み合わせ方から生じる総合的な印象といった意味に使われる。演奏される声部数や響きの密度，それぞれの声部を演奏する楽器の音色，和声法やリズム法などにより，音や旋律の組み合わせ方，和音や和声，多声的な音楽，我が国の伝統音楽に見られる微妙な間やズレなど，さまざまな音のかかわりを見ることができる。　(3)　18世紀の中頃から，主として古典派の作曲家(ハイドン，モーツァルト，ベートーベン)らによって完成された器楽曲の形式である。ピアノやバイオリンの独奏曲，室内楽曲，交響曲等の一楽章において多く用いられ，

提示部，展開部，再現部の三つの部分から構成されている。

解説 (1) 伝統音楽に関する用語についての出題頻度は高いので，さまざまな資料を活用し，理解しておくべきである。 (2) 指導要領のさまざまな語句が理解できているかを問われているので，すべて把握しておくことが望ましい。 (3) ロンド，フーガなど，鑑賞教材で扱われる形式についてもまとめておきたい。

【15】(1) 人差し指でトレモロをした後，人差し指と中指の爪の裏で高い音から低い音へと順にグリッサンドする箏の奏法。 (2) ミクソリディア旋法。教会旋法のひとつ。音域は「ト―1点ト」，終止音は，「ト」，支配音「1点ニ」 (3) 宗教的・道徳的題材を扱った大規模声楽曲。まれに世俗的なものもある。 (4) 17・18世紀のヨーロッパ音楽で，鍵盤楽器奏者が与えられた低音の上に，即興で和音を弾きながら伴奏声部を完成させる方法及びその低音部のこと。 (5) 箏の奏法の一つ。左手で柱の左の弦をつまんで柱の方へ引き寄せ，弾弦部の張力を弱めておいて弾弦するもの。音をわずかに低める手法。

(6) (ソステヌート)音の長さを十分に保って。 (7) 雅楽曲。曲の前に奏し，その曲の属する調の雰囲気を醸し出すとともに，楽器の音程を整える意味をもつ短い曲。 (8) (アルモニオーソ)よく調和して

(9) 沖縄県八重山地方の節歌の一つ(民謡) (10) 同一音型(旋律型やリズム型)を繰り返し用いること。しばしばバス声部にあらわれグランドベースなどと呼ばれる。

解説 (1) 箏の右手の人差し指と中指との爪の裏で行うグリッサンドの奏法で，いわゆる〈サラリン〉である。 (6) sostenutoの略。

(8) armonioso(協和的に，調子よく)の語は，ほとんど使われないもので難問。 (9) 赤馬節も一般によく知られた民謡とはいえない。

器 楽

●POINT

　吹奏楽や金管バンドが小・中・高校で盛んに行われるようになったためか，クラリネット・トランペット・ホルン・アルトサクソフォーンなど移調管楽器の記譜音と実音に関する出題が増加傾向にある。

　その対策は次の3つをしっかり覚えることで解決する。

① B♭管(C1，Tpなど)→実音より長2度高く記譜する

② F管(Hor，Eng・Hor)→実音より完全5度高く記譜する

③ E♭管(A. Sax)→実音より長6度高く記譜する

　これを理屈抜きで覚えると楽器の経験無しでも移調楽譜と実音の関係を理解できる。留意すべきは，出題された移調楽器の楽譜は，すべて実音の楽譜に書き直して，次の設問に答えること。例えばDdurの楽譜が出てそれがA. Sax用ならば実音は長6度低いFdurである。それをホルン用の記譜にせよ，の場合は実音の完全5度高いCdurに移調すればよい。サクソフォーンの出題が多いがソプラノ，テナー，バスはB♭管で，アルト，バリトンがE♭管であることも知っておきたい。

●ギターコード表

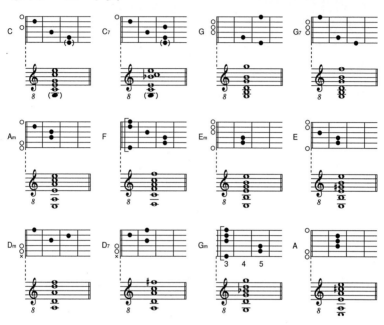

●リコーダーの運指

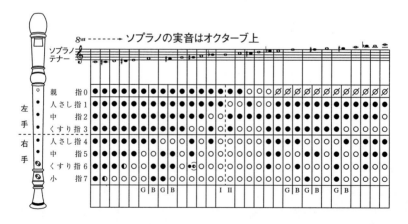

●弦の名称と開放弦の音

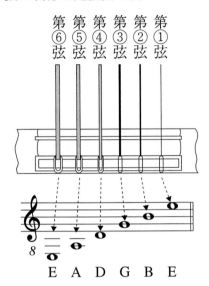

第⑥弦 第⑤弦 第④弦 第③弦 第②弦 第①弦

E A D G B E

問題演習

【1】次の問いの(ア)～(ク)について適当なものを，下の①～⑧から1つずつ選び，番号で答えよ。

　オーケストラ・スコアは通常，同属楽器ごとにまとめられているが，スコアの上部より(ア)楽器群，(イ)楽器群，(ウ)楽器群，(エ)楽器群の順に書かれている。

　ヴァイオリンの弦は4本あるが，その開放弦は低音の方から(オ)線，(カ)線，(キ)線，(ク)線と呼ばれている。

① 木管　② 金管　③ 打　④ 弦　⑤ A　⑥ D
⑦ E　⑧ G

【2】 次の①～⑩の楽器名をA群から選んで書き，それぞれを金管楽器，木管楽器，弦楽器，打楽器に分類して答えよ。

① ②

③ ④

⑤ ⑥

⑦ ⑧

⑨ ⑩

〈A群〉

ヴァイオリン	バスクラリネット	マンドリン	チェロ
スネアドラム	コントラバス	フルート	クラリネット
サクソフォン	オーボエ	トランペット	ホルン
トロンボーン	シンバル	クラベス	ティンパニ
ギター	トムトム	ドラ	ファゴット
ボンゴ	コンガ	バスドラム	ハープ
ピッコロ			

【3】尺八について，次の各問いに答えよ。

(1) ア〜ウに当てはまる語句をA〜Iから1つずつ選び，記号で答えよ。

　　尺八は，（　ア　）ごろに（　イ　）から伝来したといわれている。現在では，江戸時代に普化宗で使われていた楽器と同じものが用いられている。様々な長さのものがあるが，最もよく用いられるものは（　ウ　）のもので，「尺八」という名はこれに由来する。

A　弥生時代　　B　奈良時代　　C　室町時代　　D　インド
E　中国　　　　F　ロシア　　　G　八尺　　　　H　八尺一寸
I　一尺八寸

(2) 尺八の奏法について，A〜Cに当てはまる語句を，下の①〜⑨から1つずつ選べ。

　　あごを上下して首を振る（　A　）・カリの奏法，（　B　）やコロコロと呼ばれるトリル，息を強く吹き入れる（　C　）などの奏法によって，独特の音色と表情を生み出すことができる。

①　サワリ　　②　押し手　　③　メリ　　　④　スクイ
⑤　ユリ　　　⑥　ハジキ　　⑦　タンギング　⑧　ムラ息
⑨　後押し

(3) 尺八が用いられている曲をア〜オからすべて選び，記号で答えよ。

ア　越天楽　　イ　巣鶴鈴慕　　ウ　江差追分　　エ　早春賦
オ　勧進帳

【4】次の各問いに答えよ。

(1) 次の譜例は，箏の調弦を表したものである。下の①〜③に答えよ。

① a〜cの破線箇所に入る音符または語句を答えよ。

② この調弦は何調子か，答えよ。

③ 箏と同じ発音原理をもつ楽器をa〜fから2つ選び，記号で答えよ。

　　a　ジェンベ　　b　シタール　　c　ツィター　　d　ナイ

　　e　ベラヤ　　　f　ズルナ

(2) 次のア，イに適する語句を答えよ。

三曲合奏の楽器編成は箏と(　ア　)と尺八(又は胡弓)からなる。
(　ア　)による音楽のうち，歌い物の(　イ　)は主として上方を中心に盲人音楽家の専門芸として伝承されたもので，生田流箏曲と結合して発達した。

(3) 伝統音楽である「声明」の読み方と意味を答えよ。

(4) 雅楽に用いる管楽器，打楽器を次からそれぞれ2つずつ選び，ひらがなで答えよ。

　　篳篥　　鉦鼓　　和琴　　木柾　　篠笛　　笙　　釣太鼓

【5】ソプラノリコーダーに取り組む授業において，次の生徒にはどのような指導が適切か。具体的な指導の内容をそれぞれ2つ答えよ。

(1) 低い音が出しにくい生徒への指導について

(2) 高い音が出しにくい生徒への指導について

【6】ギター実習の時に，以下のことについて説明する内容を答えよ。

(1) ギターの楽譜と基本的な調弦(チューニング)について

(2) 基本的な右手の奏法について

(3) TAB譜について

【7】 次の(1)～(3)は，世界の民族楽器についての説明である。楽器名を答えよ。また，その楽器が発達した国または地域を，下のa～fから1つずつ選び，記号で答えよ。

(1) 方形の長いじゃ腹の両端にボタン式の鍵盤をそなえ，手首を通して楽器を支える皮バンドがついている。

(2) チター属弦鳴楽器。12弦で構造は日本の筝と似ているが，あぐらをかいた膝の上に一方の端を乗せて右手の指でじかに演奏する。

(3) 三角形の胴をもつ撥弦楽器。2弦の楽器に第3弦が加えられ，現在の形となった。

    a　アルゼンチン　　　b　アンデス　　　c　スペイン
    d　イスラム圏　　　　e　ロシア　　　　f　朝鮮半島

【8】 次の文章を読み，下の各問いに答えよ。

　　ギターのストローク奏法は，おもにフォークやフラメンコ，フォルクローレなどの分野で多く用いられている。ストロークには第6弦から第1弦に向かって上から下へ振り下ろす(　①　)，反対に第1弦から第6弦に向かって弾く(　②　)がある。

　　またコードの押さえ方には，左手の人差し指で6本の弦を全部押さえる(　③　)という方法がある。コードは押さえる弦を示した(　④　)を見て弾くと理解しやすい。フォーク・ギターやエレキ・ギターは一般的に(　⑤　)を使って弾く。

　　バンド譜は6本の横線に押さえる弦とフレットを表した(　⑥　)が用いられている。

(1) ①～⑥にあてはまる語句を答えよ。

(2) 次の図にあるコード名を答えよ。

【9】三味線について，次の各問いに答えよ。

(1)　ア～エの三味線の各部分の名称について答えよ。

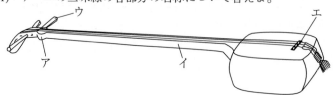

(2)　①～③の三味線の調弦法を答えよ。

① ② ③

(3)　次に示した三味線の奏法の名称を答えよ。

　ア　基本奏法とは逆に撥を下から糸にあててすくいあげる奏法。

　イ　撥を使わずに左指で糸をはじいて音を出す奏法。

　ウ　勘所を押さえて撥音したあと，左指をずらして音高を変化させ
　　　る奏法。

【10】次の文章は，「箏」について説明したものである。各問いに答えよ。

　　箏は(　①　)時代に(　②　)に用いられる楽器として，(　③　)から
伝えられた楽器である。

　　箏は，胴の上に(　④　)を立て，この位置で音の高さを調節する。
普通使われる爪は，(　⑤　)爪と(　⑥　)爪の2種類があり，身体の構
え方，親指の爪のあて方と弾き方が異なる。

　　弦(糸)の名前は，奏者の向こう側から手前に向かって順に「一　二
三　四　五　六　七　八　九　十　(　⑦　)　(　⑧　)　(　⑨　)」と
呼ぶ。

(1)　(　①　)～(　④　)に当てはまる語句を次のア～ソからそれぞれ1
　　つずつ選び，記号で答えよ。

　　ア　インド　　イ　能楽　　ウ　面　　　エ　ロシア

　　オ　平安　　　カ　狂言　　キ　足　　　ク　奈良

　　ケ　枚　　　　コ　本　　　サ　雅楽　　シ　唐中国

　　ス　爪　　　セ　江戸　　ソ　柱

(2)　(⑤)~(⑨)に当てはまる語句をすべて漢字で書け。

(3)　箏の演奏方法(奏法)で親指と中指を使って2本の弦(主にオクターブの関係)を同時に弾く奏法を何というか書け。

(4)　箏曲「六段の調」の作曲者名を漢字で書け。

(5)　箏曲「六段の調」に用いられる代表的な調弦法を漢字で書け。

(6)　箏曲は歌と箏と一緒に演奏されることが多いが、「六段の調」は歌の入らない器楽曲である。箏曲の調べ物ともいわれる、この曲の形式を何というか書け。

【11】次の文を読んで、下の各問いに答えよ。

　　弦楽器で、フレットが無く正しいピッチを得るのは難しいが微調整が利くヴァイオリン属とフレットを持つ(ア)属は、16世紀までに誕生したが、中世からその原形は存在し、弓でこすって音を出す擦奏法は(イ)アジアが起源といわれている。モンゴルの(ウ)や中国の(エ)も同じく弓奏の(オ)楽器である。

　　一方(カ)楽器はギター、マンドリン、リュートの他ハープやインドの(キ)など多種多様なものがある。

　　(ク)楽器はピアノの他、そのもとになった(ケ)、ツィンバロムなどが挙げられる。

(1)　文中の(ア)~(ケ)にあてはまる語句をそれぞれ答えよ。

(2)　文中の下線部の正式名称と、この楽器を発明したイタリア人名を答えよ。また、発明当時におけるこの楽器の構造上の特徴を答えよ。

【12】次の①~⑤は諸民族の楽器名である。どこの国又は地域の楽器か。下のア~オからそれぞれ1つずつ選び、記号で答えよ。

①　バラフォン　　　　　②　ムックリ　　③　カヤグム

④　ハーディーガーディー　　⑤　タブラー

　　ア　北海道　　イ　ヨーロッパ　　ウ　インド　　エ　西アフリカ

　　オ　朝鮮半島

【13】次の各問いに答えよ。

(1) 次の文は，箏についての説明文である。文中の各空欄に適する語句を答えよ。

箏は，(①)時代に雅楽の楽器として，中国大陸から伝えられた楽器で，弾くために使用する爪の形は流派によって異なり，山田流では(②)，生田流では(③)を用いる。

(2) 次の①〜⑤に示された箏の演奏方法について，それぞれ何というか，答えよ。

① 右手で弾いた後に，左手で弦を押して余韻の音高を上げる。

② 隣り合った2本の弦を，右手の中指で手前に向けてほとんど同時に弾く。

③ 左手で弦をつまんで柱の方に引き，音高をわずかに下げる。

④ 右手の親指と中指を使って2本の弦を同時に弾く。

⑤ 弦を弾く前に左手で弦を押して，全音上げる。

【14】クラシック・ギターについて，次の各問いに答えよ。

(1) 次の①〜⑤に当てはまる数字をそれぞれ1つ書き，TAB譜を完成させよ。

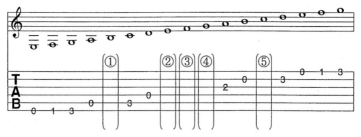

(2) 音楽の授業において，「アポヤンド奏法」と「アル・アイレ奏法」の特徴を生徒に理解させるとき，あなたはどのような説明をしますか。それぞれの奏法がどのような場合に用いられるかを含めて，簡潔に述べよ。

【15】 次の(1)〜(5)の文章は，ある打楽器の説明である。それぞれの楽器の名称を答えよ。

(1) ロバ，馬などの下あごの骨を乾燥させて作った打楽器。たたくと，あごに付いている歯がカタカタ鳴る。

(2) 2つまたは3つのカウベルを鉄の棒でつないだ打楽器。スティックでたたいたり，カウベルどうしを打ち合わせたりする。

(3) お椀型のベルを1本の軸に，大きい順に上から下へ開口部を下に向けて縦に並べた打楽器。上から下へすべらすようにたたく。

(4) ドラム缶の底をハンマーでたたいて窪みを付け，いくつかの面に分け，その面ごとに音程を出せるように作った打楽器。

(5) 胴の片面に皮が張られ，その内側の中心に棒が付けられている打楽器。この棒を湿った布でこすって音を出す。指で皮を押して音程を変化させることもできる。

【16】 グランドピアノにある3本のペダルについて，それぞれの名称，使用した(踏んだ)ときのダンパーまたはハンマーの動き，音への効果(現象)を答えよ。

■■■■■■■■■■ 解答・解説 ■■■■■■■■■■

【1】 ア ① イ ② ウ ③ エ ④ オ ⑧ カ ⑥ キ ⑤ ク ⑦

解説 オーケストラ・スコアの基本的な知識があれば難しくない。ヴァイオリンをはじめ，主な弦楽器の調弦については覚えておくとよい。

【2】 ① 楽器名：シンバル 分類：打楽器 ② 楽器名：フルート 分類：木管楽器 ③ 楽器名：スネアドラム 分類：打楽器 ④ 楽器名：オーボエ 分類：木管楽器 ⑤ 楽器名：チェロ 分類：弦楽器 ⑥ 楽器名：ホルン 分類：金管楽器 ⑦ 楽器名：コンガ 分類：打楽器 ⑧ 楽器名：トロンボーン 分類：金管楽器 ⑨ 楽器名：コントラバス 分類：弦楽器 ⑩ 楽器名：サクソフォン 分類：木管楽器

解説 ①～⑩の楽器図から楽器名と弦・木管・金管・打楽器の分類を選ぶ出題で正答はやさしい。⑤や⑨の図もヴィオラと誤らぬよう選択肢から除かれている。④を誤ってクラリネットとしないよう，⑩はアルトサクソフォンらしいが，アルトやテナーの違いはやはり選択肢にない。⑦のコンガを共にキューバで生まれたボンゴと間違えないよう留意したい。

【3】(1) ア B　イ E　ウ I　(2) A ③　B ⑤　C ⑧
(3) イ

解説 (1)　日本には大きく分けると5種類の尺八が存在するが，現在「尺八」と一般的に呼ぶものは「普化尺八」を指す。中学校学習指導要領に「3学年間を通じて1種類以上の楽器を」と明記されていることから，教科書に出てくる和楽器の名称，歴史，奏法，代表曲は重要事項である。必ず覚えておくこと。　(2)　尺八の奏法：メリ，ムラ息，ユリ　三味線の奏法：サワリ，ハジキ　箏の奏法：スクイ，後押し，押し手　ユリは，声楽・器楽にかかわらず，音を揺らす方法を指す。尺八以外にも，篳篥や龍笛にもユリはある。タンギングは，管楽器全般に使う舌技法。　(3)　雅楽の越天楽は，管弦の編成である。管楽器の篳篥，龍笛，笙，弦楽器の琵琶，箏，打楽器の鞨鼓，太鼓，鉦鼓である。尺八曲・巣鶴鈴慕(そうかくれいぼ)は，18世紀半ばに「鶴の巣籠」から生まれた曲の一つである。早春賦は，吉丸一昌作詞・中田章作曲の歌曲である。江差追分(えさしおいわけ)は，北海道の民謡である。「かもめの鳴く音に　ふと目をさましあれがエゾ地の山かいな…」という歌詞である。長唄の勧進帳は，三味線音楽の一種。地歌の曲種名「長歌」と区別するため「唄」を使い，江戸長唄ともいう。唄，三味線(細竿)，囃子(笛，小鼓，大鼓，太鼓)が加わることも多い。

【4】(1) ① a 　b 斗　c 為

② 平調子　③ b・c　(2) ア 三味線(三絃・三弦)　イ 地歌(地唄)　(3) 読み方／しょうみょう　　意味／仏教の儀式・法要

で僧の唱える声楽　　(4)　管楽器／ひちりき，しょう　　打楽器／しょうこ，つりだいこ

解説 (1)　①と②は箏の代表的な調弦法。絶対高音ではない。　③は弦をはじく撥弦楽器を答える設問である。正答のbシタールは北インドの撥弦楽器で，7本の演奏弦のほか共鳴弦があり，約20個の可動式フレットをもつ。cツィターも共鳴箱の上に4～5本の旋律弦と約30本の伴奏弦を張った撥弦楽器で，ドイツやオーストリアの民族楽器〈第3の男〉で有名）。他は太鼓(ジェンベ)や木管楽器(ナイ，ズルナはトルコやアラブ)である。　(2)　イの「地歌」は，ア「三味線」音楽の最古の種目である。　(3)(4)　「しょうみょう」や雅楽の楽器については，調べておきたいもの。

【5】(1)　・ゆるやかでたっぷりした息を使う。(右手の薬指や小指がトーンホールを完全に閉じているか。指の柔らかい部分で押さえる)
・to(トー)のように口の中の空間を少し広くしたり，do(ドゥー)のようにタンギングを柔らかくする。　(2)　・サミングで作るサムホールの隙間を少し狭くする。(色々試させる)　・タンギングをtyu(テュー)やti(ティー)のように，口の中の空間を少し狭くして，スピードのある息を吹き込む。

解説 リコーダー演奏のための要点は，①呼吸法(息の使い方)，②運指法(指使い)，③タンギング(舌の使い方及び口腔の開け方)の視点からより効果的な指導法を実践したい。

【6】(1)　ギターの楽譜は，ト音譜表に，実音より1オクターブ高く記譜される。調弦は，ピアノやチューナーを使いながら，6弦から順にＥＡＤＧＨＥとなるように合わせる。　(2)　・アポヤンド奏法…弾いた指が，となりの弦に触れて止まる奏法。　・アル・アイレ奏法…弾いた指が，となりの弦に触れないで手のひらに向かって止まる奏法。
・ストローク奏法…ピックや指を使いながら，弦を低音から高音へ，高音から低音へかき鳴らす奏法。　・アルペッジョ奏法…指の一本一本ではじきながら分散和音で演奏する奏法。　(3)　タブラチュアの略で，6線を実際の弦と同じように使い，押さえるフレットの場所を数

字で表した譜面である。

解説 ギターについての出題で，記述説明のためその内容は各人により違うことになるであろうが，押さえておきたいことは次のもの。

(1) 調弦の音名，記譜と実音が1オクターブ違うことは答えたい。

(2) 右手のアポヤンド，アル・アイレの奏法はよく出題される(共にクラシック奏法)。右手の指の運指は，親指がp，人さし指がi，中指はm，くすり指はa，小指はほとんど使われないがchでピマ(pimach)と覚えたい。なお左指は番号で示され，ピアノ運指と違って人さし指が1で小指が4と示している。　(3)　TAB譜については，中学校の器楽の教科書などに譜例が載っている。

【7】 **(1)** 楽器名：バンドネオン　　語群：a　　**(2)** 楽器名：カヤグム
語群：f　　**(3)** 楽器名：バラライカ　　語群：e

解説 世界の民族楽器の名称，構造，奏法，旋律，歴史は研究しておきたい。　(1)　アコーディオンの発明を受け，コンサティーナという6または8角形の手風琴をもとに，1840年代ドイツのハインリヒ・バンドが考案し，ドイツの民族音楽で演奏されていた。　(2)　韓国の箏のことである。弦は12本で膝の上に乗せて演奏する。爪をつけないで指の腹で演奏する。　(3)　ロシアの共鳴胴が三角形をしている楽器。現在のものは19世紀の末に改良された。サイズの異なったものが合奏に用いられたりする。プリマと呼ばれるサイズが標準。

【8】 ①　ダウン・ストローク　　②　アップ・ストローク　　③　セーハ　　④　ダイヤグラム　　⑤　ピック　　⑥　タブ譜

(2) ⑦　G　　⑧　F♯m・G♭m　　⑨　Am　　⑩　E♭maj₇・D♯maj₇

解説 (1)　ギターの弾き方など実践に即した出題。　③　セーハはcejaと書く。　⑤　ピックは板状の小片のこと。　(2)　⑦〜⑩のダイヤグラムの和音を示すと次のようになる。

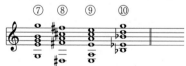

【9】(1) ア 乳袋(ちふくろ・ちぶくろ)　イ　棹(さお)　ウ　糸巻(いとまき)　エ　駒(こま)　(2) ① 本調子　② 二上がり(二上り)　③ 三下がり(三下り)　(3) ア スクイ　イ　ハジキ　ウ　スリ

> **解説** (1) 三味線の各部の名称には他にも，海老尾(えびお，又は天神)や糸蔵，根尾(緒)などがあるので学習しておきたい。　(3) スクイ，ハジキ，スリは代表的な奏法。他にもコキやニジリ，爪弾(つめびき＝バチを用いず指先で弾く)などもある。

【10】(1) ① ク　② サ　③ シ　④ ソ　(2) ⑤ 角(丸)　⑥ 丸(角)　⑦ 斗　⑧ 為　⑨ 巾　(3) 合わせ爪
(4) 八橋検校　(5) 平調子　(6) 段物

> **解説** (1) 和楽器について，箏以外にも三味線や尺八などの歴史や楽器の特徴，奏法をそれぞれまとめておきたい。　(2) 山田流(丸)生田流(角)　(3) 連，押し手，引き色などの奏法も研究しておきたい。
> (5) 調弦は実音dまたはeから行うが，dからのほうが高音域の演奏のしやすさより，主流になっている。教科書などではeからの調弦が記されていることが多い。　(6) 八橋検校によって「組歌」形式の箏曲が創られ，その後「段物」といわれる器楽的な箏曲も加わり，元禄時代に京都や江戸，大阪に広がった。当時，八橋検校の流れをくむ京都の人々が，同じ八橋検校の系統で代表的な箏曲家の生田検校の名前にちなんで，「生田流」というようになった。

【11】(1) ア リュート　イ　中東もしくは中央　ウ　馬頭琴
エ　二胡　オ　擦弦　カ　撥弦　キ　シタール　ク　打弦
ケ　ダルシマー　(2) 正式名称：ピアノフォルテ　発明者：クリストフォリ　特徴：爪で弦を弾く構造に代わって，ハンマーで弦を叩くメカニズムを開発し，音の強弱の変化を出せるようにした。

> **解説** (1) 楽器の起源についてはよく問われる。国，楽器，奏法，分類などは結びつけておきたい。起源についてはいくつか諸説があるため，一つに断定できないことがあるが，最も有力な一つは覚えておこう。解答例には，他の楽器が入ることもあり，ケはクラヴィコードが入っ

ても良い。 (2) ピアノの原型は17世紀後半にイタリアで発明された。当時の正式名称はクラヴィチェンバロ・コル・ピアノ・エ・フォルテであった。強弱の表現が可能なことからピアノフォルテと名づけられ，やがて略されてピアノと呼ばれるようになっていった。ピアノは様々な改良が行われてきた上での最終形で，間にはたくさんの楽器が存在する。おおまかな形状や構造などを整理しておくとわかりやすい。

【12】① エ　② ア　③ オ　④ イ　⑤ ウ

解説 民族楽器は，名前，地域，楽器の特徴，使用される音楽の特徴，写真での判別などを関連させて覚えておくこと。どれがどういう形で問われても解答できるようにしたい。楽器店に行くと現物を見たり触ったりできる。一度触れておくとより鮮明に記憶に残るだろう。

【13】(1)　① 奈良　② 丸爪　③ 角爪　(2)　① 後押し
② かき爪(かき手)　③ 引き色　④ 合せ爪　⑤ 強押し

解説 箏についての設問で，奏法では実技と共に覚えることが大切であるが，実技を伴わぬとしても代表的な奏法は知っておきたい。
(2) ①及び⑤は〈押し手〉という左手奏法の一種である。出題の奏法以外にも〈すり爪〉，〈引き連〉，〈裏連〉などを学習しておきたい。

【14】(1)　① 2　② 2　③ 3　④ 0　⑤ 1　(2) アポヤンド奏法は，指で弦を弾いたあと，隣の弦にもたれかかる弾き方。アル・アイレ奏法は，指で弦を弾いたあと，他の弦には触れない弾き方。

解説 アポヤンドとアル・アイレを逆に覚えることがないようにする。以下に，TAB譜の完成版を参考に載せておく。

【15】(1) キハーダ　(2) アゴゴ　(3) ベル・トゥリー
(4) スティール・ドラム　(5) クイーカ

解説 叩けば何でも打楽器になり得るものなので，打楽器は次々に新し

く生まれる。例えば(4)のスティール・ドラムは，中米・西インド諸島のトリニダード島で，ドラム缶の底から考案されたのが第二次世界大戦頃のこと，スティール・パンとも呼ぶという。(2)のアゴゴはサンバ(ブラジル)に不可欠の金属打楽器。この設問は難問の部に入るであろう。対策としては，とにかくいろいろな音楽や楽器などに興味を持つことから始まる。

【16】(名称／働き／効果の順)　右側…ダンパー・ペダル／全弦のダンパーが一斉に弦から離れる。／鍵盤を放しても音が続き，打たれた以外の弦も共鳴を起こし，響きが厚くなる。　中央…ソステヌート・ペダル／押さえた鍵盤を放す前に踏むと，その音のダンパーだけ離れたままになる。／鍵盤から指を離しても踏まれた音は続くが，それ以降の音は通常どおりである。　左側…弱音ペダル(シフト・ペダルソフト・ペダル)／鍵盤と打弦機構全体が右に移動し，3本または2本が1組の弦のうち1本だけはハンマーの打撃から外される。／音量が落ちる。

解説　ピアノのペダルは平型(グランドピアノ)では3本，竪型(アップライトピアノ)では2本付いている。楽器の王様と言われるピアノは，1709年頃イタリア・フィレンツェのチェンバロ製作者クリストフリが，チェンバロ本体を用いて弦をハンマーで打つ楽器を発表した。これがピアノの発明とされる。音域が下2点い音から上5点ハ音の$7\frac{1}{4}$オクターヴにわたるピアノの構造やその効果の詳細を改めて学習したい。

西洋の音楽

●POINT

　西洋音楽史では，説明文の穴埋めや正誤を判断する問題が多く見られる。

　中世・ルネッサンス時代では「グレゴリオ聖歌」「オルガヌム」「アルス・ノヴァ」「ギョーム・ド・マショー」「グィド・ダレッツィオ」「ジョスカン・デ・プレ」等の用語の意味や人物について問う問題，バロック時代では，「ヴィヴァルディ」「コンチェルトグロッソ」「フーガ」「ヘンデル」「水上の音楽」等の人物・用語の理解を見る問題が比較的多い。

　古典派では，ソナタ形式，ベートーヴェンの交響曲第5番第2楽章のテーマから作曲者や曲名，楽器名，他の作品名を答えさせる問題などが見られる。

　ロマン派では，メンデルスゾーンやベルリオーズの音楽史上の功績を問う問題，シューベルト《魔王》の登場人物と楽譜を一致させる問題，ヴェルディ《椿姫》についての背景や登場人物について尋ねる問題，リストの管弦楽曲の特徴，「チェレスタ」に関連する事項を答えさせる問題などが見られる。

　近現代では「ミュージックコンクレート」「クセナキス」「ファリャ」「シベリウス」「フランス5人組」などの人名，用語に加え，ラベル《ボレロ》の基本リズムの記譜，アメリカの作曲家や音楽様式の知識を尋ねる問題が見られる。

●ギリシャの音楽

　西洋音楽文化の原流の1つは，古代ギリシャの音楽から発する。文学，哲学，芸術等の分野と同様に，音楽においてもギリシャは理想的な典型を示してきた。

　古代ギリシャでは，生活と音楽が密接した関係にあり，人々は祭り，戦争等において音楽を重視していた。それは現在残されている神話や壺絵からも，明らかである。しかし，当時の実際の音楽を伝える資料はごくわずかである。アポロン賛歌(デルポイで発見)，太陽の賛歌(130年頃メソメデスが作ったといわれる)，セイキロスの墓碑銘(小アジアで発掘)等が挙げられる。

　音楽理論は，偉大な哲学者達によって説かれた。彼らは音楽を宇宙論，心理的効果等と関連づけ，中世以降のヨーロッパ文化に大きく影響を及ぼした。プラトンやアリストテレスは，音楽の持つ心理的影響を信じてそれを教育的側面に応用している。また，ピタゴラスは，鳴り響く弦の長さの変化と音程への影響を調べて音響学の基礎を確立した。

　テトラコード(4音音列)と，7つの旋法から成るギリシャ音楽の音組織は，今日の音楽にも伝承されている。「ハーモニー」「メロディー」「オーケストラ」等の音楽用語は，古代ギリシャに由来することからも，ギリシャ音楽が西洋音楽文化の原点であることがうかがえる。

keyWord

・コロス(合唱部)
・アウロス
・キタラ，リラ(ハープの一種)

●中世の音楽

　ローマ帝国の世界征服の後，キリスト教の信仰が広まってくる。ヨーロッパの独自の文化の開花が，音楽とキリスト教とを深く結びつけていったのである。

　中でも，教会における典礼儀式と結びついた単旋律聖歌が重要である。音楽で，ガリア聖歌やモサラベ聖歌等の地方的特色のある聖歌は統合されていき，「グレゴリオ聖歌」というローマ教会の典礼音楽となった。グレゴリウス1世により集大成されたといわれる「グレゴリオ聖歌」は，無伴奏で，1本の旋律を斉唱か独唱で歌う。

　13世紀にパリのノートルダム楽派から生まれた多声音楽(ポリフォニー)は，14世紀になり技法がより洗練されていった。リズムはより自由になり，多声音楽は広く世俗に広まっていった。音楽を宗教的側面から解放し，人間の感情に素直に表現するこの運動や，この時期の新しい音楽様式を表すのが，「アルス・ノバ」(新芸術運動・新音楽)である。

　また，宗教音楽に反発して，自由な感情で即興的な歌を愛して諸国を歩いて回った人々を吟遊詩人と呼ぶ。彼等は，竪琴の演奏で民衆的な歌を歌い，世俗歌曲を残している。

keyWord

・グレゴリオ聖歌　　　・多声音楽(ポリフォニー)
・アルス・ノバ(新芸術・新音楽)
　【→アルス・アンティクア(古芸術・古音楽)】
・ネウマ譜　　・ノートルダム楽派
・マショー(フランスの作曲家)
・ランディーニ(イタリアの作曲家)
・吟遊詩人(ミンネゼンガー【ドイツ】／トルバドール【南仏】／
　トルベール【北仏】)

●ルネサンスの音楽

　15世紀〜17世紀の，中世に続く時期の音楽を，ルネサンス音楽と呼ぶ。絵画や建築等の分野においてはルネサンスはイタリアから始まった。しかし音楽のルネサンスの主役は，フランス，ベルギー，オランダ等のフランドル地方である。この地方では特にアルス・ノバ運動が盛んで，これらの国々の音楽家達を「フランドル楽派(ネーデルランド楽派)」と呼ぶ。

　この時期を通じて，音楽が統一されていき，ある一定の様式が誕生する。1番大きな特徴は，多声楽の構成技法の発展である。2〜3声部による書法から，4〜5声部へ展開し，定着したのはこの時期である。また，中世ではあまり注意されなかった「協和，不協和」も，興味をもたれ始める。以前にまして，音楽は人々の生活において，重要な位置を占めていくようになった。宮廷や貴族だけではなく，都市市民の娯楽にも欠かせないものとなっていった。

　16世紀にマルチン・ルターが始めた宗教改革も，この時代の重要な出来事である。音楽の面においては，主としてドイツに関係する。ラテン語の歌を自国語に改めてコラール(ドイツ語の賛美歌)を歌うことで，聖歌は広く民衆になじみ，教会音楽と世俗音楽のすき間を埋めていった。多声音楽の巨匠バッハに至るまで，ドイツ音楽を育む母体となったのである。

　一方，ローマ・カトリック教会では，ローマ楽派のパレストリーナにより，流行歌や楽器の使用を排除した無伴奏の多声合唱の形態が完成され，カトリック教会音楽の完成期となった。

keyWord

- ブルゴーニュ楽派⇒デュファイ／バンショワ
- フランドル楽派(ネーデルランド楽派)⇒オケヘム／ジョスカン・デ・プレ／ラッソ
- パレストリーナ(イタリアの音楽家)⇒ア・カペラ様式(無伴奏の多声合唱)

●バロック時代の音楽

　ルネサンス以後，1600年からバッハの没年1750年は，バロック音楽の時代である。

　1590年頃にイタリアで行われたギリシャ悲劇の上演をきっかけとして，オペラが誕生した。モンテベルディやパーセルがこの分野で活躍し，A.スカルラッティ，J.ラモー等がこれを発展させた。

　器楽の発展もこの時代の特徴と言える。チェンバロ，バイオリンの発達に伴い，様々な器楽の形式が誕生した。ソナタ(トリオ・ソナタ，独奏ソナタ)，コンチェルト(コンチェルト・グロッソ，独奏コンチェルト)等である。シンフォニーという名前もこの時期に生まれ，オルガンの発展は，組曲形式やフーガへとつながっていった。宗教改革によって生まれたコラールを素材として，カンタータが誕生した。カンタータとは，教会暦に従い礼拝用に作曲される楽曲で，バッハのカンタータに集大成を見るものである。また，教会音楽においてオラトリオが生まれる。オラトリオとは，宗教的題材を用いた大規模な叙事的楽曲である。これはオペラ手法の教会音楽での実践と言える。ヘンデルの「メサイヤ(救世主)」は，最も有名なオラトリオである。

　カッチーニ は1600年頃モノディ様式を創始した。この様式では，通奏低音に基づく和音の伴奏を基本としている。一方2つの対照的な楽器群が掛け合いをする協奏様式も誕生し，楽曲は更に複雑になっていった。

keyWord

・オペラの誕生⇒モンテベルディ／A.スカルラッティ／J.ラモー
・器楽形式の発展⇒ビバルディ(バイオリン協奏曲「海の嵐」)
・宗教音楽⇒カンタータ／オラトリオ(ヘンデル「メサイア」)
・モノディ様式(⇔協奏様式)　⇒通奏低音

●古典派の音楽

　18世紀の半ばから19世紀の初め頃を大きく捉えて古典派と呼ぶ。ドイツ，イタリアをはじめとして，様々な国で新しい音楽の形式が生まれた。〈古典派〉を代表する音楽家は，ハイドン，モーツァルト，グルッグ，ベートーヴェンで，この時代の先駆けとなった18世紀前期の音楽家達を〈前古典派〉と呼ぶ。〈前古典派〉の主な音楽家は，バロック時代の象徴であるバッハとヘンデルの息子の時代と言える。バッハの次男C.Ph.エマヌエル・バッハ，末子J.クリスティアン・バッハは代表的である。古典派音楽の重要な形式はソナタ形式である。主題提示部，展開部，再現部の3部からなり，複数の主題が展開的に扱われるというものである。このソナタ形式の原理は主楽章を支配していった。

　管弦楽で演奏するソナタが交響曲であるが，ハイドン，モーツァルト等はそれぞれ多くの交響曲を残して，古典派の交響曲を完成させた。

　グルッグにより，イタリア・オペラは，音楽による劇の進行を重視するようになっていった。モーツァルトは生涯に20曲程のオペラを残した。また，ハイドンはオラトリオで，ホモフォニー(和声音楽)とポリフォニー(多声音楽)の併用で壮麗な合唱様式を完成した。

　彼らの音楽的遺産や精神を受け継ぎ，19世紀のロマン派への重要な架け橋となったのが，ベートーヴェンである。彼は9曲の交響曲の他，多くのピアノ・ソナタや弦楽四重奏曲等を残している。

keyWord

- 前古典派⇒C.Ph.エマヌエル・バッハ／J.クリスティアン・バッハ
- ソナタ形式(主題提示部・展開部・再現部)⇒交響曲(管弦楽)／独奏用ソナタ(バイオリン・ピアノ)／弦楽四重奏(第1・第2バイオリン・ビオラ・チェロ)
- オペラ⇒モーツァルト【3大オペラ「フィガロの結婚」「ドン・ジョバンニ」「魔笛」】
- オラトリオ⇒ハイドン【「天地創造」「四季」】
- 古典音楽の大成者⇒ベートーヴェン【「英雄」「運命」「田園」】

●ロマン派の音楽

　19世紀全体を音楽の〈ロマン派〉と呼ぶ。人間の個性を重視し，音楽と他の芸術，特に文学との結びつきが密接になっていった。文学との結びつきは，ドイツ・リート(芸術歌曲)において顕著である。シューマン，ブラームス等はロマン派の詩に曲を書き，リストは文学的な内容を表現する管楽器の交響曲を書いた。

1. 初期ロマン派の主な音楽家

音楽家	国籍 生誕／没年	特徴	主な作品
シューベルト	オーストリア 1797〜1828	生涯に600余りのリート（歌曲）を作曲し，「歌曲の王」とも呼ばれる。	歌曲 「魔王」「野ばら」 歌曲集 「美しき水車小屋の娘」 「冬の旅」
ウェーバー	ドイツ 1786〜1826	国民歌劇を作りロマン歌劇を創始。	歌劇 「魔弾の射手」 ピアノ曲 「舞踏への招待」
メンデルスゾーン	ドイツ 1809〜1847	厳格な古典形式を守ったロマン的小品をかいた。風景の音楽的描写を試みたことから「音楽の画家」とも呼ばれる。	序曲 「真夏の夜の夢」 ピアノ曲 「無言歌」
シューマン	ドイツ 1810〜1856	詩的な叙情性を持つ標題のピアノ独奏曲と歌曲を作曲した。	合唱曲 「流浪の民」 ピアノ曲 「トロイメライ（子供の情景）」

音楽家	国籍 生誕／没年	特徴	主な作品
ショパン	ポーランド 1810～1849	装飾音や不協和音を効果的かつ大胆に使い，ピアノ音楽に大きな影響を残した。	ピアノ協奏曲 「ホ短調op.11」 「ヘ短調op.21」 夜想曲（ノクターン） 「OP.9,no.2」 「OP.15,no.2」
ベルリオーズ	フランス 1803～1869	ロマン派の標題音楽を作曲し，リスト，ワーグナーにも影響を与えた。管弦楽の新しい音楽効果にも苦心を払った。	劇的交響曲 「ロメオと 　　　ジュリエット」 「ファウストの 　　　ごう罰」 「幻想交響曲」
リスト	ハンガリー 1811～1886	世界最大のピアニストといっても過言ではない。「交響詩」の創始者としても知られる。	交響詩 「前奏曲」 ピアノ曲 「ハンガリー狂詩曲」
ワーグナー	ドイツ 1813～1883	19世紀のオペラ改革者で，音楽，美術，文学を一体化した総合芸術としての＜楽劇＞を創始した。	楽劇 「タンホイザー」 「さまよえる 　　　オランダ人」 「トリスタンと 　　　イゾルデ」
ブラームス	ドイツ 1833～1897	シューマンに認められた。ロマン派の中では比較的保守的でロマン主義文学と民謡への興味を持ち，堅実，入念にオペラを除く殆ど全ての分野で作品を残した。	室内楽曲 「クラリネット 　　　5重奏曲」 交響曲 「ハンガリー舞曲」

2. 後期ロマン派の主な音楽家

音楽家	国籍 生誕／没年	特徴	主な作品
マーラー	オーストリア 1860～1911	名指揮者としても活躍し，交響曲や歌曲で才能を発揮した。	交響曲「第8番」 大合唱が入るので，「千人の交響曲」とも呼ばれる。
R.シュトラウス	ドイツ 1864～1949	歌劇を始めとして，数多くの種類の曲を作曲し，ドイツの音楽界に新風を注いだ。	交響詩 「ドン・ファン」 歌劇 「サロメ」 「ばらの騎士」
ヴォルフ	オーストリア 1860～1903	独創的な歌曲を約300曲残した。その鮮明な感覚や多様性により，シューベルトと並び称せられる程重要なドイツ・リート作曲家である。	「メーリケ歌曲集」 「ゲーテ歌曲集」

3. 国民楽派の主な音楽家

> 19世紀後半には民族的な意識が高まり，音楽活動の中に，国民意識が強くなっていった。民謡や舞曲に音楽の基本をすえて，そこに民族の伝統や風土，歴史を取り入れた音楽を書いた。このような音楽家達を〈国民楽派〉と呼ぶ。

音楽家	国籍 生誕／没年	特徴	主な作品
ムソルグスキー	ロシア 1839 ～1881	ロシア「五人組(THE FIVE)」である。 ロシア国民音楽に隆盛をもたらした。	
ボロディン	ロシア 1833 ～1887		
リムスキー＝コルサコフ	ロシア 1844 ～1908		
バラキレフ	ロシア 1837 ～1910		
キュイ	ロシア 1835 ～1918		
グリンカ	ロシア 1804 ～1857	国民楽派の祖。1836年，最初の国民オペラ「イワン・スサーニン(皇帝にささげた命)」を上演して認められ，以降多くの歌曲を残した。	オペラ 「スサーニンのアリア」 「ルスランとリュドミラ」 管弦楽曲 「ホタ・アラゴネーサ」

音楽家	国籍 生誕／没年	特徴	主な作品
スメタナ	チェコスロバキア 1824～1884	ピアニスト，音楽学校の経営者として活躍した。チェコの歴史や風物を音楽化して独立以前のチェコの民族運動に呼応した作品を多く残した。	オペラ 「売られた花嫁」 交響曲 「モルダウ」
ドボルザーク	チェコスロバキア 1841～1904	ビオラ奏者として活動し始める。スメタナに影響され，オーストリアの支配の下で愛国運動に共鳴した。	オペラ 「ルサルカ」 交響曲 「第8番ト長調op.88」 「第9番ホ短調op.95」
グリーグ	ノルウェー 1843～1907	オーケストラと合唱曲の指揮者として活躍した。作品は，管弦楽曲，歌曲，ピアノ曲，合唱曲など多岐に渡り，素朴な美しい作品を残している。	「ペールギュント」 ピアノ協奏曲 「イ短調op.16」
シベリウス	フィンランド 1865～1957	交響曲，ピアノ曲，劇のための音楽，合唱曲など数多くの作品があり，幻想と厳格な古典的作曲法を融合させている。第一次世界大戦以後のロシアの圧政に対するフィンランドの愛国運動の1つとしての愛国劇上演に於いて，音楽を担当した。	交響曲 「トゥオネラの白鳥」 交響詩 「フィンランディア」

●音楽史略年表１

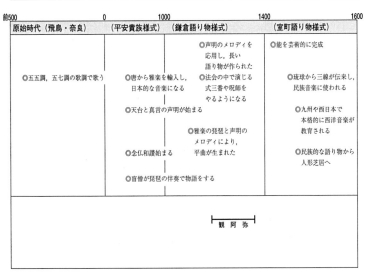

前500　　　　　　　　0　　　　　　1000　　　　　　1400　　　1600

ギリシア・ローマの音楽	中世の音楽	ルネッサンスの音楽
◎かんたんな楽器でメロディとリズムだけの歌が中心 ◎音階や施法の基礎が作られ，アリストテレスは「音楽の施法は人に違った影響を与える。ミクソリディアは消沈。ドリアは静穏，フリギアは快活な気分を与える」（エトス論） ◎アルファベットを使った声楽用・楽器用の楽譜が工夫された	◎グレゴリオ聖歌 ◎オルガヌムが現れる ◎階名唱法が発明され，音楽教育に使われる ◎３度で構成された音楽が盛んになった長調・短調のもととなった ◎ポリフォニーの形式コンドゥクトゥス・オルガヌム・モテット ◎定量記譜法が行われる ◎オルガンが使われ始める	◎対位法の技法の発展 ◎さかんにミサ曲が作られる ◎リチェルカーレなど，独立した器楽形式が生まれる ◎ベネチアで楽譜印刷が盛んになる ◎二重合唱様式が作られる

```
├ デュファイ ┤        ├ パレストリーナ ┤
   ├ ジョスカン・デ・プレ ┤
              ├ ガブリエリ・A ┤
```

前500　　　　　　　　0　　　　　　1000　　　　　　1400　　　1600

原始時代（飛鳥・奈良）	（平安貴族様式）	（鎌倉語り物様式）	（室町語り物様式）
◎五五調，五七調の歌調で歌う	◎唐から雅楽を輸入し，日本的な音楽になる ◎天台と真言の声明が始まる ◎念仏和讃始まる ◎盲僧が琵琶の伴奏で物語をする	◎声明のメロディを応用し，長い語り物が作られた ◎法会の中で演じる式三番や呪師をやるようになる ◎雅楽の琵琶と声明のメロディにより，平曲が生まれた	◎能を芸術的に完成 ◎琉球から三線が伝来し，民族音楽に使われる ◎九州や西日本で本格的に西洋音楽が教育される ◎民族的な語り物から人形芝居へ

```
              ├ 観 阿 弥 ┤
```

●音楽史略年表2

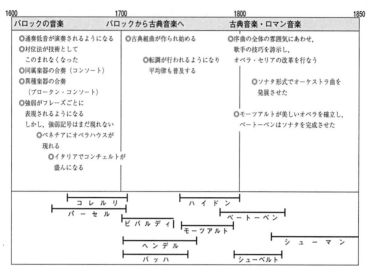

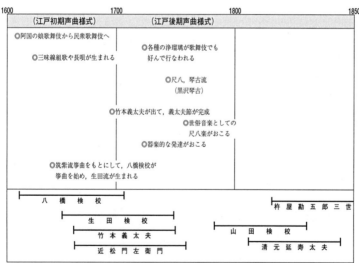

●音楽史略年表3

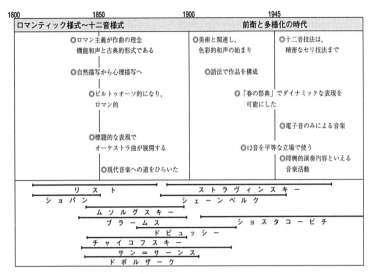

1800	1850	1900	1945

ロマンティック様式～十二音様式 | **前衛と多様化の時代**

◎ロマン主義が作曲の理念
機能和声と古典的形式である

◎美術と関連し，
色彩的和声の始まり

◎十二音技法は，
精密なセリ技法まで

◎自然描写から心理描写へ

◎語法で作品を構成

◎ビルトゥオーソ的になり，
ロマン的

◎「春の祭典」でダイナミックな表現を
可能にした

◎電子音のみによる音楽

◎標題的な表現で
オーケストラ曲が展開する

◎12音を平等な立場で使う

◎現代音楽への道をひらいた

◎即興的演奏内容といえる
音楽活動

```
              リ  ス  ト              ストラヴィンスキー
        ショ パ ン                シェーンベルク
           ムソルグスキー
           ブ ラ ー ム ス              ショスタコービチ
                  ド ビ ュ ッ シ ー
        チャイコフスキー
        サン＝サーンス
          ド ボ ル ザ ー ク
```

1800	1850	1900	1945

（明治から第二次世界大戦へ） | **（世界的様式と多様化）**

◎折衷的音楽を開拓するが
純粋な西洋音楽に向かう

◎西洋音楽はヨーロッパと
変わらないほど盛んになる

◎尺八，都山流（中尾都山）

◎邦楽も劇場中心に
盛んになる

◎長唄が器楽的に発達して
座敷長唄が生まれる

◎国立の音楽学校ができ，
本格的なヨーロッパ音楽の
研究と教育が始まり，
今日の音楽文化の
もとを作った

◎国民の音楽能力は
音楽産業とともに高まる

◎音楽取調掛の
設置

◎日本は世界の音楽家の中でも
最高の市場となる

◎箏だけの合奏曲など新様式の音楽を作曲し，
《古今組》重要なレパートリーが生まれる

◎現代音楽が生まれた

```
       杵 屋 勘 五 郎 三 世            中 山 晋 平
                              下 総 皖 一
       杵 屋 六 左 衛 門            宮 城 道 雄
                              近 衛 秀 麿
                滝 廉 太 郎   中 田 喜 直
                              山 田 耕 筰
```

問題演習

【1】次の文を読み，下の各問いに答えよ。

　バッハは(①)年にドイツの(②)という都市で生まれた。1708年からワイマールの宮廷に，ついで1717年からは(③)の宮廷にそれぞれ仕え，1723年からはライプチヒのトーマス教会の(④)の職について生涯を終えた。

　バッハはオルガン奏者として当代まれな名手であっただけでなく，多くのオルガン曲を残している。クラビーア曲では全48曲の「(⑤)」や不眠症の伯爵のために書かれた「(⑥)変奏曲」が特に重要である。その他バイオリンのための無伴奏パルティータやチェロのための無伴奏(⑦)，「音楽のささげもの」や「(⑧)の技法」などの器楽作品も多い。また，声楽作品では，200曲を超えるカンタータをはじめ，受難曲，ミサ曲などがある。

(1)　文中①〜⑧の空欄にあてはまる語句を答えよ。

(2)　文中の下線部“多くのオルガン曲”のうち，「トッカータとフーガ　ニ短調　作品565」の“トッカータ”と“フーガ”について，それぞれの特徴を簡潔に説明せよ。

(3)　文中の下線部“200曲を超えるカンタータ”は，二つに分類することができる。「教会カンタータ」ともう1つは何と呼ばれているか，その名称を答えよ。

(4)　(3)で答えたカンタータの作品名を1つ答えよ。

【2】次の文は，教科書による中世・ルネサンスの音楽に関する説明である。あとの各問いに答えよ。

　グレゴリオ聖歌　キリスト教の普及とともに典礼儀式が整い，その典礼文を歌う聖歌が生まれた。数多くつくられた聖歌の整理統合に貢献したとされる教皇グレゴリウス1世の名をとってこれらの聖歌は_aグレゴリオ聖歌と呼ばれている。聖歌は単旋律で教会施法を用いる。

多声音楽(ポリフォニー)　多声音楽の最も古い型は，オルガヌムと呼ばれた。初期には平行進行するだけであったものが，のちに斜進行，反進行も取り入れられた。また，三度音程も，協和音程として使用されるようになった。1200年代になると，声部の数が4パートまで増え，定量記譜法への道が開かれた。これらはパリの(ア)楽派の作曲家により発展した。14世紀の音楽は「b<u>アルス・ノーヴァ(新芸術)</u>」と呼ばれ，シャンソンを中心として，歌詞の形式によってロンドー，バラードなどに区別される世俗音楽が隆盛を極めた。

多声音楽(ポリフォニー)の発展　ルネサンスの音楽は，声楽のポリフォニーを中心に発展した。オケゲム，c<u>ジョスカン・デプレ</u>，ラッソなどの作曲家達は，教会音楽や世俗音楽において，各声部の均整のとれたポリフォニー書法を開拓し，ルネサンス期のヨーロッパ音楽を主導した。一方，d<u>カトリック教会</u>の中心ローマで活躍したパレストリーナも，ポリフォニー書法を用いたミサ曲を多数残した。

(1)　(ア)に入ることばとして適切なものをa～dから選び，その記号を答えよ。また，この楽派に属する作曲家をe～hから選び，その記号を答えよ。

　　a　ノートルダム　　b　フランドル　　c　ブルゴーニュ
　　d　モンマルトル　　e　グィード　　f　ペロタン
　　g　バンショワ　　　h　デュファイ

(2)　下線部aの聖歌における特徴で，1音節に数音符ないし数十音符が当てられている様式の名称を答えよ。

(3)　下線部bを代表する作曲家の功績として，多声書法による通作ミサを史上初めて一人で作曲したことがあげられる。この作曲家の名前を答えよ。

　　また，次のミサ通常文の各章の名称について，(イ)，(ウ)にあてはまる語句を答えよ。

　　1　キリエ　　2　(イ)　　3　クレド　　4　(ウ)
　　5　アニュス・デイ

(4)　下線部cの作曲家は，定旋律として冒頭に用いた主題を全ての声

部が次々に模倣していく形式を追求したが，この形式の名称を答え
よ。また，この形式は後のバロック時代のどのような形式に影響を
与えたか。答えよ。

(5) 下線部dは，1545年～1563年にかけてトレント公会議を開いたが，
この会議において決議された内容をa～dから選び，その記号を答え
よ。

a 会衆が歌唱により礼拝へ参加することを重視し，歌いやすい旋
律のコラールを用いることとした。

b 旋律と通奏低音による作曲がなされ，教会音楽に器楽による伴
奏を用いることとした。

c 世俗的な旋律を禁止し，多声音楽であっても言葉が聴き取れる
ようにすべきであるとした。

d グレゴリオ聖歌などの単声聖歌を歌うことを禁止した。

(6) ルネサンス期のヴェネツィアにおいて，はなやかな色彩と明暗の
対照などを特徴とする器楽作品が数多く作曲された。この時期のヴ
ェネツィア楽派を代表する作曲家を一人答えよ。

【3】次の文中の各空欄に適する語句を答えよ。

(1) チェコの作曲家スメタナなど民族主義的な音楽家の一派を（　ア　）
という。

(2) （　イ　）は死者のためのミサ曲のこと。鎮魂曲と訳される。

(3) 交響曲はオーケストラで演奏され，通常いずれかの楽章が（　ウ　）
で作られている。

(4) シューベルトの作曲した「魔王」などのドイツ語による歌曲を
（　エ　）という。

(5) オペラは音楽が中心ではあるが文学，演劇，美術，舞踊など，さ
まざまな要素をあわせもつので（　オ　）といわれる。

(6) バッハの作品に多く見られ，主題を追いかけるように多声的に発
展していく音楽の形式を（　カ　）という。

(7) バロック音楽で用いられた，アンサンブルの支えとしての低音を

(キ)という。

(8) シェーンベルクが提唱したオクターブ内の音を平等に扱う作曲技
法を(ク)という。

(9) イタリア語でチェンバロと呼ばれる楽器は英語では(ケ)とい
う。

(10) ヴェルディのオペラ「アイーダ」第2幕第2場で「凱旋の行進曲」
の旋律を演奏する楽器は(コ)である。

【4】西洋音楽史のロマン派の音楽(国民楽派は除く。)について，次の文章
の空欄①～⑯に適する語句をあとのア～へから1つずつ選び，記号で
答えよ。また，下線部A～Dについて，あとの(1)～(4)の問いに答えよ。

　古典派最後の巨匠である(①)は9曲の交響曲を残し，(②)世
紀ロマン派音楽への道を開いた。ロマン派では，古典派の(③)音
楽とは対照的に，文学など音楽以外の芸術分野との結びつきが深まり
(④)音楽が盛んになった。これは，情景・物語・感情などに関す
る題名を付け，その内容を表現しようとする器楽曲である。フランス
の作曲家(⑤)は，その出世作「幻想交響曲」において(⑥)を用
いて「恋人」との物語を音楽で表現した。文学との融合は，_Aリスト
の創始した単一楽章の(⑦)においてもなされ，管弦楽作品の幅を
広げた。オーケストラ編成が拡大するのもこの時代の特徴である。

　一方声楽曲では，_Bシューベルトによって(⑧)が確立され，詩
(歌詞)と音楽との融合が図られた。その後，(⑨)やブラームスなど
により多様な発展を遂げた。

　ロマン派は，(⑩)尊重の時代といえる。感情の自由な表現を重
視することにより自由な形式による性格的小品(キャラクター・ピー
ス)と呼ばれる(⑪)作品が数多くつくられた。この背景には産業革
命による(⑪)の性能の向上と，一般家庭への普及がある。(⑫)
出身の_Cショパンは(⑬)で活躍し，数多くの小品を提供した。

　オペラも各国で独自の発展を遂げた。(⑭)ではウェーバーが
(⑭)ロマン主義オペラを誕生させ，(⑮)は総合芸術作品として

の楽劇を創始した。一方(⑯)では，ロッシーニらの偉業の上に立って，<u>ヴェルディ</u>が近代(⑯)・オペラを改革した。また，プッチーニは現実的な出来事を題材として，美しい旋律と劇的効果が一体となった作品を書いた。

ア	18	イ	19	ウ	20
エ	ピアノ	オ	バイオリン	カ	オルガン
キ	イギリス	ク	イタリア	ケ	ドイツ
コ	ハンガリー	サ	ポーランド	シ	ウィーン
ス	パリ	セ	アリア	ソ	ドイツ・リート
タ	交響曲	チ	交響詩	ツ	示導動機
テ	固定楽想	ト	標題	ナ	絶対
ニ	モーツァルト	ヌ	ベートーヴェン	ネ	ベルリオーズ
ノ	シューマン	ハ	ワーグナー	ヒ	バルトーク
フ	理性	ヘ	個性		

(1) 下線部Aについて，リストの管弦楽作品名を，次のa〜eから1つ選び，記号で答えよ。

  a モルダウ   b フィンランディア   c 海
  d レ・プレリュード   e 禿山の一夜

(2) 下線部Bについて，現在確認されているシューベルトの歌曲数を，次のa〜eから1つ選び，記号で答えよ。

  a 約100曲   b 約200曲   c 約400曲   d 約600曲
  e 約1000曲

(3) 下線部Cについて，ショパンの手がけた性格的小品を，次のa〜eから1つ選び，記号で答えよ。

  a マズルカ   b 無言歌   c 楽興の時   d ピアノ・ソナタ
  e 謝肉祭

(4) 下線部Dについて，ヴェルディの歌劇(オペラ)作品名を，次のa〜eから1つ選び，記号で答えよ。

  a 魔弾の射手   b トスカ   c カルメン   d リゴレット
  e 魔笛

【5】 次のA〜Dの文は，西洋音楽史についての説明文である。下の各問い
に答えよ。

A　主観性や自由な思想，繊細な詩的感情を重んじるこの時代の音楽
は，文学や他の芸術と結びついて多彩な表現力をもった。シューベ
ルトは音楽と詩が深く結びついた芸術性の高い（　①　）を数多く作
曲し，シューマンはピアノのもつ表現の可能性を拡大した。

B　長調や短調の調性組織が確立されていく中で，通奏低音を伴う合
奏音楽が発展したこの時代，オペラでは名人芸的な歌唱力が人気を
博し，（　②　）と呼ばれる簡単な伴奏付きの単旋律の歌曲もイタリ
アで生まれた。

C　ジョスカン・デプレやラッソなど，フランドル楽派の音楽家たち
が活躍したこの時代に，多声声楽曲がいっそうの発展を見せた。宗
教音楽の分野では，高度な対位法によって，華麗なミサ曲やモテッ
トが作曲され，世俗音楽の分野では，フランスのシャンソンやイタ
リアの（　③　）など，独自の様式をもつ多声音楽が登場した。

D　主要な様式が多声音楽から和声音楽に変化したこの時代の音楽は，
均整のとれた形式，明快なリズムや和声が好まれるようになった。
（　④　）形式の確立によって器楽曲は著しく発展し，交響曲や協奏
曲など多くのジャンルで用いられた。

(1)　A〜Dの文に当てはまる西洋音楽史の時代区分を答えよ。

(2)　①〜④に適する語句を答えよ。

(3)　A〜Dを時代区分の古い順に並べよ。

【6】 20世紀の音楽に関する次の説明文について，あとの各問いに答えよ。

音楽史における20世紀は，（　①　）の『牧神の午後への前奏曲』に
よって幕が開けられたと言われている。（　②　）主義と呼ばれる彼の
音楽は，形式よりも音色や和音の響き自体が重視され，その独特な表
現は(1)同時代の作曲家たちに少なからず影響を与えた。次いで，スト
ラヴィンスキーの『春の祭典』に代表される，(2)強烈で新鮮なリズム
によって力強い生命力を表現する音楽が生まれた。

第一次，第二次の2つの大戦間には，音楽に新しい秩序を求める傾向が生まれた。まず(3)「フランス六人組」と呼ばれる作曲家たちによって，反ロマン主義・反(②)主義が唱えられ，(③)主義と呼ばれる音楽が生み出された。また(4)(④)は12音音楽の技法を確立し，弟子のベルクや(⑤)に受け継がれた。

第二次大戦後には，メシアンやブーレーズらによって12音音楽の音列技法の概念を拡張した(⑥)が誕生した。また，テクノロジーの発達によってミュジック・コンクレートや電子音楽が生まれた。

60年代前後には，ペンデレツキやリゲティらによって(5)トーン・クラスターの技法が発達した。一方，(6)ケージを中心とするアメリカの作曲家たちによって，偶然性・不確定性の音楽と呼ばれる音楽概念が生み出された。

60年代後半からは，(7)一定の短い音型を断続的に反復することによって生ずるズレや変化によって構成される(⑦)と呼ばれる音楽や，環境音楽，実験劇音楽などが生まれた。

(1) 文中①，④，⑤に当てはまる人物名をそれぞれ答えよ。

(2) 文中②，③，⑥，⑦に当てはまる語句をそれぞれ答えよ。

(3) 文中の下線部(1)のひとりで，〈ローマ三部作〉などの作品で知られるイタリアの作曲家名を答えよ。

(4) 文中の下線部(2)のような音楽は何主義の音楽と呼ばれているか，漢字で答えよ。

(5) 文中の下線部(3)の作曲家のうち3人を挙げよ。

(6) 文中の下線部(4)の3人の作曲家を「新ウィーン楽派」と呼ぶことがある。この呼称の由来となった「ウィーン楽派」に属する作曲家のうち3人を挙げよ。

(7) 文中の下線部(5)とはどのような音楽か，簡単に説明せよ。

(8) 文中の下線部(6)の人物が考案し，ピアノの弦に異物を装着して音を変化させる手法を何と呼ぶか。カタカナで答えよ。

(9) 文中の下線部(7)のような特徴は，アジアやアフリカの民族音楽の中にも見ることができる。これらのうち，大勢の男たちが「チャッ」

という声をさまざまなリズムで組み合わせて繰り返す，バリ島の声楽アンサンブルを一般に何と呼ぶか，カタカナで答えよ。

【7】次の文は中世及びルネサンス時代の音楽についての説明である。(①)から(⑧)にあてはまる最も適切な語句を答えよ。ただし，同じ数字の( )には同じ語句が入る。

　中世ヨーロッパでは，教会での典礼儀式と結びついた単旋律聖歌が各地で独自に発展し，やがて(①)として統一された。その後ポリフォニーの音楽が生まれ，12世紀から13世紀にかけてパリで活躍した(②)楽派の音楽家たちは，その発展に大いに貢献した。

　14世紀になると，それまでの音楽に代わって，新しい音楽の動きが起こった。ピリップ・ド・ビトリは著書の中で，この新しい芸術を(③)という言葉を用いて前代の古風な音楽と対比させた。特に，14世紀のフランスにおける最大の作曲家である(④)(1300頃～1377)は，その代表者として知られている。

　15世紀の終わり近くから，音楽の中心，繁栄の地は(⑤)一帯に移るようになる。(⑤)楽派に属する代表的な音楽家としては，オケゲム(1430頃～1495頃)，ジョスカン・デプレ(1440頃～1521)，そしてこの楽派最後の巨匠といわれる(⑥)(1532～1594)などを挙げることができる。

　一方イタリアでは，(⑦)(1525頃～1594)の出現によりカトリックの典礼音楽が大きく発展した。また，イタリアと深い関係にあった(⑧)では，モラーレス(1500頃～1553)やビクトリア(1548頃～1611)などが現れて，宗教音楽の分野で大きな功績を残した。

【8】西洋の音楽について，次の各問いに答えよ。

(1) 次の①～⑪の項目は，古代・中世，ルネサンス，バロック，古典派，前期ロマン派，後期ロマン派，近代・現代のいずれと関連が深いか，番号で答えよ。

① 国民楽派　　② 器楽曲の発展　　③ 印象主義

④　コラール　　　⑤　グレゴリオ聖歌　　　⑥　ホモフォニー

⑦　吟遊詩人　　　⑧　交響詩創始　　　　　⑨　ソナタ形式確立

⑩　十二音技法　　⑪　調性組織確立

(2)　上の項目の①，③，⑧，⑩と関連の深い作曲家名を一人ずつ答え
よ。

【9】次の文中の各空欄に適する語句を答えよ。

(1)　現代の音楽における同時性が，1910年頃リズムと調性との二つの
領域で用いられるようになった。二つの違った調性の二つの旋律声
部を始めから終わりまで使った最初の実例が，1908年にベーラ・バ
ルトークが書いた「(　①　)」と名付けたピアノ作品の第1番である。
また，古典のリズムの惰性の法則に支配されず，若い人たちに，同
時に違ったリズムの次元で考えたり感じたりできるように教えたの
は，スイス人，(　②　)であり，$\frac{4}{4}$拍子と$\frac{3}{4}$拍子の中で五つの音
を均一の長さで奏するリズムが挙げられる。

(2)　ベートーヴェンの晩年の作品であるop.123の(「　③　」)は，ミサ
曲の傑作の一つに数えられる。この作品は，ニ長調，5楽章からな
り，1824年3月にペテルブルクで初演されている。宗教的な礼拝の
音楽というより，交響曲のような趣のある作品である。

(3)　ドイツの歌曲であるリートは，広義には中世騎士歌謡や近世独唱
歌曲などを含む。狭義には，19世紀を中心とするピアノ伴奏付き独
唱叙情歌曲を指す。19世紀初めには，ウィーンで生まれた(　④　)
によるロマン派リートの時代が始まる。通作リートの他，声とピア
ノによる感情を表現した情緒リート，複数リートを有機的に結合さ
せた(　⑤　)などが開発され，「美しい五月に」を第1曲とする歌曲
集(「　⑥　」)を作曲したシューマンと，53曲からなる「メーリケ歌
曲集」を作曲した(　⑦　)などに受け継がれる。

(4)　17世紀中頃のフランスでは，ヴァージナルズ音楽家たちの大胆で
力強い芸術についで，それとはまったく対照的な新しい鍵盤音楽の
"(　⑧　)楽派"が起った。この楽派の創始者は(　⑨　)で，彼はリ

ュート音楽の種々の特徴を優雅で洗練された作品に受け継いだ。この楽派の音楽様式は，（　⑩　）という音楽家で頂点に達した。彼の作品は，バッハ，ヘンデルからも高く称讃された。18世紀に入り，彼は細密画風の技法を用いて曲を書き，高雅で機智に富み，エレガントな魅力をもつものが多い。

【10】 次の(1)〜(5)で示した曲の作曲者を答えよ。また，それぞれの作曲者が属する音楽史上の時代区分を下の①〜⑥から1つずつ選べ。

(1)　教皇マルチェルスのミサ

(2)　オラトリオ「メサイア」

(3)　ピアノ曲集「映像第1集」

(4)　ピアノ曲「クライスレリアーナ」

(5)　交響曲第101番「時計」

　　①　バロック　　②　印象派　　③　中世・ルネサンス

　　④　古典派　　　⑤　ロマン派　　⑥　国民楽派

【11】 次の文中の各空欄に適する語句を答えよ。

　18世紀にイタリアで栄えた悲劇的な題材によるオペラを（　①　），喜劇的内容のオペラを（　②　）という。フランスで起こった台詞の入ったオペラを（　③　），19世紀にフランスの作曲家（　④　）によって黄金時代を築いた台詞中心の庶民的なオペラを（　⑤　）という。（　⑥　）は20世紀，アメリカで盛んになった大衆音楽劇で，（　③　），（　⑤　）を踏襲し，さらにジャズ的要素が加わっている。作曲家であり指揮者でもある（　⑦　）作曲の「（　⑧　）」は「ロミオとジュリエット」を現代化したもので，屈指の傑作と言われている。その他，R.ロジャーズの「（　⑨　）」，A.L.ウェーバーの「（　⑩　）」も名作である。

　18世紀，世俗的なオペラと分離し，宗教的内容の（　⑪　）が確立された。ヘンデル作曲の「（　⑫　）」，（　⑬　）作曲の「天地創造」などが有名である。（　⑪　）やミサは，キリエ，（　⑭　），クレド，サンクトゥス，（　⑮　）の5章より構成される。

【12】次の西洋音楽史に関する(1)〜(6)の文章を読み，その音楽史区分を下の①〜⑥から1つずつ選び，番号で答えよ。また，その音楽史区分とほぼ同じ頃の日本の音楽に関することがらをあとのア〜クから1つずつ選び，記号で答えよ。ただし，(6)は音楽史区分のみを答えよ。

(1) 個性を重んじ，文字や詩と結びついて，形式にとらわれずに人間の感情を自由に表現する方向を目指した。

(2) 無調音楽や電子音楽，ヨーロッパ以外の音楽の要素や特徴を取り入れた音楽など，音楽にもいろいろな新しい試みが生まれた。

(3) 多声音楽が高度に発達し，活版印刷によって楽譜が普及した。

(4) 交響曲，独奏曲，協奏曲，弦楽四重奏曲などが完成する。

(5) オペラなどの劇音楽が誕生した。

(6) すでに楽器が用いられ，音階の研究も行われていたことが，残存する壁画などから分かる。

① ルネサンス ② 古代 ③ バロック
④ ロマン派 ⑤ 現代 ⑥ 古典派

ア 人形浄瑠璃の誕生 イ 箏曲「千鳥の曲」
ウ 朝廷に雅楽寮設置 エ 常磐津節の誕生
オ 能楽の大成 カ 雅楽の日本化
キ 宮城道雄「春の海」 ク 琴を弾く埴輪

【13】次の文を読んで，あとの各問いに答えよ。

ハンガリーの音楽は多くの作曲家を魅了した。ハンガリー生まれのフランツ・リストは多くのピアノ曲を作曲したが，その中でもハンガリー民謡を取り入れた「ハンガリー狂詩曲」は特に有名である。同時期，ドイツ生まれの（ ① ）も当時のハンガリーに魅力を感じ，四手連弾の21の曲集「（ ② ）」を作曲した。これらの曲は，テンポの激しい変化，旋律の装飾，細かいリズムなどの特徴がある（ ③ ）というハンガリーの舞踊音楽や，当時ロマ民族の間で流行した（ ④ ）風の音楽で表現されている。スペイン生まれの（ ⑤ ）が作曲した「ツィゴイネルワイゼン」のツィゴイネルも（ ④ ）という意味であり，

この題名の特徴を生かしているため，(⑥)奏者にとって超絶技巧
が求められる難曲となっている。

(1)　①～⑥にあてはまる語句を書け。

(2)　ハンガリーの伝統的な民族楽器ツィンバロンを，簡潔に説明せよ。

(3)　民族音楽学者で，マジャール(ハンガリー)民謡の研究を行うとと
　　もに，収集した民謡に基づく国民的な音楽教育メソッドを創案した
　　ハンガリーの作曲者名を書け。

(4)　ハンガリー生まれの民族音楽学者で，西洋芸術音楽の手法とハン
　　ガリー民謡を融合させて，ピアノ小品集「ミクロコスモス」などを
　　作曲し，民族的新古典主義ともいうべき独自の様式を作り上げた作
　　曲者名を書け。

【14】次の(1)～(8)の文に該当する作曲家名を答えよ。

(1)　ヴェネツィアのピエタ養育院に勤めていたヴァイオリンの名手
　　で，500曲以上の協奏曲を作曲した。

(2)　ベルギーで生まれフランスで活躍した作曲家で，オルガニストと
　　しても卓越した技術を持っていた。代表作に交響曲ニ短調がある。

(3)　バッハ，ベートーヴェンと並び，「ドイツ三大B」のひとりと称さ
　　れ，ドイツ古典派音楽の伝統を尊重した。

(4)　祖国を愛し，新たな国民音楽の創造を決意して，コダーイらと民
　　謡の録音や採譜を長年にわたって続け，その研究は創作の源泉とな
　　った。

(5)　ロマン派音楽の標題性を開拓した作曲家であり，標題音楽にふさ
　　わしい色彩感あふれる管弦楽法を生み出した。

(6)　古典派音楽の基礎を築いた作曲家で，100曲以上の交響曲を作曲
　　した。「交響曲の父」とも呼ばれ，代表作にオラトリオ「天地創造」
　　がある。

(7)　西洋の伝統的な作曲技法とロシアの民族性を融合させた作曲家
　　で，交響曲第6番は最後の作品となった。

(8)　「近代ギター音楽の父」とも呼ばれている卓越したスペインのギ

ター奏者であり，作曲家でもある。

【15】 次の(1)～(3)の舞曲の起源の国名をA群の中から，適切な説明をB群の中から選び，それぞれ番号で答えよ。

(1) bolero (2) polonaise (3) gavotte

〈A群〉

① フランス ② ドイツ ③ ポーランド

④ スペイン ⑤ イタリア

〈B群〉

① $\frac{6}{8}$拍子，もしくは$\frac{12}{8}$拍子の遅い舞曲で，後に器楽曲としても流行した。

② 2拍目から始まることが特徴であり，活気のある2拍子でバレエにも用いられた。

③ 緩やかな3拍子であり，2拍目にアクセントがあることが特徴である。

④ 緩やかな2拍子の宮廷舞踏であり，3拍子の速い舞曲との組み合わせも多い。

⑤ 中庸の速さの3拍子の舞曲であり，伴奏にカスタネットが使用されることがある。

■■■■ ■■■■ ■■■ 解答・解説 ■■■ ■■■■ ■■■

【1】(1) ① 1685 ② アイゼナッハ ③ ケーテン ④ カントル兼音楽監督 ⑤ 平均律クラヴィーア曲集 ⑥ ゴルトベルク ⑦ 組曲 ⑧ フーガ (2) トッカータは即興的で速度がめまぐるしく変わる点。フーガは，細かいパッセージが多く，技巧的な点。 (3) 世俗カンタータ (4) カンタータ 第18番

解説 (1) バッハは音楽史上最重要人物の一人である。歴史や人物，職歴などはよく問われる問題。作品数はあまりにも多いが，有名な作品ぐらいは曲名，作曲経緯，編成は頭にいれておきたい。カントルは，音楽教師・教会音楽の作曲と演奏が職務。フーガは，当時「作曲とい

えばフーガ」を指すぐらい存在は大きかった。 (2) 誰しも一度は耳にしたことのある曲。もともと即興的な要素が強い音楽で，どのくらい速度を変化させるかはすべて奏者に任されていることが多い。

(3) カンタータは17世紀イタリアのモノディから生まれた複数の楽章の，伴奏をもつ声楽作品である。 (4) 他にも31番61番などの傑作がある。

【2】(1) a・f (2) メリスマ様式 (3) 作曲家：マショー
イ グロリア ウ サンクトゥス (4) 通模倣様式 ポリフォニー音楽の規範となる。 (5) c (6) ガブリエリ

解説 パリときたらノートルダム楽派。ペロタンは著名な作曲家である。メリスマの他に，シラブル様式，ネウマ様式がある。マショーは作曲の他に作詞も行い，時代にあった作風が特徴。ジョスカン・デプレは，フランドル楽派最大の作曲家。ガブリエリは，イタリアの作曲家・オルガニスト。

【3】ア 国民楽派 イ レクイエム ウ ソナタ形式 エ リート(ドイツリート) オ 総合芸術 カ フーガ キ 通奏低音 ク 12音技法 ケ ハープシコード コ アイーダトランペット(トランペット)

解説 (2) レクイエムは通常六部構成で，冒頭に〈レクイエム・エテルナム(永遠の安息を)〉の歌詞があることからこの名で呼ばれる。有名なものに，モーツァルト，ヴェルディ，フォーレらの作品があり，教会の典礼の歌詞とは異なるものにブラームス「ドイツ・レクイエム」やブリテンの「戦争レクイエム」がある。 (9) チェンバロよりも古い頃に使われた小型の同じ種類のものに，ヴァージナル(英)，スピネット(英)がある。

【4】① ヌ ② イ ③ ナ ④ ト ⑤ ネ ⑥ テ ⑦ チ ⑧ ソ ⑨ ノ ⑩ ヘ ⑪ エ ⑫ サ ⑬ ス ⑭ ケ ⑮ ハ ⑯ ク (1) d (2) d (3) a (4) d

解説 歴史問題は，時代，作曲家，曲種あたりからまとめて問われるこ

とが多い。必ず，キーワードに関連して問われているので，〜なら〜
というようにセットで覚えておくこと。選択肢があるため，容易であ
ろう。

【5】(1) A　ロマン派(前期ロマン派)　B　バロック　C　ルネサン
ス　D　古典派　(2) ①　リート(ドイツリート，歌曲)　②　モ
ノディー　③　マドリガル　④　ソナタ　(3) C→B→D→A

解説　西洋音楽史の概略で本問の程度までは正答したいもの。ただし，
記述式解答のため，②のモノディーや③のマドリガル(マドリガーレ)
がやや難しい。なお，③はフランスのシャンソンの説明に続いている
ので，イタリアのカンツォーナ(カンツォーネ…16世紀イタリアの世俗
的多声音楽)も正答となるであろう。

【6】(1) ①　ドビュッシー　④　シェーンベルク　⑤　ヴェーベル
ン　(2) ②　印象　③　新古典　⑥　ミュージックセリエル
⑦　ミニマル・ミュージック　(3) レスピーギ　(4) 原始主義
(5) ミヨー　プーランク　オネゲル　など　(6) ハイドン
モーツァルト　ベートーヴェン　など　(7) 密集する音群を指
す。半音より細かい音などを多量に密集した音響部を指す。　(8) プ
リペアード・ピアノ　(9) ケチャ

解説　(1)　ドビュッシーはフランス音楽に欠かせない作曲家。シェーン
ベルクは，12音技法を創始した。　(2)　各派は，歴史の位置づけと音
楽の方向性によって区別される。社会や美術の歴史概念とは多少年数
が一致しないことがあり，音楽独自の年数や区分として理解すること。
(3)　ローマの松，噴水，祭の三部作。　(4)　芸術全般に使われるが，
自然な状態や理想とされる状態を指す。　(5)　他には，デュレ，タイ
ユフェール，オーリック。　(6)　18世紀，19世紀にウィーンで活躍し
た音楽家を指す。　(7)　半音より細かい音律，微分音程などを一定の
間に多量に配置する。　(8)　現代音楽で使われるが，音色などの効果
はある反面，ピアノへのダメージが少なからずあり，専用のピアノが
必要である。　(9)　集団舞踏とその音楽を指す。複雑なポリリズムが
特徴。

【7】① グレゴリオ聖歌 ② ノートルダム ③ アルスノヴァ
④ ギョーム・ド・マショー ⑤ フランドル ⑥ ラッスス
⑦ パレストリーナ ⑧ スペイン

解説 「ポリフォニー」や「新しい音楽」といったキーワードや重要である。音楽史を問う問題に多い言葉である。音楽史は，作曲家はもちろん，その代表曲やその時代の重要な発展事項などが問われるため，確実におさえたい。

【8】(1) 古代・中世：⑤⑦ ルネサンス：④ バロック：②⑪
古典派：⑥⑨ 前期ロマン派：⑧ 後期ロマン派：①
近代・現代：③⑩ (2) ① スメタナ，リムスキーコルサコフなどから一人 ③ ドビュッシー，ラヴェル，イベールなどから一人 ⑧ リスト ⑩ シェーンベルク，ベルク，ウェーベルン，ベリオ，ストラヴィンスキーなどから一人

解説 楽派は，音楽史上たくさん出てくる上に覚えづらい項目でもある。ロシアの国民楽派などもそうであるが，どれも歴史上のキーワードとして出てくるものである。問題によっては，「説明せよ」というように問われたり，歴史順に並べ替えたりと問われることがある。要注意。

【9】① 14のバガテル ② ダルクローズ ③ 荘厳ミサ
④ シューベルト ⑤ 連作リート ⑥ 詩人の恋 ⑦ ヴォルフ ⑧ クラブサン ⑨ シャンボニエール ⑩ フランソワ・クープラン

解説 (1) バルトークはコダーイと共に進めた〈マジャール民謡〉の収集と研究が作曲への道の基礎になったといわれる。ピアノ曲では「ミクロコスモス」6巻・153曲が知られる。ダルクローズはリトミック(律動的調和の意味)の創案で有名。 (2) 〈荘厳ミサ〉はミサ・ソレムニスと呼ばれる。ベートーヴェンの作品が最も有名。 (3) ロマン派のドイツ・リートの極致と評されるのがヴォルフの歌曲で，歌曲作品は300曲にのぼり，〈メーリケ歌曲集〉，〈アイヒェンドルフ歌曲集〉，〈スペイン歌曲集〉など多数。 (4) クラブサンは仏語で，伊語ではチェンバロのこと。フランスの17〜18世紀の宮廷音楽で〈クラブサン楽派〉

と呼ばれ，この楽器の演奏・作曲が盛んになった。シャンボニエール，ラモー，そしてその絶頂をもたらしたのがクープランといわれる。

【10】(1) パレストリーナ ③ (2) ヘンデル ① (3) ドビュッシー ② (4) シューマン ⑤ (5) ハイドン ④

解説 (1) パレストリーナはルネサンス後期・ローマ楽派を代表するイタリアの作曲家。パレストリーナ様式と呼ばれる古典的対位法の無伴奏合唱様式を確立させた。 (3) ピアノ曲集「映像」は第1集と第2集があり，それぞれ3曲からなる。 (4) 「クライスレリアーナ」はシューマンの8曲からなるピアノ曲。

【11】① オペラ・セリア ② オペラ・ブッファ ③ オペラ・コミック ④ オッフェンバック ⑤ オペレッタ ⑥ ミュージカル ⑦ L.バーンスタイン ⑧ ウエストサイド ストーリー ⑨ サウンド・オブ・ミュージック など ⑩ キャッツ など ⑪ オラトリオ ⑫ メサイア など ⑬ ハイドン ⑭ グローリア Gloria ⑮ アニュス・デイ Agnus Dei

解説 イタリア・オペラとフランス・オペラの違い，ミュージカル，そしてオラトリオとミサ曲についての出題である。 ① オペラ・セリア—セリアは「まじめな」の意で，〈正歌劇〉と訳し，オペラ・ブッファに対してそれ以前のオペラを指す。神話や英雄の題材が多く，レチタティーヴォとアリアが中心で重唱や合唱はあまり用いられない。18世紀イタリア(ナポリ)オペラ。 ② オペラ・ブッファ—コミックで諷刺的要素が多く，オペラ・セリアと対にある。ブッファは「からかう」の意で，喜歌劇とも訳すが，オペレッタやオペラ・コミックとは違う。ペルゴレージの「奥様女中」，「フィガロの結婚」，「ドン・ジョヴァンニ」，「セビリアの理髪師」など。18世紀イタリア(ナポリ)オペラ。 ③ オペラ・コミック—フランスで18世紀後期に始まった対話のせりふを交えた歌劇で，コミカルな内容に限られていたが，その後せりふの入ったオペラ全般を意味するようになった。「カルメン」，「マノン」など。グランド・オペラ(19世紀フランスのせりふを含まず悲劇的な内容が多い)と対をなす。 ⑤ オペレッタ—「軽いオペラ」

を指し，イタリアのオペラ・ブッファを起源とする。セリフが多くラブロマンスなど笑いの要素を多く含み19世紀後半に確立。「天国と地獄」，「こうもり」，「メリーウィドー」など。　⑭〜⑮　ミサの通常式文(典礼文・祈祷・聖歌)の聖歌5つ〔キリエ，グローリア，クレド，サンクトゥス，アニュス・デイ〕は覚えておきたいもの。

【12】音楽史区分：日本の音楽　(1)　④：イ　　(2)　⑤：キ
(3)　①：オ　　(4)　⑥：エ　　(5)　③：ア　　(6)　②

解説　西洋と日本の音楽史それぞれの歴史背景を考察し，時代ごとの特徴・様式・主な分野・作品・楽器・人物など総合的に研究しておくことが必要である。

【13】(1)　①　ブラームス(ヨハネス・ブラームス)　　②　ハンガリー舞曲　　③　チャルダーシュ(チャルダッシュ)　　④　ジプシー
⑤　サラサーテ　　⑥　ヴァイオリン(バイオリン)　　(2)　この楽器は木で出来ていて，形はふたのない台形の箱形の形をしている。平らに置いたその箱の中には鉄製の線がピアノの弦のように横に何本も張られていて，その弦を棒の先端にフェルトの貼られた2本のバチで叩いて音を鳴らす。音はピアノの弦をマレットで叩いた時のような弦特有の音が出る。類似した楽器には，中国の楊琴，ヨーロッパのダルシマーなどがある。　　(3)　コダーイ(コダーイ・ゾルターン)　　(4)　バルトーク(バルトーク・ベーラ・ヴィクトル・ヤーノシュ)

解説　ハンガリー音楽を題材とした作品を作曲した作曲家に，サラサーテ，ラヴェル，コダーイ，ヴェルディ，ビゼー，ヨハンシュトラウスⅡ世などがいる。ロマの音楽ではチャルダーシュと呼ばれ，遅→速と速度が変化するものが主流である。そこではツィンバロン，バイオリン，クラリネットなどが音楽を担当し，踊り手が速度の変化に合わせて踊ることが多い。ロマという呼称は，北インドに起源を持つ移動生活型の民族を起源とし，ヨーロッパ全体に散らばっている。また，長い年月の間に各地でアイデンティティーが異なってきたため，ロマという言葉を使用せず固有の名称を持つグループが多数ある。

【14】(1)　アントニオ・ヴィヴァルディ　　(2)　セザール・フランク

(3)　ヨハネス・ブラームス　　(4)　ベーラ・バルトーク　　(5)　エク
トル・ベルリオーズ　　(6)　ヨーゼフ・ハイドン　　(7)　ピョート
ル・イリイチ・チャイコフスキー　　(8)　フランシスコ・タレガ

解説 鑑賞教材に扱われる主な作曲家と作品以外に，各作曲家の生い立
ちや時代の位置付け，音楽的特徴(時代を考慮した作風)，また楽曲の
鑑賞を行っておきたい。

【15】 (1)　A群：④　　B群：⑤　　(2)　A群：③　　B群：③

　　　(3)　A群：①　　B群：②

解説 これらは代表的な舞曲である。さらにアルマンド・エコセーズ・
クーラント・サラバンド・パスピエ・マズルカなど地域，歴史上多種
のスタイルがある。それぞれの起源や特徴も知っておきたい。

日本の音楽

音楽科
マスター

●POINT

　「和楽器の指導については，3学年間を通じて1種類以上の楽器を用いること。」と示されている従来の学習指導要領に比べ，新学習指導要領では「1種類以上の楽器の表現活動を通して…」と改訂されたその違いを確認しておきたい。改訂では和楽器を用いるのは当然のこととして「その演奏を通して」の意味であり，「その表現活動を通して，生徒が我が国や郷土の伝統音楽のよさを味わうことができるよう工夫すること。」と踏み込んだ目的が示されていることに留意したい。

　日本の伝統音楽史と西欧音楽史を比較すると，日本の近世(江戸)時代がかなり古く，しかも長かったことがわかる。江戸幕府(1603)とバロック時代の開始(オペラ誕生など)がほぼ同じ。「六段の調べ」で知られる近世箏曲の祖・八橋検校(1614〜1685)が死去の年に，J.S.バッハ及びヘンデルが生まれている。ピアノの発明(1709，クリストフォリによる)は元禄文化(義太夫節など)より後のこと。J. S. バッハの死(1750)とバロック音楽終了は江戸中期である。ロマン派は江戸後期に該当し，ショパン，シューマン生誕(1810)の頃は長唄，箏曲，地歌が全盛であった。

●日本の代表的民謡

1. 地図に見る民謡の発祥地

2. 各民謡のスコア

3. 日本の代表的民謡

①江差追分	北海道	追分様式の代表的民謡。松前追分などともいう。
②ソーラン節	北海道	ニシン漁の作業歌〈ソーランソーラン〉の掛声が曲名。
③じょんがら節	青森県	津軽三味線伴奏の宴席，盆踊歌。一種の口説。
④南部牛追歌	岩手県	道中歌。追分様式。音階は律音階の変種。
⑤さんさ時雨	宮城県	祝儀歌。座の一同が手拍子を打ちながら歌う。
⑥秋田おばこ	秋田県	仙北郡地方で歌われる。庄内から伝わる。
⑦花笠踊	山形県	昭和に改編された踊りつき民謡。
⑧会津磐梯山	福島県	本来は盆踊歌。レコード化され，今日の名称となる。
⑨八木節	群馬県・栃木県	樽を打ちながら歌う口説。《国定忠治》が有名。
⑩佐渡おけさ	新潟県	盆踊歌。県下にあるおけさの中で，最も有名な曲。
⑪木曽節	長野県	盆踊歌。《御嶽山節》を大正時代に改めて広めた。
⑫こきりこ節	富山県	こきりこという2本の棒を打ち踊る踊歌。
⑬関の五本松	島根県	酒席歌。舟の目印になる5本の松を歌う。
⑭金毘羅船々	香川県	座敷歌。讃岐の金刀毘羅宮詣を歌う。幕末から流行。
⑮黒田節	福岡県	黒田藩で歌われる。旋律は《越天楽今様》。
⑯刈干切歌	宮崎県	山で萱を刈る歌。音階は律音階の変種。
⑰五木の子守歌	熊本県	子守小女の嘆きの歌。音階は律音階の変種。
⑱朝花節	鹿児島県	奄美大島の祝儀歌。挨拶歌として歌われる。
⑲かぎゃで風節	沖縄県	祝儀の席でいちばんはじめに歌われる祝歌。
⑳赤馬節	沖縄県	八重山民謡。祝儀の席で，歌われる。
㉑安里屋ユンタ	沖縄県	八重山民謡。古いユンタという労働歌を改作した曲。

問題演習

【1】 次の文を読み，下の各問いに答えよ。

Ⅰ　能「（　①　）」は，「義経記」を素材とした作品で，前半は源義経との別れの酒宴で静御前が舞を舞い，後半は壇ノ浦で敗れた平知盛の怨霊が義経に襲いかかるという変化に富んだ能で，一人のシテが静と知盛の対照的な二役を演じる。

Ⅱ　薩摩琵琶「（　②　）」は，西郷隆盛が起こした西南の役に題材をとり，勝海舟が作詞した作品で，語りの合間に，大型の撥で勢いよく琵琶をかき鳴らす演奏技法に特徴がある。

Ⅲ　箏曲「春の海」は，（　③　）と箏による二重奏曲で，瀬戸内海を船で旅行した際に聞いた波の音や鳥の声，漁師の舟唄などの印象を表現したものといわれている。

Ⅳ　長唄は（　④　）音楽の一つで，歌舞伎の音楽として発達したため，舞踊伴奏音楽としての性格が強い。長唄「京鹿子娘道成寺」は，道成寺の鐘にまつわる安珍と清姫の因縁伝説を主題とする能の「道成寺」に基づいたものである。

Ⅴ　（　⑤　）「胡蝶」は，四人の舞童が舞う童舞で，天冠に山吹の花をさし，背中には蝶の羽を負い，手には山吹の花枝を持って舞う。

(1)　（　①　）～（　⑤　）に当てはまる語句を次のア～セから1つずつ選び，記号で答えよ。

ア　羽衣	イ　田原坂	ウ　篳篥
エ　越天楽	オ　深山桜及兼樹振	カ　尺八
キ　城山	ク　勧進帳	ケ　雅楽
コ　三味線	サ　安宅	シ　能管
ス　船弁慶	セ　浄瑠璃	

(2)　Ⅰ～Ⅴの作品の作者を次のa～fから1つずつ選び，記号で答えよ。

a　藤原忠房	b　宮城道雄	c　観世信光
d　西幸吉	e　近松門左衛門	f　初世杵屋弥三郎

(3)　Ⅰ～Ⅴの作品が作曲された時代を日本の時代区分で答えよ。

【2】次は日本歌曲に関する説明文である。下の各問いに答えよ。

　　日本人によって作られた歌曲作品は西洋音楽の模倣から始まり，
（　ア　）の特性と伝統的な感覚の表出を求め，今日まで幾多の経験を
経て変化・発展を遂げてきた。1900年(明治33年)ごろに作られた滝廉
太郎の「（　イ　）」を含む組歌「四季」や「（　ウ　）」は，その第一歩
を記した作品である。日本の歌曲が本格化したのは，a山田耕筰と信
時潔の業績が大きい。特に山田耕筰は，近代の西洋音楽の技法を駆使
しながら日本語の(　エ　)から導き出した旋律法を開拓し，芸術性の
高い多数の歌曲を作り上げた。山田耕筰と同じ世代の本居長世，中山
晋平，弘田龍太郎，（　オ　）らは，当時の童謡運動や新日本音楽運動
に関連して優れた作品を生み出し，日本の声楽曲の発展に寄与した。
次いでフランス印象主義の影響を受けた橋本国彦，民謡を基礎とした
作風の平井康三郎などが多くの歌曲を作った。第二次世界大戦後は，
團伊玖磨やb中田喜直をはじめ多くの作曲家が優れた歌曲を発表して
いる。現代では，調性を重視した伝統的な作品から実験的な作品まで
多様化しつつ発展を続けている。

(1)　（　ア　）～（　オ　）に入る適語を次の□□□から選んで答えよ。

雅楽	リズム	民謡	抑揚	椰子の実
日本語	荒城の月	花	成田為三	ふるさと
芥川也寸志				

(2)　下線aの代表的な歌曲の作品名を1つ答えよ。

(3)　オの代表的な歌曲「浜辺の歌」の歌い出し4小節の旋律をFdurで
　　書け。

(4)　下線bの父である中田章の代表的な歌曲の作品名を1つ答えよ。

【3】 日本の伝統音楽について, 次の各問いに答えよ。

(1) 大鼓や小鼓などを演奏する際に, よく奏者が掛け声のような声を出している。この声は, 何のために発しているか, 書け。

(2) 能や歌舞伎などで使われる笛で, 能管と呼ばれる横笛がある。この楽器は, わざと正確な音程を出せなくするように作られている。この能管はどのようなことを表現するのに使われるか, 説明せよ。

(3) 文楽の表現は『三業一体』と言われる。その『三業一体』について説明せよ。

【4】 日本の音楽に関する次の各問いに答えよ。

(1) 我が国の省庁内において, 現在も雅楽の保存・演奏・研究などに携わっている部局がある。その名前を省庁名を含めて答えよ。

(2) オーケストラ(管弦楽)と雅楽では, いずれも弦楽器が用いられるが, その役割が違う。役割の違いを説明せよ。

(3) 箏, 三味線, 尺八はいずれも中国から伝来した楽器である。この3つの中で, 日本への伝来が最も新しい楽器はどれか。その楽器名と, その楽器が最も盛んに用いられた時代を答えよ。

(4) 歌舞伎の長唄で主に用いられる三味線と, 文楽で主に用いられる三味線の違いについて説明せよ。

(5) 明治時代に, 西洋音楽を基盤とした我が国の音楽教育を形成するための取組が始められた。明治12年に当時の文部省内に設置され, このことに大きな役割を果たし, のちに東京音楽学校へとなった部署の名前を書け。

(6) 次の①～③の民謡が伝えられている地方名を, それぞれ都道府県名で答えよ。

① ソーラン節　　② 刈り干し切り歌　　③ 安来節

【5】 我が国の伝統音楽について, 次の各問いに答えよ。

(1) ①～⑤の伝統音楽でよく取り上げられる作品を, あとのア～クから1つずつ選び, 記号で答えよ。

① 尺八曲　　② 能楽　　③ 雅楽　　④ 箏曲　　⑤ 長唄

　　ア　越天楽　　　　イ　十三の砂山　　　ウ　五段砧

　　エ　枯野砧　　　　オ　羽衣　　　　　　カ　京鹿子娘道成寺

　　キ　鹿の遠音　　　ク　城山

(2)　義太夫節について，次の①～③に答えよ。

　①　義太夫節を創設した人物の名前を漢字で書け。

　②　義太夫節で使用される三味線の種類をア～ウから1つ選び，記号で答えよ。

　　ア　細棹　　イ　中棹　　ウ　太棹

　③　太夫が語る曲節を3種類書け。

(3)　平曲について説明せよ。

【6】次の各問いに答えよ。

(1)　室町時代に，能を大成させた父子二人の名前を答えよ。

(2)　能とともに上演される，日本最初の喜劇を何というか答えよ。

(3)　我が国の伝統的な音楽・舞踊の一種で，江戸時代までは宮廷の貴族社会や大きな社寺などを中心に伝承され，現在は宮内庁を中心に伝承されている音楽を答えよ。

(4)　尺八音楽の代表的な流派を2つ答えよ。

【7】雅楽「越天楽」において，次のA～Dの役割は，下の①～⑦のどの楽器が担当するか，当てはまる番号をすべて答えよ。

A　和音を担当　　　B　リズムを担当　　　C　旋律を担当

D　伴奏を担当

　①　笙　　　②　龍笛　　　③　楽琵琶　　　④　鞨鼓　　　⑤　楽太鼓

　⑥　篳篥　　　⑦　楽箏

【8】次の文は，日本の民謡に関する説明である。あとの各問いに答えよ。

　民謡は，人々のいろいろな生活の場面で，昔からずっと歌い継がれてきた歌である。ある土地に固有な歌と，広い地域に広まって，変化

しつつ歌われている歌がある。

　種類　〈ァ仕事歌〉〈ィ祝い歌〉〈ゥ盆踊歌〉〈子守歌〉など歌われる場面で分類され，子供の歌は〈わらべ歌〉と呼ばれる。作詞・作曲者が明らかな「ちゃっきり節」などの歌は，伝承歌とは区別して〈新民謡〉とも呼ばれる。

　音階　いわゆる民謡音階が多い。ェ都節音階，ォ律音階，沖縄音階などもあるが，伝承歌では自由に歌う旋律が組み合わさってできているため，一つの音階に当てはまらない場合も少なくない。一般的に陽音階，陰音階という言い方もある。

(1)　次のa〜eは下線部ア〜ウのいずれに分類できるか。あてはまるものを1つずつ選び，記号で答えよ。またa〜cはそれぞれどこを代表する民謡か。あてはまる都道府県名を答えよ。

　a　刈干切歌　　b　木曽節　　c　斎太郎節　　d　さんさ時雨

　e　南部牛追歌

(2)　下線部エ，オの音階を上行形のみ全音符で書け。ただし，書き始めの音は一点ハとする。

(3)　小泉文夫らは，民謡を音楽的側面から八木節様式と追分様式とに分ける考え方を示している。追分様式とはどのようなものか，簡潔に説明せよ。

【9】次の文は，雅楽についての説明である。文中の各空欄に適する語句を答えよ。

　雅楽には，管絃と（　①　）がある。管絃は，雅楽の楽器だけで合奏する楽曲で舞はない。楽器には，吹きもの，弾きもの，（　②　）ものがある。雅楽「越天楽」で使われている楽器は，吹きものにはひちりきや（　③　）・（　④　），弾きものには楽箏や（　⑤　），（　②　）ものには（　⑥　）や太鼓・（　⑦　）が使われている。

　管絃の演奏に指揮者はいない。おおよそのテンポを決めたり，終わりの合図を送ったりするのは（　⑥　）の奏者である。

【10】 次の記述は，日本の伝統音楽に関する説明文である。文中の各空欄に適する語句を答えよ。

　能の声楽は「謡」と呼ばれ，旋律的な「フシ」と，台詞に相当する「コトバ」からなっている。能の発声法は，観阿弥，(①)の登場(六百数十年前)以前から伝わってきた，日本の歌を伴う多くの芸能の影響を受けて，現在の形になった。

　能の声楽の分野(パート)はシテ，ワキ，狂言の人たちが担当し，みなそれぞれの分野にふさわしい発声法を確立している。また，各分野の流儀によっても発声に微妙な違いがあるが，発声の基本は世界の多くの声楽がそうであるように(②)で謡われる。

　西洋音楽の声楽曲との一番の違いは，絶対音が存在しないことである。すなわち，上演曲が西洋音楽のような調性の概念がなく，各役を演じる役者(シテ，ワキ，狂言)の得意な音高が，その日の上演曲の各パートの基本の音高になる。しかし，おおむね静かな悲しい曲は少し低めに，華やかでにぎやかな曲は少し高く音高をとる。

　「謡」の発声法(謡い方)には大きく分けて(③)，(④)の二種類がある。(③)は(①)の時代から伝わる比較的柔らかな発声で，メロディの動きの幅が広いのが特徴である。(④)は強さや喜びを伝える謡い方で，メロディはあえて音高を広く取らず一本調子のように謡うが，声の強い息づかいと気迫を伝える場面で効果を発揮する。

　三味線は，(⑤)から(⑥)を経て16世紀中頃に日本へ伝わった楽器が改良されたものである。(⑦)時代に，人形浄瑠璃や(⑧)の伴奏をはじめさまざまな三味線音楽が隆盛し，今日に至っている。太棹(義太夫，津軽三味線など)から細棹(長唄，小唄など)まで多様なものがあり，ジャンルによって使い分けられているほか，駒の大きさや構造，撥の形なども用途に応じて使い分けられる。

　一の糸は上駒に乗っておらず，サワリ山に触れさせることによりビーンという独特の共鳴音が生み出される仕掛けになっている。この仕掛けは(⑤)のサンシェン(三弦)や(⑥)の三線にはない。近年，ねじによって調節できるものも使われている。

　主な特殊奏法には撥を上にすくい上げるスクイや左手の指で弦をはじくハジキ，左手をスライドさせる（　⑨　），撥で弾かずに左手の指で打つウチなどがある。

　箏は，奈良時代に（　⑤　）から伝わった楽器で，雅楽の中で使われた。（　⑦　）時代になって八橋検校により今日の箏曲の基礎が形づくられた。日本の伝統音楽では，おもに記録のための楽譜はあったが，学習にあたっては「唱歌」という方法によっていた。これはリズムや奏法などを擬音化して唱えるもので，箏では「ツン・ツン・テーン」のように唱えながら演奏を伝承してきた。伝統的な楽譜では弦名を記すなどの奏法譜が一般的であったが，（　⑩　）以降，五線譜のリズムの書き方を参考にしたものも使われるようになった。

【11】日本音楽について，次の各問いに答えよ。

(1)　以下の日本音楽の用語の読みを，ひらがなで書け。また，江戸時代のものはどれか。1つ選び，記号で答えよ。

　　ア　田楽　　イ　箏曲　　ウ　催馬楽　　エ　平曲　　オ　神楽歌

(2)　江戸時代禅宗の一派の宗教音楽として普及し，一般の使用は禁止されていた楽器名を答えよ。

(3)　平安時代に制定された日本の宮廷音楽の総称を何というか答えよ。

(4)　室町時代末期，沖縄を経て本土に伝来し，江戸時代に大きな役割を果たす事になる楽器名を答えよ。

(5)　明治5年の学制で小学校に設けられた音楽の教科名を答えよ。

【12】次の文章は，日本の音楽について説明したものである。文中の各空欄に適する語句を答えよ。

　日本の伝統音楽の一つである「能楽」は，（　①　）と（　②　）の二つを総称して言う。（　③　）時代に（　④　）から伝わった散楽が（　⑤　）時代に（　⑥　）となり，さらに充実して（　⑦　）時代に能楽へ発展していったといわれている。（　①　）は主役が（　⑧　）をつける場合が多く，

（　⑨　），（　⑩　）父子により大成された。

　　『浄瑠璃』は（　⑦　）時代に人気を博した語り物からこう呼ばれるようになり，（　⑪　）を伴奏に取り入れてから発展し様々な浄瑠璃が生まれた。その中の一つに（　⑫　）節があり，竹本（　⑫　）や（　⑬　）らが（　⑭　）などの様々な作品を残した。

【13】次の文を読み，下の各問いに答えよ。

　　歌舞伎は，日本の伝統的な演劇の一つで，（　①　）・舞踊・演技が一体となって成り立っている。（　②　）時代の初めに出雲の（　③　）が始めた「かぶき踊り」がもとになっている。

　　江戸時代に舞踊とともに発達した（　④　）は，唄，（　⑤　），囃子によって舞台上で演奏される音楽である。また，舞台下手にある<u>黒御簾</u>と呼ばれる小部屋の中で演奏される音楽もある。

　　歌舞伎の作品は，その内容によって「（　⑥　）物」「（　⑦　）物」に分類される。前者は武家社会や王朝を舞台としており<u>「菅原伝授手習鑑」</u>「忠臣蔵」「義経千本桜」などが有名である。後者は庶民を主人公にしたもので，（　⑧　）作の「曽根崎心中」，鶴屋南北作の「（　⑨　）怪談」などが人気を博している。また，（　⑩　）家に伝わる演目を歌舞伎十八番と呼んでおり有名なものに「勧進帳」がある。

(1)　文中の①〜⑩にあてはまる語句を，次のア〜ツから1つずつ選び記号で答えよ。

ア	三味線	イ	室町	ウ	時代	エ	能楽
オ	江戸	カ	文楽	キ	近松門左衛門	ク	雪舟
ケ	阿国	コ	義太夫	サ	河竹黙阿弥	シ	長唄
ス	東海道四谷	セ	音楽	ソ	市川團十郎		
タ	中村勘三郎	チ	世話	ツ	琵琶		

(2)　文中の下線部菅原伝授手習鑑の読み方をひらがなで書け。

(3)　文中の下線部黒御簾と呼ばれる小部屋の中で演奏される音楽について説明せよ。

(4)　歌舞伎とオペラは同じころ誕生したといわれているが，オペラが

誕生した国名，中心となった文化人グループの名前をそれぞれ答えよ。

【14】次にあげる日本の伝統的な音楽について，下の各問いに答えよ。

① 尺八曲　　② 義太夫節　　③ 長唄

④ 箏曲　　　⑤ 雅楽　　　　⑥ 能

(1) それぞれの代表作を次のア〜カから1つずつ選び，記号で答えよ。

ア　木遣の段　　イ　羽衣　　ウ　越後獅子

エ　巣鶴鈴慕　　オ　胡蝶　　カ　乱輪舌

(2) ①の和楽器には次のような演奏技法がある。それぞれの奏法名を答えよ。

a　息を強く吹き入れて雑音的な音を出す。

b　あごをつき出すようにして高めの音を出す。

c　あごを引いて低めの音を出す。

(3) ②の義太夫節と阿波踊り(よしこの節)で使われる三味線には違いがある。それぞれの種類を答えよ。

(4) ④の分野で平調子という調弦法や段物などの形式を確立し，箏の基礎を確立したといわれている箏曲家の名前を漢字で答えよ。

【15】次の楽譜は日本の民謡を採譜したものである。それぞれの民謡名を答えよ。

(1)

(2)

(3)

(4)

■■■■■■■■■■■ 解答・解説 ■■■ ■■ ■

【1】(1) ① ス ② キ ③ カ ④ コ ⑤ ケ

(2) Ⅰ c Ⅱ d Ⅲ b Ⅳ f Ⅴ a (3) Ⅰ 室町

Ⅱ 明治 Ⅲ 昭和 Ⅳ 江戸 Ⅴ 平安

解説 中世から近代へかけての日本の伝統音楽に関する文章である。時代区分別にまとめておくと、より理解を深めることができる。

【2】(1) ア 日本語 イ 花 ウ 荒城の月 エ 抑揚

オ 成田為三 (2) 待ちぼうけ この道 赤とんぼ からたちの花 などから1つ

(3)

(4) 早春賦

解説 1900年頃からの日本の歌曲の歴史に関する記述で、(1)は冷静に文を読んで選ぶ語を考えれば易しく正答できる。 (2)は解答以外にも、「ペチカ」、「砂山」、「かやの木山の」などがある。 (3)・(4)は中学校教科書に載っている曲である。

【3】(1) 解説参照 (2) 言葉や呪文 (3) 太夫、三味線弾き、人形遣いが一体となること。

解説 (1) 掛け声には、拍数やテンポ、タイミングを知らせるシグナルの役割と「位」「ノリ」といわれる感情を表現するサインの役割がある。大鼓の唱歌は「ツ」「チョン」「ドン」の三種類。稽古の時は、「ヤァー」「ス」「ム」などの掛け声と唱歌を合わせて、たとえば「ツ・チョン、ヤァー」のように声を出す。 (2) 謡という能独特の声楽曲に合わせるためには、旋律的に音律の整ったものではなく、言葉によく絡む独特な音が選ばれたためである。 (3) 人形浄瑠璃の一

般的な呼称として文楽にみられる。

【4】(1) 宮内庁式部職楽部　　(2) オーケストラにおいて，弦楽器は中心的な役割を果たし，主に旋律を担当するが，雅楽において，弦楽器は主にリズム楽器として用いられ，伴奏を担当する。
(3) 楽器名：三味線　　時代：江戸時代　　(4) 歌舞伎の長唄で主に用いられる三味線は細竿三味線で，明るく華やかな音色である。文楽で用いられる三味線は太棹三味線で，太く落ち着いた音色である。
(5) 音楽取調掛　　(6) ① 北海道　　② 宮崎県　　③ 島根県

解説 日本音楽では，楽器の編成がそのジャンルの特徴ともなりうるため，種類と編成とを結びつけておくと分かりやすい。「音楽取調掛」は「おんがくとりしらべかかり」と読む。各地の民謡は，名前，楽譜，地域を一致させておくのが一般的である。

【5】(1) ① キ　② オ　③ ア　④ ウ　⑤ カ
(2) ① 竹本義太夫　　② ウ　　③ 詞，地合，色　　(3) 平家琵琶ともいう。「平家物語」を琵琶の伴奏で語る音楽。

解説 (1) ジャンルと作品とを結びつける問題。教科書に載っていないものもあるが，鑑賞ページに参考曲として名前が載っている場合もある。掲載の内容はすべて触れておくこと。　(2) ① そのままであるが，義太夫節の重要人物。　② 中棹は便宜上の分類・呼び名なので注意。

【6】(1) 観阿弥　世阿弥　　(2) 狂言　　(3) 雅楽　　(4) 琴古流　都山流（「明暗流」も可）

解説 日本の伝統音楽，和楽器には数多くの流派が存在する。それは，時代と共に分岐したりなくなったり，変化してきた。現在残っている流派はそれぞれ数少ないため，どういう流派から始まり，現在はどの流派が残っていて，どの流派が主流なのか，ぐらいまで覚えておくと良い。

【7】A ①　B ④，⑤　C ②，⑥　D ③，⑦

解説 雅楽「越天楽」は〈管絃〉(合奏だけのもの)であり，楽器編成は三管(笙・龍笛・篳篥)，両絃(楽琵琶・楽箏)，三鼓(鞨鼓・釣太鼓・鉦

鼓)と呼ばれる。①笙は17本の竹管を風箱の上に立て〈合竹(あいたけ)〉
という和音を出す。

【8】(1) a ア　宮崎県　　b ウ　長野県　　c イ(アも可)　宮城県
　　　d イ　　e ア

(2) エ

オ

(3)　規則的な拍節をもたない自由リズムによる音楽様式で，メリスマ
が多いことが特徴である。

解説 民謡を地域と結びつける問題はよく出る。それが，五線の旋律や
聴き取りになっても解答できるようにしておきたい。各都道府県1つ
ずつは押さえておくように。音階は呼び方が異なるものもあるため，
複数の名前で覚えておかなくてはならない。譜面と結びつける問題も
ある。日本音楽や民族音楽を説明させる問題は難易度が高いといって
いいだろう。普段使い慣れない言葉を多用するため，一問一答だけで
は対応できない。なお，(1)のd「さんさ時雨」は宮城県の，e「南部牛
追歌」は岩手県の民謡である。

【9】①　舞楽　　②　打ち　　③　竜笛(または横笛)　　④　笙
　　⑤　楽琵琶(または琵琶)　⑥　鞨鼓　　⑦　鉦鼓

解説 雅楽については中学校教科書にも載っており，この出題にも正答
できるようにしておきたい。管弦の楽器編成は「三管(篳篥・竜笛・
笙)」，「両絃(楽箏・楽琵琶)」，「三鼓(鞨鼓・釣太鼓・鉦鼓)」といわれ
る。

【10】①　世阿弥　　②　腹式呼吸　　③　弱吟　　④　強吟
　　⑤　中国　　⑥　沖縄　　⑦　江戸　　⑧　歌舞伎　　⑨　スリ
　　⑩　明治

解説 能(謡),三味線,箏の歴史や演奏法に関する文章に入る適語を選ぶ設問であるが,おちついて適語を考えれば難問ではない。選ぶ語群がすべて正答につながり,答の数に合っているのがやりやすい。

【11】(1) ア でんがく　イ そうきょく　ウ さいばら　エ へいきょく　オ かぐらうた　江戸時代：イ　(2) 尺八
(3) 雅楽　(4) 三味線　(5) 唱歌

解説 (1) 楽器としての〈箏〉は,雅楽に用いる〈楽箏〉など奈良時代からのものがあるが,「箏曲」とは俗箏による音楽の総称であり,八橋検校が俗箏の開祖といわれる。　(2) 尺八は,禅宗の一派の〈普化尺八〉として虚無僧により吹禅された。江戸中期の黒沢琴古を始祖とする〈琴古流〉や,明治時代に近代的な流派を立てた〈都山流〉(始祖は中尾都山)が有名である。　(4) 三味線の琉球経由の伝来は,永禄5(1562)年といわれ,それは信長の桶狭間の戦いの2年後である。この楽器を手にしたのは琵琶法師たちであり,改良され,バチを用いるようになった。　(5) 明治12(1879)年に文部省「音楽取調掛」設置,伊沢修二を中心に「小学唱歌集」が編集・発行された。

【12】① 能　② 狂言　③ 奈良　④ 唐　⑤ 平安
⑥ 猿楽　⑦ 室町　⑧ 面　⑨ 観阿弥　⑩ 世阿弥(⑨⑩順不同)　⑪ 三味線　⑫ 義太夫　⑬ 近松門左衛門
⑭ 曽根崎心中

解説 日本音楽については,重要な項目である。定義,歴史,名称,起源,可能性はどれもあるが,一通りの流れを覚えておくと対応が可能である。この問題はどれも有名どころで過去にも多く出題された項目である。

【13】(1) ① セ　② オ　③ ケ　④ シ　⑤ ア
⑥ ウ　⑦ チ　⑧ キ　⑨ ス　⑩ ソ　(2) すがわらでんじゅてならいかがみ　(3) 観客に姿を見せないで演奏する歌舞伎囃子。　(4) 国：イタリア　文化人グループ：カメラータ

解説 (1) 歌舞伎に限らず,日本音楽については頻度が高くなってきている。起源,分類,代表作は覚えておきたい。この問題は,歌舞伎の

基本的な部分。選択肢もあることから確実に取りたい問題である。
(2)　日本の音楽では，漢字の読みが特殊なものが多い。読めないものが出てきたら，必ず調べる癖をつけよう。天満宮で学問の神様として慕われている菅原道真の悲劇を柱に書かれた話で，歌舞伎の演目の中でも三大名作といわれるものの1つである。　(3)　舞台上手の袖や花道奥の揚げ幕の中で演奏することもある。劇音楽を担当し，幕開け，幕切れ，人物の出入り，しぐさ，せりふなどに演奏される。　(4)　カメラータは，1580年頃からヴェルニオ伯宅に集まって文化運動を推進した文学者，音楽家，愛好家を指す。

【14】(1) ① エ　② ア　③ ウ　④ カ　⑤ オ
⑥ イ　(2) a ムラ息　b カリ　c メリ　(3) 義太夫節：太棹三味線　阿波踊り：細棹三味線　(4) 八橋検校

解説 (1)　①　尺八曲→エ「巣鶴鈴慕」は琴古流の呼び方で，「鶴の巣籠」とも呼ばれる。尺八の本曲(尺八のために作られた曲)である。②　義太夫節→ア「木遣の段」は浄瑠璃の演目で，「三十三間堂棟由来」の中で演じられる。　③　長唄→ウ「越後獅子」は歌舞伎の長唄・舞踊で有名。　④　箏曲→カ「乱輪舌(みだれりんぜつ)」は八橋検校作曲と伝えられる。　⑤　雅楽→オ「胡蝶」は「胡蝶楽(こちょうらく)」という雅楽・高麗楽に属する舞楽。　⑥　能→イ「羽衣」は能。
(2)　尺八の演奏技法の代表的なものである。　(3)　義太夫節や津軽三味線では，太棹が用いられる。徳島の阿波踊りでは細棹三味線で「よしこの節」を，急調に合わせて練り踊る。

【15】(1)　黒田節　(2)　斎太郎節　(3)　ソーラン節　(4)　こきりこ節

解説 民謡の採譜は，非常にわかりにくい面がある。本来きっちり記譜できないものが多いからである。音楽と楽譜を見比べたときそのでたらめさが多く目立つ。しかし，おおよその旋律ははっきり提示できるため，全国の有名な民謡は一通り楽譜をみておきたい。民謡の問題は，曲名を問うものと，地域を問うものの二種類が多い。

●書籍内容の訂正等について

　弊社では教員採用試験対策シリーズ（参考書，過去問，全国まるごと過去問題集），公務員試験対策シリーズ，公立幼稚園・保育士試験対策シリーズ，会社別就職試験対策シリーズについて，正誤表をホームページ（https://www.kyodo-s.jp）に掲載いたします。内容に訂正等，疑問点がございましたら，まずホームページをご確認ください。もし，正誤表に掲載されていない訂正等，疑問点がございましたら，下記項目をご記入の上，以下の送付先までお送りいただくようお願いいたします。

> ① **書籍名，都道府県（学校）名，年度**
> 　（例：教員採用試験過去問シリーズ　小学校教諭 過去問　2025 年度版）
> ② **ページ数**（書籍に記載されているページ数をご記入ください。）
> ③ **訂正等，疑問点**（内容は具体的にご記入ください。）
> 　（例：問題文では"ア～オの中から選べ"とあるが，選択肢はエまでしかない）

〔ご注意〕

○ 電話での質問や相談等につきましては，受付けておりません。ご注意ください。

○ 正誤表の更新は適宜行います。

○ いただいた疑問点につきましては，当社編集制作部で検討の上，正誤表への反映を決定させていただきます（個別回答は，原則行いませんのであしからずご了承ください）。

●情報提供のお願い

　協同教育研究会では，これから教員採用試験を受験される方々に，より正確な問題を，より多くご提供できるよう情報の収集を行っております。つきましては，教員採用試験に関する次の項目の情報を，以下の送付先までお送りいただけますと幸いでございます。お送りいただきました方には謝礼を差し上げます。

（情報量があまりに少ない場合は，謝礼をご用意できかねる場合があります）。

◆あなたの受験された面接試験，論作文試験の実施方法や質問内容

◆教員採用試験の受験体験記

送付先	○電子メール：edit@kyodo-s.jp
	○FAX：03-3233-1233（協同出版株式会社　編集制作部 行）
	○郵送：〒101-0054　東京都千代田区神田錦町2-5
	協同出版株式会社　編集制作部 行
	○HP：https://kyodo-s.jp/provision（右記のQRコードからもアクセスできます）

　※謝礼をお送りする関係から，いずれの方法でお送りいただく際にも，「お名前」「ご住所」は，必ず明記いただきますよう，よろしくお願い申し上げます。

教員採用試験「過去問」シリーズ

奈良県の
音楽科 過去問

編 集	ⓒ 協同教育研究会
発 行	令和6年1月25日
発行者	小貫　輝雄
発行所	協同出版株式会社
	〒101-0054　東京都千代田区神田錦町2‐5
	電話　03－3295－1341
	振替　東京00190－4－94061
印刷所	協同出版・POD工場

落丁・乱丁はお取り替えいたします。

2024年夏に向けて
―教員を目指すあなたを全力サポート！―

●通信講座
志望自治体別の教材とプロによる
丁寧な添削指導で合格をサポート

●公開講座 (＊1)
48のオンデマンド講座のなかから、
不得意分野のみピンポイントで学習できる！
受講料は6000円〜　＊一部対面講義もあり

●全国模試 (＊1)
業界最多の**年5回** 実施！
定期的に学習到達度を測って
レベルアップを目指そう！

●自治体別対策模試 (＊1)
的中問題がよく出る！
本試験の出題傾向・形式に合わせた
試験で実力を試そう！

　上記の講座及び試験は，すべて右記のQRコードか
らお申し込みできます。また，講座及び試験の情報は，
随時，更新していきます。

＊1・・・ 2024年対策の公開講座、全国模試、自治体別対策模試の
　　　　情報は、2023年9月頃に公開予定です。

協同出版・協同教育研究会
https://kyodo-s.jp

お問い合わせは
通話料無料の
フリーダイヤル
0120(13)7300
いいみ　なさんおうえん
受付時間：平日（月〜金）9時〜18時　まで